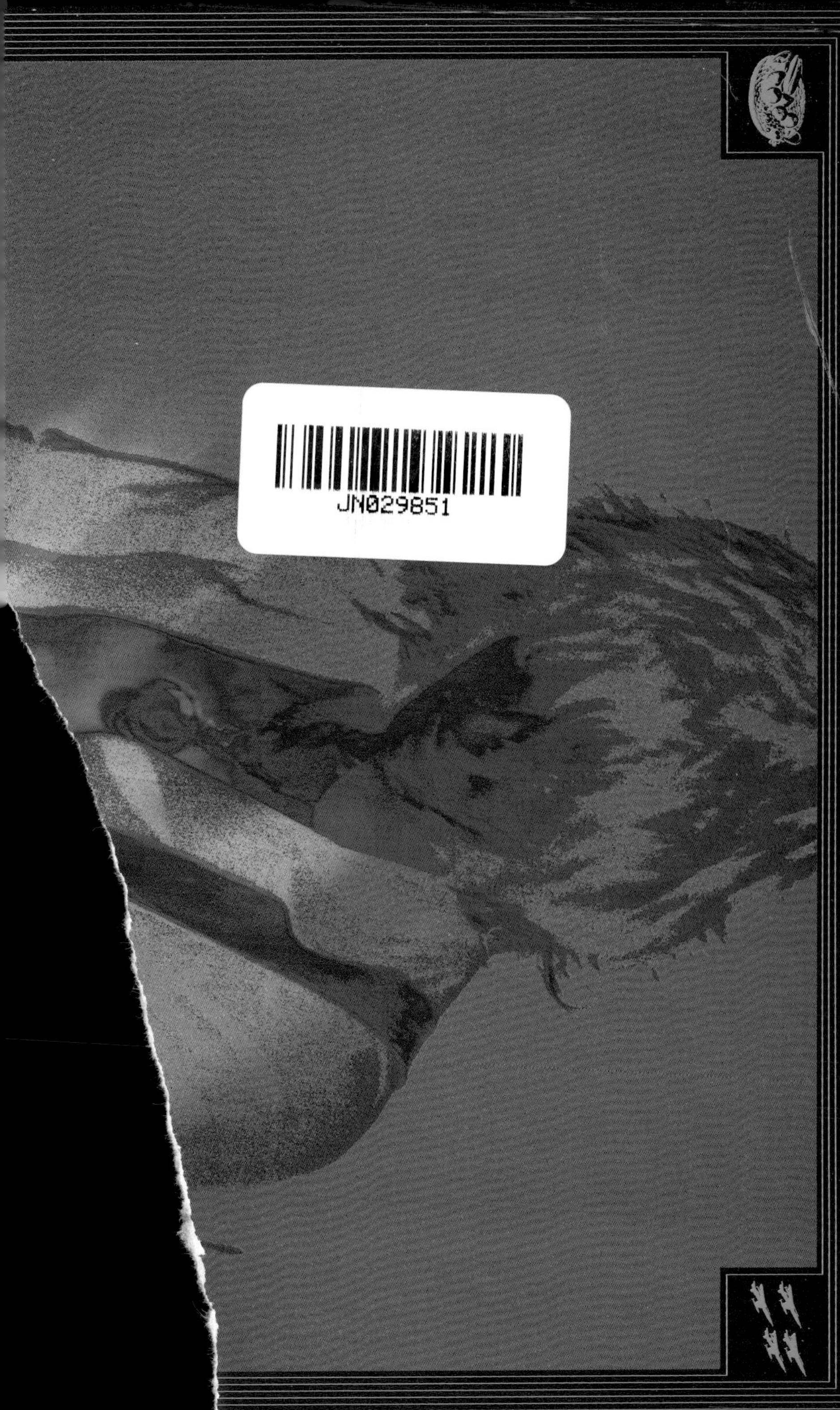

巻頭ポスターデザイン＝ULYSSES DESIGN OFFICE（河添 剛＋倉茂 透）　Cover Photo by Paul Kane

ジェフ・ベック
奇跡的ギタリストのすべて

目次

/Getty Images

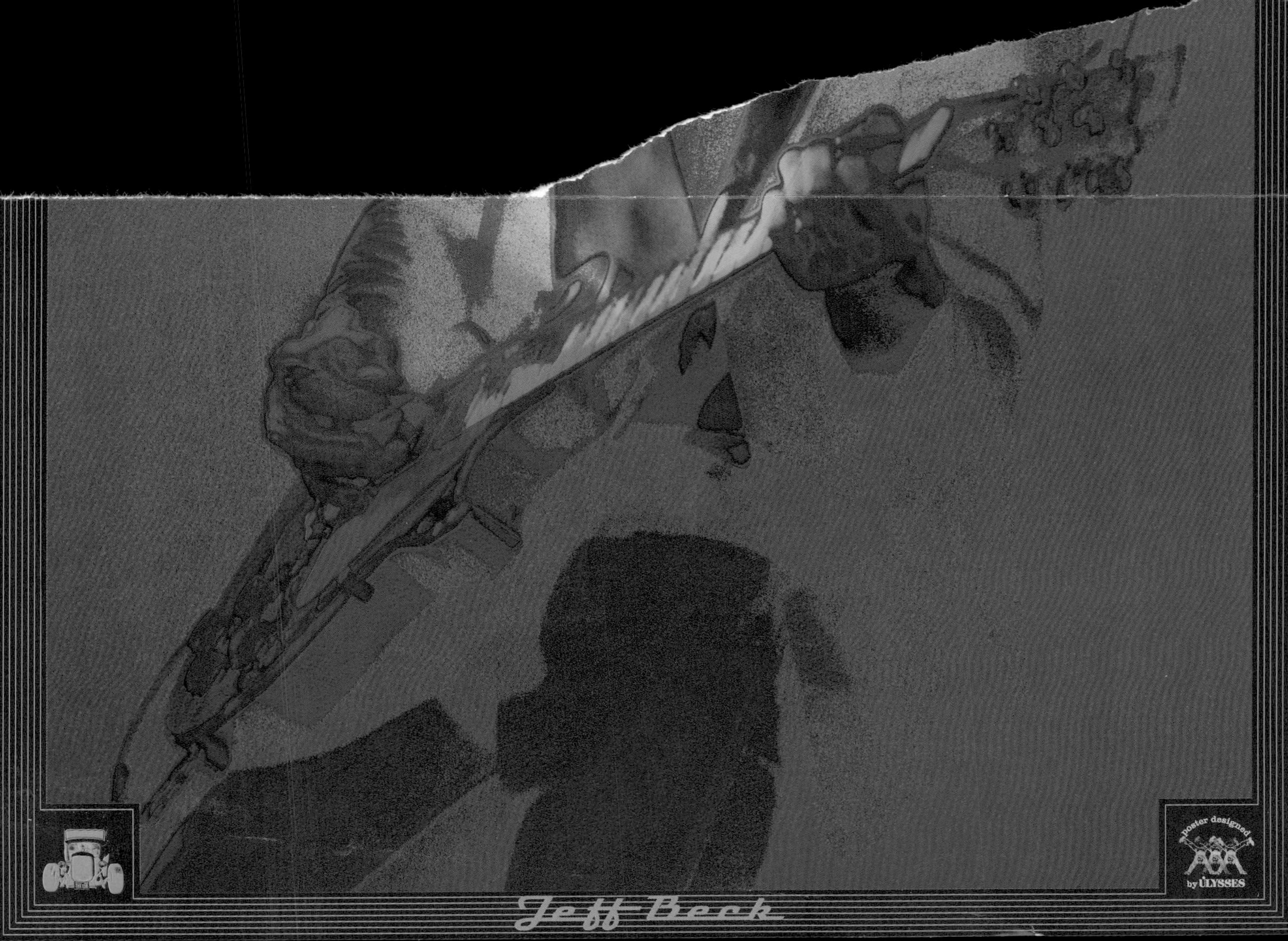
poster designed
by ÚLYSSES
Jeff Beck

Jeff
BECK
ジェフ・ベック

一言でわからせる誰にも届かない世界

野口五郎

何かを伝えたいとき、わかってもらいたいとき、たくさんの言葉を使うでしょう？　会話もギターもそれが当たり前。でもジェフ・ベックは一発、一言であまりにたくさんのことを表現できる。多くを語らずとも、多くのことをわからせる。

日本では、ジミー・ペイジ、エリック・クラプトンと共にロック界の3大ギタリストとして人気を博し、クラプトンとは日本でも２００９年の公演で競演しました。途中で2人はギターソロを交互に弾き合うのですが、激しいギターソロを抑えていた時代もあったクラプトンが、あれほど手数多く弾きまくるのを数十年ぶりに見ました。クラプトンにそこまで意識させる存在なんだ、と思いました。でも、ベックはいつも通り。さほど意識せずすっと自分の世界に入って、一発の音で表現しちゃう。

僕は6歳のときに家にあったウクレレに興味を持ったのを入り口に、小学1年のときにギターを始め、ベンチャーズや寺内タケシさんに憧れました。その後、中学に入り、エレキギターのノイズのような「歪（ひず）み」にすごくひかれた。それを教えてくれた一人がジェフ・ベックでした。

歌も大好きで、子どもが参加するテレビののど自慢番組に出たのを機に歌手を志して、中学2年の時に上京しました。でも、変声期でなかなかレコーディングできなかった。することがないから、友達のお兄さんのバンドに入れてもらって、東京のゴーゴークラブで歌ったり、ギターを弾いたりしていた。ロックやR&B、ジャズまで何でもやらされて、ジェフ・ベックの曲も演奏していました。

「青いリンゴ」のヒットなどで歌手活動も軌道に乗り始めた16歳の頃、レコード会社に初めて高いギターを買ってもらった。ジェフ・ベックと同じレスポールのカスタムというギターでした。どうしても欲しくて、東京・山野楽器でいつもじーっと見つめていた。33万円でした。レコード会社も高くて悩んだんじゃないかな。手にしたら、もううれしくてうれしくて。ライブでずっと使っていました。

でも、プロとしてステージに立つようになってから、人前でジェフ・ベックを演奏したことは一度もない。だってそれはどうしたって無理だから。ピックを使わず指で弾くのにも、弾きながらギターのボディにあるつまみで音量を微調整していくのもまねできない。そして、音を揺らすためのトレモロアームだけで巧みに音色を変化させながら演奏する「オーバー・ザ・レインボー」なんて、もう「ウソでしょう?」というレベル。いくらまねしようとしても、彼の世界が完全に作られてしまって、誰がやってもそこには絶対に届かない。

彼はギター研究者、博士だった。彼の前にジャンルの壁はなくエレキギターという楽器の可能性をメチャクチャ開拓した。あらゆる音楽を知った状態で、ギターで何ができるのか。その探究は死ぬまで続いた。普段エレキを使った音楽を聴かない人も、彼の演奏を聴いたら、思わず拍手しちゃう人が多いと思う。

そして、いつも演奏を超えて「思い」があふれ出ていた。「ギターが泣く」とはよく言われる表現で、クラプトンも、カルロス・サンタナもそう。でも彼のギターは泣くだけじゃない。怒ることも喜ぶこともできた。無機質なはずの楽器と指だけで、喜怒哀楽のすべてを表していたんです。

(聞き手=定塚遼)

(「朝日新聞」二〇二三年一月二三日)

一流じゃないと出せない、剣豪みたいな切れ味のギター

山本精一

インタビュー

聞き手＝**松村正人**

剣豪の音色（トーン）

——山本さんがはじめて聴かれたジェフ・ベックの作品を教えてください。

山本　『Blow by Blow』（七五年）か『Wired』（七六年）ですね。その頃僕は高校生で、当時はいまみたいにアルバムがたくさん出ていなかったですし、出ていたとしても簡単に手に入らなかった。でも話題盤というのは結構みんな共通して聴いていたんですね。『Wired』とか『Blow by Blow』は音楽好きな連中はみんな聴いていたので僕もとりあえず聴いてみたということですね。当時はラジオでアルバム一枚をまるまるかけたりする番組があったんです。そういう番組ではじめて耳にしたかもしれないです。

——すでにギターは弾かれていましたか。

山本　ギターは十歳、六九年あたりから弾いているので、七五年だったらもう完全に弾いています。

——ブリティッシュ・ロックはお好きでしたか。

山本　僕はやっぱりグレイトフル・デッドとか、サイケデリックが好きやからね。ジェフ・ベックもそうですが、ブリティッシュ・ハードロックみたいな流れとはちょっと違っていました。クラスの連中はツェッペリンとかディープ・パープルとかが好きでね、そういうののコピーバンドでギターをやらされたりもするわけです。それがイヤでねえ（笑）。いわゆる三大ギタリストのグループ、クリームやレッド・ツェッペリンなどは当時好きじゃなかったですが、嫌いな理由を探るために後追いで聴いてみたら面白くなってきていまは好きです。体質的には合わないんですけど、すごく面白い。良いものはやっぱりすごく良い。そこは無視できないということに四十すぎに気づきました。

——良さを再発見した？

山本　クラプトンには渋みの面白さがありますよね。ウェストコーストの連中とやっていた頃には軽い感じもありますよね。ジミー・ペイジ（レッド・ツェッペリン）はボーカル抜きで聴いてみたら面白かった。リズムも奏法もすごく面白いですし、音色もすごく良かった。ジェフ・ベックはやっぱりソリストですよ。ロッド・スチュワートと演ったり、ボーカルがいることもありますけど、基本的にはインストというか、ギター・ミュージックですよね。三人のなかではベックは一番しっくりきましたね。そこで、クリームとかツェッペリンとかディープ・パープルのなにが嫌いやったんかなと思ったら、クリームはちょっと違いますが、ボーカリストがダメだったんです。ロバート・プラントとイアン・ギランのあの歌い方、シャウトがダメだったんですね。その点でも、ジェフ・ベックはあんまり違和感がない。ロッド・スチュワートがボーカルをつとめた第一期のジェフ・ベック・グループですね、あのときはかっこいいなと思いますね。枯れたブルースみたいな、男ジャニス・ジョプリンみたいなロッド・スチュワートの歌い方もいいんですよ。その感じがベックの音と相俟った、あのアンサンブルが一番好きかもしれないです。

——ブリティッシュ・ハード的なサウンドが得意じゃなかったということですね。

山本　ブルースロックみたいなハードロックですよね。苦手ですけど、良さはすごくわかります。

——でもそれは七〇年代なかばにギターを弾くことになる、もっとも一般的なきっかけだった気もします。

山本　そんな感じでした。そのなかで僕はサイケデリック。サイケの人らはロックっぽくないですよね。学生のお遊びみたいな感じがあると言ったら良くないんですけど、インテリというか屈折したところがあるでしょ。そこがかっこいいなと思っていました。ソニック・ユースとかああいうのにもつながるような。僕はやっぱりアメリカのバンドが好きだったんだなと思いますね。

——ギター主体の音楽という考え方が山本さんにはあんまりないんですね？

山本　好きなバンドのギタリストは好きになるというか、重要な味にはなりますけどね。必ず好きなバンドには好きなギタリストがいますね。

——グレイトフル・デッドのジェリー・ガルシアのような？

山本　グレイトフル・デッドはジャズですよね。いわゆるジャズロックではないですが、本質的にジャズだと思います。ツインドラムでキーボードも入って、マイルス・バンドの編成にも近いですよね。

——ジャズといえば、ジェフ・ベックも『Wired』からフュージョン路線に入りますが、フュージョンについてはご興味はありましたか。

山本　フュージョンは定義が難しいですよね。パッと思い浮かぶのはラリー・カールトンとかリー・リトナーとかですよね。ちょっとあのあたりは僕は厳しいかな。彼らはあるところまでしか行かない、レッドゾーンを切らないですよね。本当のクロスオーバー、初期の連中は結構振り切っていましたよね。

——六〇年代後半から七〇年代初頭のマイルスみたいに？

山本　そう。電化マイルスとかのあたりのことをクロスオーバーとかフュージョンと言っていたんですよ。あの感じならすごくいいですよ。あのときはジョン・マクラフリンでしょ？　マクラフリンと較べるとリー・リトナーは冒険をあんまりしないじゃないですか。聴いていても定型から外れないですよね。でもあの人らは定型のなかですごく面白いんですよ。職人ですよね、アルチザン。マクラフリンとかベックというのはパルチザンですよね（笑）。型に収まらないですよね。変なことをしてしまうんですよ。自分の感性、本能として、ブルーノートスケール弾いていてもなんかグーッと変な音を出してしまう。これはもう性（さが）ですよね、業（カルマ）というかね。そういうことをやるために生まれてきた。その意味のフュージョンというのはすごく面白くて。でもそこから以降はどんどん洗練——じゃないですね。僕に言わせれば退化。これはもうどんなジャンルでもそうですよね。最初は前衛的なんですけど、大衆化するに従って平坦になっていく。ベックもフュージョンだといわれていますけど、『Wired』ははいわゆるフュージョンではまったくないと僕は思います。むしろマイルスの頃のフュージョンに近い。だからマクラフリンと似たところがあるもん。

——じっさいマハヴィシュヌ・オーケストラの楽曲をとりあげていますね。

山本　ベックは周りを見てる人なのでね。つねに新しいなにか、刺激を受けたいというのがある。オタクですよね。ジミヘンがロンドンかどこかで、当時六七、八年かな、そのあたりで話題になっていて、ライブをやったときにクラプトンとベックが連れ立って見に行ったという話があるじゃないですか。ジミヘンを見た後に二人とも、この後俺らはなにをやったらいいんだと、落ち込んだというエピソードが好きでね。特にベックはショックを受けたと思いますよ。ベックはフィードバック奏法をヤードバーズの前にやっていたっていうもんね。そういう意味では、ジミヘンの先輩に当たるわけですけど、ジミヘンのすさまじい音色とかフレージングとかに二人ともショックを受けた。特にベックは（ジミに）自分と近いものを感じたんじゃないかな。

繊細さと大胆さが同居する無二のスタイル

——山本さんはストラトキャスターの弾き手として有名ですが、なぜストラトを選ばれたのでしょう。

山本　ブラッキーですね。クラプトンに憧れてね。

——本当ですか。

山本　ウソ（笑）。でもなんかかっこいい。僕はユニットというかバンドが無数にあるんですよ。そうするといろんなタイプの音楽をやらないといけない。そしたらそれはもうストラトしか選択肢がないですね。

——汎用性ということですか？

山本　そうです。ストラトというのはオールジャンルできるということでね、すべてのジャンルがいけますよ。たとえばレスポールは音が太いので繊細なカッティングはなかなかしにくい。テレキャスはロックンロールには向いていると思いますけど、エッジが強烈に効いた感じです。SGは結構両方いける感じもするんですけど、まあやっぱり硬いですね。シャラーンとした部分がないね。単音で弾くとキラキラしているんですけど、カッティングではそれがあまりない。でもストラトは全部（ピックアップの）セレクトでいけますよね。リアにするとテレキャスに近いし、フロントにまわすとレスポールに接近するし、センターにするとその中間な感じ。僕はカッティングはセンターですけど、倍音がかかってしかもエッジがあるような音は他のギターには出せないですね。使うのはセンターが多くて、リードを弾くときはリアにすることが多いです。最近はリードを弾くのはＲＯＶＯくらいですが、そのときはリアですね。

――演奏面でジェフ・ベックからの影響はありますか。

山本　ベックは真似できない。コピーできないです。クラプトンはなんとかできるかもしれない。ただジミヘンやジェフ・ベックは真似できない。感じは出せるかもしれないけど、あんなのはできない。おそろしいテクニックだと思う。速弾き系のテクニックとはまた別のテクニックだと思う。

――指が速く動くというだけでもない？

山本　指も速く動きますけど、ひとつには音色ですね。テレキャスでもレスポールでもストラトでも、それぞれの最良の音を引き出せる。エフェクターも含めて、音色をとことんまで突き詰めた気がしますね。演奏面では指弾きということもあります。指の肉の方で甘いトーンを出しつつ、爪でちょっとだけ引っ掛けたりする。ああいう繊細さは指でしか表せない。ピックを使うとギターとのあいだにひとつ物質が介在してしまって、自分の狙い通りの音がなかなか出せないんです。指弾きの面白さはダイレクトに身体とギターがつながるところにあります。僕もずっと指なんですけど、ピックはもう全然ダメですね。速弾きするともうどっか飛んでいってしまうし、かなり破天荒な力を入れるので一曲で割れたり大根おろしみたいに削れてしまう（笑）。

それと、ストラトの特色としてアーミングがありますよね。ベックは右手で包み込むようにしてアーミングしながら親指で弾くんですけど、フィードバックというか、サステインをかけることで独特な音色を作り出しています。ふつうアーミングというと、下げる（アームダウン）ことが多いですが、彼はアップを多用するんですね。アップダウンでものすごく微妙なトーンの出し方をするんです。アーミングは、エレキという楽器をキーボードとかサックスからもっとも差別化できる、クラシックギターにはない奏法です。他の楽器ができないことを彼はすごくやっています。

――エレキギターの特性を活かした演奏方法ということですね。

山本　速弾きなんていうのはキーボードやサックスに勝てないですからね。それにキーボードは低音と高音が同時に出る。となると、スライドとかアーミングとかはでかい武器になると思う。ひとつは音色、次は奏法的なもので他の楽器と差別化をはかる。彼はそれを意識的に追求してきたんだと思いますよ。アーミングのトリッキーなところなんかはスティーヴ・ヴァイにも影響を与えていると思う。ベックとヴァイは雰囲気というか佇まいも似てるよね。

――ヴァイはフランク・ザッパのバンドの出身ですが、ジェフ・ベックもテリー・

ボジオとかヴィニー・カリウタとかザッパ・バンドに在籍歴のあるドラマーを起用していますね。

山本　ヴィニー・カリウタが入っているのは素晴らしいと思った。ヴィニー・カリウタはテクニックでいうといま一番巧いんじゃないかな。テリー・ボジオがザッパ・バンドを抜けた後に、セッションかなにかを見に行ったら、「Black Page」かなにか、すごく難しい曲をヴィニーがにぎり寿司をつまみながら片手で叩いていたという逸話がありますよね。それを見たテリー・ボジオが呆れ果てて退出したと言っていたもんね。だからベックがヴィニーとやるのは胸熱ですよね。それからベースの女性（タル・ウィルケンフェルド）。ものすごく歌うベースですよね。ベックが気に入ったのもわかりますよ。

――山本さんはベックのバンドの最新ラインアップもチェックされているんですね。

山本　ロサンゼルスかどこかでやったセッションすごかったよね。ベックのバンドには必ずキーボードがいて、コード的なものもすごく重視しているのがライブを観ているとわかる。アンサンブルというのがかっちりした上で自由にやりたいということだと思う。

――ジェフ・ベックの音楽の作り方で参考にしたとか影響を受けたことはありますか？

山本　影響はないですが、ただあの姿勢というか、音色はすごいですよね。ギターの音を完全に支配しようとするんですけど、ものすごく微妙なところで止めたりするんですよね。もうちょっと弾いたらトゥーマッチになるところを絶妙なところで止めたりする、あれはもう本当に音楽がわかっていると思いますね。支配という言い方はニュアンスが微妙ですけど、コントロールするというか、あらゆる場所に手が届くというか。すごく繊細。だけど大胆なところは思いっきり大胆にいくでしょ。その緩急がすごい。さっきも言いましたけど、レッドゾーンを振り切っている感じですね。ロックに限らずジャズもそうですけど、そういった突破力みたいなのがかっこよさにつながっていくというかね。弾き方もかっこいいですね。一言でまとめると、「かっこいい」ですよね。弾き姿も音色もかっこよくて猛烈にキレがあるんですよ。あのキレは超一流じゃないと出せないですよ。ズバッとした切れ味。剣豪みたいですよね。

（やまもと・せいいち　ミュージシャン）

2023年2月24日　オンラインで

最後まで進化しつづけた「生ける神」

井上 銘

インタビュー

聞き手＝松村正人

会える神の教え

——一九九一年生まれの井上さんにとってジェフ・ベックはどのような存在でしたか。

井上　気づいたときにもう〝生きている神〟でしたね。僕が音楽に目覚めたのは中学校のときに聴いたエミネムでした。それ以前に、小学校五年生から親に頼んでドラム教室には通っていたので、楽器にはふれていましたが、高校受験で教室を休むことになったんです。その間、兄からGrassrootsというメーカーのINORANモデルのギターをおさがりでもらって、ドラムが叩けなくなった憂さを晴らすように弾きはじめたんです。教則本も手に入れて、その一ページ目が「Smoke On The Water」だったんですね。あの曲は割とすぐ弾けるようになるじゃないですか。それで楽しくなって二日間くらいずっと弾いていていたら、その時期のロックが好きな父親が教えてくれたなかにジェフ・ベックがいたんです。『Wired』（七六年）の「Led Boots」が最初に聴いた曲だったと思います。聴いて一発で好きになりましたよ。

——その五年後には『ファースト・トレイン』（二〇一一年）を出されています。

井上　ギターをはじめるとクリームとかジェフ・ベックとかジミヘンとかツェッペリンとか、ギターソロが長い音楽ばかり聴くようになって、ギターが音楽でしょみたいな感じになったんです。中学校卒業するタイミングで父親がブルーノートのマイク・スターンのライブに連れていってくれたんです。ジャズはほとんどがソロだからライブを見て「これじゃん！」と（笑）。最初の五年はギターのソロとメロディを弾くことだけに特化して練習していたということなのだと思います。

――ファーストではジェフ・ベックの「Diamond Dust」をはじめ、レッド・ツェッペリンの「Kashmir」、エリック・クラプトンがカバーした「Change The World」、三大ギタリスト関連の曲を取り上げられています。

井上　随分前であんまり覚えてないですけど（笑）。なにかカバーをやったらどうかと提案されたんですね。

――数年の間にロックからジャズへ移行されていますね。

井上　高校時代に師事した宮之上貴昭先生が五、六〇年代のビバップとハードバップ以外はジャズじゃないという方だったので、エミネムとかレッド・ツェッペリンとか、iPodから全部消してその近辺の時代のジャズだけにしていましたね。通学のとき聴くのもコルトレーンの「インプレッションズ」（笑）。爆音でかけながら俺はちょっと違うよ、とまわりにアピールする、そんな青春時代でした（笑）。

――求道的なところはジェフ・ベックと通ずるところはあるかもしれないですね。いわゆる三大ギタリストで井上さんがもっとも共感を抱くのは誰ですか。

井上　ドラムを習っていた頃にツェッペリンの曲を練習するようになっていたんですね。ところが同じパターン叩いてもどこか無理な気がして、まず『永遠の詩』を、その後に三枚組のライブＤＶＤを買って研究したんですが、映像を見るとドラムの人はタンクトップですごくムチムチしてる。これは無理だと思ったら、自分に似た体格の人を発見したんです。痩せて色白の男のセクシーな感じがかっこいいなと、こっちの方が自分にあってるなと思ってギターを弾くようになったんです。なので、三代ギタリストだとジミー・ペイジだと思います。バランス感覚に優れている点、プロデューサーっぽい感じにも影響を受けました。

――その流れでいくと、ご自分の意志で最初に手にしたギターはギブソン系ということになりそうですね。

井上　親には高校受験に受かったら、電子ドラムを買ってあげると言われていたんですが、受験期間中にドラムからギターへ気持ちが移って、高校に合格して買ってもらったのがギブソンのレスポールスタジオでした。ジミー・ペイジが好きだったのと、父親がレスポールスタンダードはまだ早いけど、せっかくだからということで、ギブソンレスポールの入り口モデル的なスタジオになりました。それもあって、いまだにギブソン系や箱物のギターが一番落ち着くんですけど、じつはつい最近ビルダーの友だち（Zico Guitar）が作ってくれたストラトが届いたんですね。

——なぜストラトを？

井上　音が年々好きになってきて、いちばんセクシーだと思うこともあるんですよ。ただ僕はギブソンで育っているので、手の感じがちょっと違う。ビルダーの友だちにそのことを相談したら、作ってあげるよ、と言っていたので、十年後くらいかなと思ったら、今年の一月にそのギターを持って現れたんです（笑）。操作性はジェフ・ベック仕様にしてもらっています。ストラトはストラトにしか出せない音がするし、アームの表現力が無限ですよね。昔はハムバッカーが好きだったのが、いまはシングル（コイル）の滑らかさが気に入っているのもあります。年を経ると音の好みも変わってくるんだなと実感しています。

——求める音も変化していると。

井上　出したい音のイメージが年々具体的になってきて、それに合うのがストラトなのかもしれません。言葉にするなら、くすんだ感じのセクシー感と言えばいいでしょうか。二〇二三年に出る、自分がかかわっているアルバムはほとんどそういう感じの音作りです。

　僕はいま三〇代ですが、二〇代までの自分の音楽はすでに存在した社会に向かって、その社会に入るための音楽だった気がするんですよね。わかりやすく言うと、無意識に自分より年上の人のことを考えて音楽をやっていた気がします。そこに感謝しているところはたくさんありますが、デビューしたのが早かったせいか、少しでも早く大人と見られたいという気持ちが強かったのかもしれない。それがこの数年、すごいスピードで世界も価値観も変わってきていて、そのままの自分が生きやすいという感じになってきているんですよね。年下のミュージシャンもたくさん出てきたときにもっと自分らしくて、もっと未来とかに向かって音楽したいなという気持ちが強くなってきました。

　あと、これは演奏するさいの環境の話かもしれませんが、もしライブハウスなどのＰＡが映画館のようなサラウンドになったら、ディレイやパンニングを足元で操作して、それまでとは違う音楽体験が得られると思うことがあります。たとえば、エクスプレッションペダルでディレイタイムを変化させてタテの奥行き感を表現するのに加えて、ヨコの動きをつけるというか、空間を全部鳴らせるようになったらギターサウンドがより面白くなるんじゃないかと。

——体験型の音楽鑑賞といった感じですね。

井上　そう！　ちょっとでも面白いと思ってくれる人がいるかもしれないから、言っていこうと思っているんですよね。

――井上さんはジャズギタリストですが、いまのお話からもジャンルの枠に収まらない活動や考え方をおもちだと思います。ジャズという形式に対してこだわりはありますか。

井上　ジャズミュージシャンの友だちのことはみんな愛しています。ただジャズとかロックというジャンルの名前は前時代的な考え方なんじゃないかなと思っています。二十歳の子たちと話すと、自分のことをジャズギタリストというよりは「銘さん」というふうに接してくる。その子たちと話していると、ジャンルに対する考え方もまた変わっていくんだなと思います。一方で、ジャズは個人と個人の音楽だと思うんですね。なににも属さず、自分の能力だけで生きていくジャズミュージシャンという人種自体は好きですね。

――今年新作のリリースを予定されているんですか。

井上　STEREO CHAMPのアルバムが六月くらいに出るのと、CRCK/LCKSの新作も四月に出るんですけど、ふたつとも世界でもしかしたらほかにないかもしれない、という音の楽しみ方を詰め込んでいるつもりです。

――リーダーバンドのSTEREO CHAMPは三枚目ですね。

井上　前作から五年くらい空いていて、曲作りはじめたのは一年くらい前です。いままでの二枚は自分ですべてのパートを書いていたんですけど、今回のアルバムではベースの山本連と大半の曲を共作しています。僕は元々こだわり強い人間なので、それが逆に音楽を小さくしてしまう危険性を孕んでいると思うこともあったんですね。それが人の手を経ていくなかで、作品の卵が温まっていくじゃないですが、そういうものを大事にして作っていきたいなと思ったんです。

――動画共有サイトに上がっている「Scatter Brain」の映像がちょうど前に出たSTEREO CHAMPのアルバムと同じ二〇一八年頃ですが、あのセッションの経緯について教えてください。

井上　ロンドンに日本からミュージシャンを呼んで向こうのミュージシャンと交流させる「YOKOHAMA CALLING」というプロジェクトがあるんですね。そこに呼んでもらって、イギリスに着いたら、「Scatter Brain」をやったら絶対喜ばれるからと提案されたんです（笑）。キーボードはジェフ・バックと共演歴のあるジェイソン・レベロでしたし、ジャズミュージシャンとしては譜面を渡されてこれやろうと言われたら、まあやりますよね（笑）。でも意外と「Scatter Brain」のことを話されることが多くて、こんなに話してもらえるとは思っていませんでした。

――「Scatter Brain」でセッションするのははじめてだったんですか？

井上　はい。基本的にはシンプルな曲なんですが、イギリスのミュージシャンの持っているタイム感は自分ともアメリカの人たちともちょっと違うと思いました。アメリカのような粘りやどっしりした感じがなくて、さらっとしてる感じでした。アメリカ英語とイギリス英語の違いと言えばいいかもしれないですね。

ただジェフ・ベックのことをイギリスのミュージシャンはみんな誇りに思っているのはわかりました。ジェイソンはもちろん、ロンドンのミュージシャンはみんなジェフ・ベックのバンドに入ることが栄誉なことだと考えているということですよね。あのとき僕が共演したのはジャズミュージシャンというよりはスタジオミュージシャンに近い方もいたので、ジャンルの垣根もそんなになくて、自国のロックを大事にしているのがわかりました。みんなオーディションに受けていましたから、ジェフ・ベックのバンドに入るということはすごいことなのだと思います。存在も身近なのかもしれないですね。〝会える神〟みたいな。クラプトンはツアーメンバーが決まっていてドメジャーなのに対して、ジェフ・ベックはもう少しストリート感が強いというか。ロンドンでがんばっているミュージシャンにとって、演奏がよかったらチャンスがあるぞという人だったのかもしれないですね。

ジェフ・ベック自身も亡くなるまでずっと進化し続けていたじゃないですか。その点については年々尊敬が増していますし、どうなっているんだろう、と見にいきたくなるような人だったのだと思います。七十歳を過ぎても新しい表現に取り組んでいたし説得力もどんどん増していったじゃないですか。そこはこれからの人生で学ぶところかもしれないですね。

――井上さんが好きなジェフ・ベックの曲を教えてください。

井上　「Where Were You」です。『Performing This Week... Live At Ronnie Scott's』（二〇〇八年）に入っているバージョンですね。メロディの歌わせ方、かなり微細な感覚でメロディを弾いている感じが好きです。ストラトも手に入れましたし、ジェフ・ベックのクリケット奏法は研究していこうと思っています。

（いのうえ・めい　ギタリスト）

2023年3月9日、河出書房新社にて

ジェフ・ベックさん、たくさんありがとう

佐藤晃彦 Jeff Sato

1月12日朝7時過ぎ、犬の散歩に出たところ、メール、Line、その他SNSからメッセージがやたらと着信音を鳴らした。自分は67歳なので年齢的に朝型の知人が多いので慣れていて、普段は走ってる犬がお仕事?が終わり水をのむのに座って休む時まで携帯は見ないが、ちょっと数が多すぎたので見たら「ベックが死んだ、よくわからない病気で」とある。え、目を疑った。大量のメール・メッセージは全部それだった。病気なんて聞いてなかったし、11月まで普通ににツアーもしていたし、5月に来日との噂も聞いていた。私のヒーロー達であるミュージシャンは皆同世代、その中でもベックは他のミュージシャンよりもテクニックの劣りや老化を最も感じないミュージシャン、更に昔から大病もなく、麻薬、大酒呑みの乱痴気騒ぎをしないヴェジタリアンと認識しているそのベックが何で……。

1966〜7年頃GSも聴いていたがFENとFMをよく聞いていた。その頃、ビートルズが来日したが制服嫌いもありその時期の彼らにはあまりはまらず、ザ・ローリング・ストーンズのシングル「黒くねれ!」を買った後、クリームのシングルを買ってギタリストがエリック・クラプトンという名前を初めて知った。ラジオでヤードバーズの「ハートせつなく」や「幻の10年」他を聞いてカッコいいと思っていたが、音楽誌やレコードは少年のお小遣いで何枚も買うことが出来ず(まだ怪獣博士だったし…)、ベックの名前を知ることはなかった。小学校卒業前にエレクトリック・ギターを買ってもらい、中学に入った1968年はロックの当たり年、現在もその伝説が続くバンドが次々デビューした。そんな中、友人の兄が買った「ベックのボレロ」のシングルを聴かせてもらいカッコいいと思い、ヤー

ドバーズのメンバーだったと聞かされて、『TRUTH』からのブルース4曲入りのEPや「幻の10年」のシングルも続けて買って、そのギターの音の太さ・ハードな音色に感動、音楽誌も時々買えるようになり、一気にロック少年となり、その後初めて見る動く洋楽・映画『ウッドストック』で長髪のロック少年に出来上がっていった。1968年から約55年間ベックは自分の一番のギタリストであり続けた。今や何十本持っているギター、エフェクター、アンプ類の約半分はほぼベックが使っているから弾いてみて購入したもの、新型や改造ギターには興味があまりなかったが、ベックのギター類はどんなプレイにおいてクオリティが高く、ベック以外の曲やオリジナルでもほぼそのまま愛用していた。自分のアイドル＝神？はローリング・ストーンズ、好きなバンドは二度の来日で4度の日本武道館を体験したレッド・ツェッペリンであったが、ベック・ボガート&アピスのメンバーとしてのベック初来日は感動的で自分にはライヴ盤とは違った不気味なパワーを感じ、「自分の№1ギタリストはやっぱりこの人」と認識した。自分はAMの深夜放送にははまらず、オーディオ・マニアということもありFMばかり聞いていた。その後一年くらいでチック・コリアのリターン・トゥ・フォーエヴァー等と出会いすっかりクロスオーヴァー（フュージョン）をこぞって聞き出したが、すると間もなく『BLOW BY BLOW』がリリース、ベックと同じくヴォーカリストに恵まれなく、自分でもあまり歌うことが好きでない私にとって、やっと目標にする音楽と出会ったと思った。78年からレコード会社に入社し未だに45年も音楽の仕事だけで活動し自分のバンドをやり続けているのは、いつも前向きなベックの存在があったからだと思う。それと76年頃からベック・ファーストとバンド名を付けたら、お前が「ジェフ佐藤」っていうだけで良いだろうって友人に言われて、今となってはちょっと恥ずかしい名で47年も過ごしてきたこともあるし、音楽的にもテクニック的にも、何よりその美しくも感情的で素晴らしいサウンドにいつも影響され続けて……。

ベックを最後に観たのは3年半ほど前。ロッドと共演が告知され、1968年から二人の共演をライヴで観たいと思っていたがずっとそんなことはもうないだろうと思っていた。1985年の「People Get Ready」は、その叶わぬ夢にやすらぎを与えてくれた。しかし生で見ることはイヴェント等で数回あったものの突然の共演ばかりだった。しかし2019年にその発表があり、最後のチャンスと思いLA Hollywood Bowlに行って、たった30〜40分だったが51年待ち続けた共演をライヴで観る夢が叶った。演奏された曲のはアルバム『TRUTH』からがほとんどで、『BLOW BY BLOW』とはまた違った意味の自分の№1アルバム、その感動は忘れられない。無理して海を渡った良かった。しかしそれが数えたことがないが何度もロンドンやアメリカに飛び合計80回以上、もしかすると100回近いライヴが体験の最後になるとは夢にも思っていなかった。

コロナの期間中はツアーの延期のニュース以外、何をしているのかニュースが乏しかった。ツアーの延期のニュースばかり、やはり現役№1の思っているポール・ロジャースがフリー時代の曲を演奏するショーとベックとのジョイント来日もコロナ前に企画されていたらしいことを聞くと、コロナが無ければせめてあと何回かは観れたはずと思うと本当に悔しい。

そして、久しぶりの新譜はジョニー・デップとの共演だと聞いた。数曲かと思っていたら完全に対等のジョイント、よっぽど気が合ったのだろうか。正直、ミュージシャンとしてどの程度の人か知らないし、キース・リチャーズとの映画『パイレーツ・オブ・カリビアン』の共演は彼の要望だったはずなので、キースを引っ張り出すパワーは相当のロック・ファンということは想像できる。ジョー・ペリー、ジミー・ペイジ等とイヴェントや授賞式で共演が多く、その際ベックと共演することが何度かあった。ジェフとのつながりはその頃からだろう。一般的にはデップの方が有名なのだろうが、ロック・ギターを弾くものにとってどんな人気俳優でもベックとの共演は夢のような話だ。そして共演アルバムを作るなんて思ってもみなかったことだろう。アルバムを作るきっかけは詳しくは知らないが、カヴァー・アルバム『18』の選曲とこのジャケット、……、正直あまりい

Jeff Beck, Johnny Depp "18"
WPCR10536
1. Midnight Walker / 2. Death And Resurrection Show / 3. Time / 4. Sad Motherfuckin' Parad / 5. Don't Talk / 6. This Is A Song For Miss Hedy Lamarr / 7. Caroline, No / 8. Ooo Baby Baby / 9. What's Going On / 10. Venus In Furs / 11. Let It Be Me / 12. Stars

Vinnie Colaiu (drums), Rhonda Smith (bass), Pino Palladino (bass), Robert Adam Stevenson (keyboards, piano, strings), Tommy Henriksen (keyboards and strings), Ben Thomas (keyboards), James Pearson (keyboards), ason Rebello (piano), Vanessa Freebairn-Smith (cello), Olivia Safe (vocals)

Produced by Jeff Beck, Johnny Depp

い印象はなかったし、挑戦的なアルバムではない。昔から聴いていた好きな曲というか、ロカビリーやレスポール・トリビュートのアルバムとサウンドは違うが、ある種同じような出発点からレコーディングが始まったのだろうか。しかし、聴き込んでみるとやっぱり半分は圧倒的ギターのテクニック、ニュアンスと表現力で、ヴォーカリストと双璧か、それ以上の感動を与えてくれる。基本的に作詞作曲やプロデュースもする人ではないので、やりたい音楽、曲、メンバーを見つけ、どんな音楽にも対応し歌うかのように表情豊かに時に攻撃的にプレイするのがベックのスタイルである。本作は単純な二人の温故知新のカヴァー・アルバムではなく、しっかりとベックの次を見据えた作品になった特別な企画アルバムだったとも言える。

70代~80歳くらいになった自分の憧れのミュージシャンは、オリジナル・メンバーがほとんどいなくても続けていたり、テクニック的に厳しくなったり、高い音程が厳しくなるヴォーカリストが多いのは当たり前である。また毎日のように世界のミュージシャンの訃報が眼に飛び込んでくるのも、しかたがないことなんだろう。しかしそんな中、ジェフ・ベックという人はアルバム毎に常に新しいことに挑戦し、自身のプレイの表現力をずっと高めてきたギタリストだけに、ここで突然終わってしまうとは思ってもみなかった。年齢的には78歳だからそこそこの老人であるのだが、ベックに関してはそう感じたことはまったくない。レコーディングやツアーがないときは未だにギターを自宅でも弾き続け、更に特に大きなヴィンテージのアメ車を改造・修理をしているのは有名な話で、郊外に住んで頻繁にドライヴをしていたという。

今後、未発表の音源がリリースされたりするかもしれないが、自分の過去の作品に振り返ることの少ないベックは、90年代まではライヴはその時だけのものと言い、ライヴ・アルバムは『BBA LIVE IN JAPAN』（日本のみ発売）と『WITH JAN HAMER GROUP LIVE』のみだった。未発表テイクやデラックス・エディションもほとんど興味を示さず発売してこなかった。それは常に自分が次にやりたい音楽・サウンドに挑戦し続けてる証拠であり、まだまだ斬新なアルバムを制作出来たことを思うと残念で仕方がない。

ジェフ・ベックという人が活動をストップするのは、自身が手の指や音楽的感性が衰えてきたと自分で感じた時、またライヴで思うようにプレイできなくなったと思った時で、そうなったら自分からすっぱり音楽活動から身を引くと思っていた。まだその時期を全然迎えていなかっただけに急死で活動終了はあまりにも悔しいし悲しい。本人もやり残したことがたくさんあったに違いないし、これからもアイディアが湧き出てきただろうし、自分のやってきたことを振り返って整理することもあったかもしれない。これから共演することもあったであろう、埋もれているミュージシャンを引っ張り出せなかったことは、音楽業界の多大なる損失である。

最後に。55年間も追いかけさせてもらってありがとう。自分の続けてきた音楽活動の多くはあなたからインスパイアされたものであり、しばしばプレイを研究させて頂き、度々コピーに煮詰まって、頑張って購入したギターもある。東京・横浜公演はもちろん全て、札幌から福岡まで最大11回の公演を全部見たことも4~5回あったかな。更にロンドンやロサンゼルスまで見に行ったこともしばしば。一番良かった思い出の公演は日本では1975年の「ワールド・ロック・フェスティヴァル」名古屋公演。このツアーは日本はキャンセルもあってこの日以外は良くなかったが、海外は全部良かった。海外では2002年のロイヤル・フェスティヴァル・ホール3デイズでゲストがロジャー・ウォーターズ、ジョン・マクラフリン、ポール・ロジャース等多数で、毎日3時間以上もやった時かな。

2012年のローリング・ストーンズの50周年の初日、O2アリーナに行った時、何と予期しなかったベックの飛び入り、一番好きなバンド「神・アイドル」に、一番好きなギタリスト「師匠」の共演は忘れられない。

ジェフ・ベックさん、たくさんありがとう、あなたのおかげで55年もギター少年でいられたよ。

もう一回ナーラダのドラムで「Led Boots」聴きたかったな……。

（さとう・てるひこ　元レコード会社ディテクター、音楽プロデューサー、レコード店経営）

対談 佐藤晃彦 Jeff Sato×大鷹俊一

ギターを弾くために生まれてきた男

ジェフ・ベックのすべてを語り合う

ヤードバーズの時代

大鷹　佐藤さんがジェフ・ベックを聴くようになったのはいつからですか。

佐藤　そもそも最初に音楽を聴き始めたのはGSのブルーコメッツとスパイダースと、ポップスベスト10みたいなのをラジオで聴くようになった頃です。たぶんその頃「幻の十年」か「ハートせつなく（ハートフル・オブ・ソウル）」という曲を聴いて、今はサイケとかインドっぽいとかそんな感じがするんでしょうけど、なんとなく好きになりました。あとストーンズが好きで「ペイント・イット・ブラック」がすごく好きだったんですね。テレビではGSとビートポップスしか見れませんが、GSを見ていたら途中で歌謡曲っぽいのが嫌になってきたんです。

大鷹　GSも普通にヒットが多数出てくるようになると、だんだんと既成の歌謡曲風なものが出てきたりするようになりましたよね。

佐藤　最初はよくわからないでタイガースのデビューから三、四枚を聴いていたんですが、「花の首飾り」の頃、テレビでウエスタンカーニバルを見たらカヴァーを演奏していて、本当はこういうグループなんだとわかって、シングルの曲にがっかりしました。僕は子どもの頃から制服的なもの、全員洋服を揃えているのが大嫌いだったのに、同じ格好をしていた。それでGSも何か変だなと思いました。ビートルズも出てきたときに、不良と言われているのにどうして皆ネクタイをしてスーツを着ておじぎをしているんだろうというのが最初の違和感だったんですけど、ただこれはそのあとサイケデリックみたいになって好きになった。そんな少年でしたから、当時はジェフ・ベックという名前は知らないけど、ヤードバーズの「幻の十年」「ハートせつなく」等は好きでした。十二歳くらいからか「ミュージックライフ」とか音楽誌を買うようになって、その頃はギターが誰が上手いなんてことは全然わからなくて、ジョージ・ハリ

1972年3月19日、ロンドンのラウンドハウスにおけるジェフ・ベック・グループの公演。背後右側はボブ・テンチ。（Photo by Michael Putland/Getty Images）

スンがいちばん上手いと思っていたくらいなんですけど（笑）、ジェフ・ベックの写真を見たときにすごくかっこいいなと感じました。ちょうどソロでデビューする一九六八年、クリームが解散した頃ですが、友達の兄貴がテン・イヤーズ・アフターとかすごくいろいろ貸してくれた。だから『トゥルース』からわりと原体験です。アルバムを発売日に買ったというのは『ベック・オラ』からですけどね。実は私の父もギターを弾いていました。アントニオ古賀みたいな感じで、ハワイアンとかスチールギターも弾けたみたいです。だからギターは小学校六年のときに三原綱木モデルみたいな（ファーストマン）のを買ってくれて、なんとなくコードだけは弾いていた。

ジェフ・ベックは『トゥルース』という最初のアルバムからカットされた、『ベックのボレロ』とか四曲入りのコンパクト盤みたいなのを買って聴いて、すごい音がするなと思った。ビートルズやストーンズとは全然音が違う異質なものだなって。当時はブルースが何なのかということも全然わからなかったので、それですごく好きになった。クリームのライブ盤『グッバイ・クリーム』とか『トゥルース』とツェッペリンのファースト、それくらい（68年前後）がギターのハードロックにのめり込む最初のあたりでしたね。

大鷹　僕がジェフ・ベックを意識したのもやっぱりヤードバーズでしたね。最初はヤードバーズの「フォー・ユア・ラブ」のシングルを買ったんですが、B面が「ガット・トゥ・ハリー」じゃないですか。インスト・ナンバーで、これはエリック・クラプトンのソロなわけですが、そこでまずこのグループは好きだなというふうに意識した。そしたらすぐにクラプトンが脱退して、その替わりにギターはジェフ・ベックが入ったという記

事を「ミュージック・ライフ」かなんかで読んだりするうちにシングルをどんどん出すんですよね。サイケとかガレージ云々みたいなことは、幼いからはっきりわかるわけじゃないんだけど、明らかに「フォー・ユア・ラブ」のときとは違う。どんどん不思議な感触でもって歪んでいく。へんてこでいて鋭いギター・ソロがあったりして、普通のビートバンドとは違うギターだというのが認識されていきましたね。振り返ってみると僕はやっぱりヤードバーズ時代のジェフ・ベックのプレイってかなり好きなんですよね。

佐藤　黒いピックガードのテレキャスターを弾いてるのもすごい憧れました。ヤードバーズにいたときの三人を比べると贔屓じゃないですけどジェフ・ベックだけいちばんとんがっていた。

大鷹　「ハートせつなく」や「トレイン・ケプト・ア・ローリン」「いじわるっ娘」「幻

の十年」などヤードバーズの代表曲みたいに言われるナンバーは殆どジェフ・ベック時代なんですからね。

佐藤 そうですね。一人アウトローっていうか、一人だけギタリストなのに違う奴が入ってきたみたいな感じがすごくするんですね。よくキース・エルフがギターの音がでかいと怒ったというけど、そういうのも逆に子どもの頃にかっこいいと思いましたよね。

大鷹 一つのバンドの中にあって一人だけ反抗の方向性が違うみたいな存在だったのかもしれないですね。

佐藤 ああいう感じがすごく好きだった。動画はあまり見たことがなかったですけど、写真とかシングルのジャケットとか見ても、一人だけソリッドですよね、とんがってる。イミディエイトのコンピレーションがありますよね（『BLUES ANYTIME』）。あれを入手したときにすごくジェフ・ベックの特徴を把握したというか。あのとんがってる感じとか、ブルースだけど若干ブルースじゃない感じがして。今は本当はロカビリーからフィンガーピッキングをやったみたいなことはわかるんですけど、当時はそういうことがわからなかったので。

大鷹 あまりそうした詳しい情報は入ってこなかったですよね。だんだん子ども時代のことなんかがわかるようになってきて、ずいぶんと納得がいったようなこともありましたね。例えば少年の頃にはクラシックを習っていたという話や、ずいぶん若いうちからレスポールが好きになっていたなんてことも知ることができた。そうした情報を付き合わせてみると、いわゆるビート系バンドのギターの人なんかがストレートにR&B、ブルース、ソウルのカバーやコピーみたいなのやって腕を磨いていったというのとはちょっと違うアプローチの仕方というかルーツがあるような気がしましたね。

佐藤 完全にそうですね。当時はわからなかったし、あの頃は皆ブルースだと思っていましたけど、ずいぶん後になってから、この人は全然ブルースじゃなかったとわかった。だれかと独特のカントリーっぽいフィンガーピッキングをやったり、すごくソリッドなスライドギターでした。クラプトンも当初はあまりスライドが上手くはなかったんです。当時から一人だけ一匹狼的なギタリストという感じがすごくしていまし

一人アウトローっていうか、一人だけギタリストなのに違う奴が入ってきたみたいな感じがすごくするんですね。（佐藤）

たね。それが最初からわりとジェフ・ベックが好きになった理由ですね。もちろんバンドはツェッペリンのほうがよかった気がするし、アイドルとしてはストーンズのほうが好きなんですけど、ことギタリストとなるとジェフ・ベックが飛び抜けて好きでしたね。ジミヘンは黒人だったのでルックスから入れなかった。年取って自分で弾いたりしてるとジミヘンってすごいなとだんだんわかってくるんですけど。

大鷹　それとヤードバーズ時代のジェフ・ベックのプレイって、アメリカのガレージ系のバンドにすごい影響を与えているんですよね。それこそ僕が子どもだったように、アメリカの子どもたちもテレビでヤードバーズを見て、あの鋭い予想もつかないような鋭角的なフレーズや音が出てくるギター・プレイを見て与えられたインパクトは僕らが考えた以上に大きかったと思う。それで仲間とすぐにバンドを始めて手軽にガレージ系のサウンドをかき鳴らすという構図が沢山あったような気がします。

ヤードバーズ、1965年。（左から）ポール・サミュエル＝スミス、クリス・ドレヤ、キース・レルフ、ジム・マッカーティ、ジェフ・ベック。(Photo by Michael Ochs Archives/Getty Images)

佐藤　そうでしょうね。本来はボーカリストとして女の子的には人気があったのかもしれないですけど、当時からギターだけ異質に光ってますよね。当時のシングル盤でも、たぶん「ハートフル・オブ・ソウル」は最初にレコーディングした曲だと思うんですけど、元はシタールでレコーディングして、それをエレキで弾いたりした。

大鷹　ええ。ありがたい時代になったもので、今はオルタネイトも正規のものも両方のバージョンを聴けますからね。

佐藤　あのへんのセンスがやっぱり当時のサイケデリックというか、それを上手く掴んで弾いていたのかなと。今はボーカルに迫る勢いでフィンガーピッキングをやりますけど、そういう素質がもともとあった。だからクラプトンのまっすぐブルースをスケールどおりに上手く弾くのとは全然違う、自分なりのギターのテクニックの表現方法を何にも囚われないでやるところがすごかった。僕はビートルズの中ではポールが好きじゃなかったし、ポップなものが好きじゃないんです。だから「オブ・ラ・ディ・オブ・ラダ」とか変な曲だなと子どもの頃に思っていて。

大鷹　それに関しては同感です。リズムとかちょっとタイプの違った曲でしたからね。

佐藤　「レイン」とか「ストロベリー・フィールズ・フォーエバー」をシングルで聴いたり、B面のほうがいいじゃんみたいなことがけっこう多い。どよんとしたサウンドが好きだったので、それでヤードバーズとかアニマルズとか同系統と言われたバンドでも飛び抜けた感じでしたね。

大鷹　結局ジェフ・ベックはヤードバーズの枠の中では収まりきらずという感じで出ていっちゃうけども、その過程でもそれこそ「ジェフズ・ブギー」みたいな好きかってにやったりするところがこの人らしいですよね。あの頃からマイペースというのはまったく変わっていない。

佐藤　「ジェフズ・ブギー」は当時何を弾いているのか全然わからなくて、あれがいわゆるロカビリーギターで学んだテクニックが、カントリーピッキングみたいなのが流行ったり、ああいうのはブルースやロックのギターの人ではあまりなかったので、すごく感動しましたね。あれをやりたくてもやれなくて。当時はギターの教則本やコピー譜なんてなかったので、何をどうやって弾いてるんだろうみたいな。

アメリカの子どもたちもテレビでヤードバーズを見て、あの鋭い予想もつかないような鋭角的なフレーズや音が出てくるギター・プレイを見て与えられたインパクトは僕らが考えた以上に大きかったと思う。（大鷹）

大鷹　ヤードバーズでのジェフ・ベックの強烈な思い出と言えば映画『欲望』ですね。ライヴ・シーンでギターアンプをぶちこわすシーンですが、あれを見たときはびっくりしましたね。

佐藤　あれは本当はザ・フーだったんですよね。

大鷹　そうです。このあとにピンク・フロイドの音を使って『砂丘』なんかも撮るイタリアのミケランジェロ・アントニオーニ監督が〝スウィンギング・ロンドン〟をテーマに構想してオファーしたときには、あのシーンはザ・フーでと考えていたそうなんですね。だけどそれはグループの方から断られてヤードバーズになってという経緯があったんですね。で実際に映画を観たときには、こういうちょっと危ないとんがった人だからああいうレコードのフレーズが出てくるんだというのがぽーんと自分の中で腑に落ちたという感じでしたね。

佐藤　あれがジェフ・ベックの性格のイメージを決定づけたんじゃないですかね。本人にインタビューしたことがあるんですけど全然そんなことがない。すぐバンドのメンバーを首にするみたいなところがずっとあったんですけど、それはただ言葉が少なくて、自分がやりたい音楽を「もうお前じゃない」と言うわけにいかず次のメンバーとやってるだけの話でした。でもヤードバーズのあの映画音楽の印象が大きいですね。作られたものなんですけど、音が悪いからアンプをぶち壊したみたいな。その後はジミヘンとかリッチーが皆やってるんですけど、やっぱりあの頃は衝撃ですよね。

大鷹　映画自体も、実際に体験していたわけではないですがあの頃のロンドンの、さまざまな面で意欲的な雰囲気がすごく伝わってきました。

佐藤　あの頃はわけのわからない映画が多かったですよね。あれもストーリーがわかるようなわからないような、子どもには全然理解できなかったですね。

大鷹　そうそう。でもそういう激しい音を求め続けるジェフ・ベックのノリがあったからこそ第一期ジェフ・ベック・グループもスムースにできたし、あの完成度になったんでしょうね。

第一期ジェフ・ベック・グループ

佐藤　はい。あそこまでのその間がすごい成長ですよね。ギターがレスポールになったとき、存在が大きかったのかどうかわからないですけど、機材が急に良くなっていると思う。ジミヘンなんかもそうなんですけど。

大鷹　この頃はプレイとアンプやエフェクターといった機材の進化、発展が並行ですよね。ジミヘンもそうだし。

佐藤　ええ。今でもずっと、好きなアルバムというと『トゥルース』がいちばん最初に出てくるんですよね。

大鷹　あれを聴いてジミー・ペイジがツェッペリンを発想するというのはひじょうによくわかりますよね

佐藤　そうですね。

ジェフ・ベックはクリームとツェッペリンを見て リズムセクションにすごいのを入れたかったんでしょうね。（佐藤）

大鷹　それこそ僕はハードロック、ヘヴィメタルの原点があそこなんじゃないかという気がしています。

佐藤　ジェフ・ベックはクリームとツェッペリンを見てリズムセクションにすごいのを入れたかったんでしょうね。それを入れたくて入れたくて早くBBAみたいなのをやりたかったんでしょうけど、ドラムとベースがクリームとかツェッペリンのようにしっくり自分の思うような百パーセントに届かなかったからいろいろ苦労したと思います。

大鷹　だからセカンド・アルバム『ベック・オラ』は二週間で作ったと言われるほど、急造というかとりあえず作ったという観が強いですよね。いろいろな面で『トゥルース』の完成度とはちょっと違っている。そこらはベック自身の焦りみたいなのがあったのかもしれないですね。

佐藤　『トゥルース』を作った後かもしれないですけど、ジミー・ペイジとかクリームを見て思ったところは大きいと思いますね。

大鷹　結局ウッドストックの直前に第一期ジェフ・ベック・グループは解散して、その数ヶ月後に交通事故。このブレイクでもずいぶん変わりますよね。

佐藤　本当はBBAは順番からいって違うので、本当はあそこで実現して、それから第二期にいけばもうちょっとすんなりいったとは思うんですけど。

大鷹　確かに音の流れ、ベック自身のイメージ的にもそうかもしれないですね。

佐藤　BBAでちょっと元に戻った感じがあるので、本当にあれが本心だったのかな？　約束しちゃったから後でやったのか。

大鷹　とにかく実際やってみたいというのは強かったんでしょうね。それがツアーなりスタジオを重ねていくとやっぱり合わないところが出てくると。これはバンドの常ですもんね。

佐藤　ティム・ボガートの、ある意味でデリカシーのないアメリカ的な性格が災いしたとも言われます。酒飲んで大騒ぎしてみたいなことはジェフ・ベックにはない。

第二期ジェフ・ベック・グループ

大鷹　事故があり、BBAの前に第二期のジェフ・ベック・グループをやるわけですよね。マックス・ミドルトンなんかが入ってくる。この第二期ジェフ・ベック・グループが僕はすごく好きで、おっしゃったように順番的に言うとBBAの後のほうが良かったんだろうけど、ある意味ここでその後のジェフ・ベックの音楽的な核や方向性ができたんだろうなという気がします。

大鷹　でもすごくナチュラルな感じのファンキーさですもんね。

佐藤　『ベック・オラ』の「プリンス」という曲や、『ベック・オラ』でもストラトキャスターを使い始めているので、ちょうど変わりかけていたんでしょうね。メンバー探しをしているうちにいろんなメンバーとやって、「ダーリン・オブ・ディスコティック」でしたっけ、バンドメンバー探しにいろんなクラブを歩き回って、いろんな人とセッションし合う。バンドに入れてもうまくいかない。モータウンに行ってスタジオミュージシャンとやったりとか。そういうバンドメンバー探しがいつも彼の場合ネックになっている。それで何とかコージー・パウエルを見つけてうまくいった。彼にとって唯一同じメンバーで二枚作った。

大鷹　『ラフ・アンド・レディ』と『ジェフ・ベック・グループ』ですね。でセカンドではブッカー・T&ザ・MG'sのスティーブ・クロッパーがプロデュースやっていますが、彼の存在と関わり方が大きいですよね。その後の作品作りにも影響を与えていると思うし僕はこのセカンドがすごく好きなんです。

佐藤　大きいですね。そのへんは昔はよくわからなかったですけど、自分も制作の仕事をしたりそういう聴き方をしていくと、ギタリストが勝手に作ったレコードとプロデューサーががんっと作ったレコードは全然違うんだなとわかる。ただジェフ・ベックのギターを好きでレコードを買っている人には別にギターソロさえ良ければ、それが『ギター・ショップ』でも『ゼア・アンド・バック』でもそっちのほうが好きという人も当然多いと思うんですけど、アルバムとして考えるとスティーブ・クロッパーの『オレンジ』と『ブロウ・バイ・ブロウ』『ワイアード』はすごく完成度が高いレコードだなと思います。

大鷹　そうですよね。もちろんスティーブ・クロッパーに対する畏敬の気持ちはあったろうし、クロッパー自身は本当にたくさんの人たちとレコードを作ってきている人だから何をどうすれば良いのかというのは百も承知でね。それとジェフ・ベック・グループ自体もバンドとしてこなれていっている状態という、いろんなバランスがとれていたからこそできたアルバムという感じですね。

佐藤　ジェフ・ベックって曲を書かないじゃないですか。けっこう書いていると思っている人もいるし、クレジット上はジェフ・ベックになっていて実際はジェフ・ベックじゃないというのもいっぱいあるんですけど。レコーディングでちょっと作ったリフがクレジットに載ったりすることもあるんでしょうけど、自分はギターを弾くだけに本当は集中したいので、自分がやりたいサウンドや曲を作ってくれる人を毎回集めていたんです。

大鷹　そういう面はあるでしょうね。

佐藤　そういうふうに考えると、ああそういうふうに変わっていくのかと。最近のアルバムでも急に「オーバー・ザ・レインボウ」をやったかと思うとハードロックみたいなのをやったり、自分がこういうのをやりたいと思ったらそれに合うメンバーを連れて来てそういう曲を作る奴を連れてくる。昔からやっていたのかなという気がします。それを

大鷹　一つの固定したバンドで延々やっていってそこで練り上げていったり磨き上げていって、という発想があまりないんでしょうね。そういう人でいながら同じようなメンバー同じような方向性で珍しく作ったのが第二期ジェフ・ベック・グループであったということですよね。

佐藤　そうですね。

大鷹　「哀しみの恋人達」みたいなファンの大好きな代表曲がそういう中から生まれてきて、自分のプレイもそういう方向への可能性として広がった。前から「恋はみずいろ」とか「グリーンスリーブス」とかああいうのをやっちゃう人だから、彼の中にあるバラード的なものに対する親和性みたいなものも、自然に自分の中にあるものとして捉えられるようになっていった気がしますね。

佐藤　そうですね。ジャズは別として、ギターインストって当時あまりなかったですよね。そういうことをやるという発想がもともとなくて、でもいざバンドをやってみるとロッド・スチュアートを別として、ボーカリストがちょっと貧弱だったりした。

大鷹　わりとボーカリスト運のない人ですよね、ジェフ・ベックって。

佐藤　ええ。だからこれだというバンドが今まであまりない。第二期がいちばん完成していると思いますけど。バンドとしてあまりうまくいかなかったから、そういう自分のソロバンド、ギターインストにすんなり入れたのかなと思いますね。たぶんブルース、『トゥルース』の頃はギターインストではちょっと作れなかった。

BBA

大鷹　いわゆるロック的なソロというイメージにしかならない。今くり広げているようなギターインストという世界にはならないでしょうね。第二期ジェフ・ベック・グループも二枚のアルバムで終了して待望のベック・ボガート&アピスに入っていくわけですね。本当に待たれてましたし、アル

一つの固定したバンドで延々やっていってそこで練り上げていったり磨き上げていって、という発想があまりないんでしょうね。（大鷹）

バムを出たときにも歓迎されましたよね。

佐藤　ええ、大騒ぎしてました。僕は高校三年生だったかな。一年がツェッペリンで、二年がパープルで、三年がBBAを観に行った。今だったらあのくらいの間隔は大したことがないですけど、あの頃は沈黙期間が長く感じました。BBAはすごく期待してました。アルバムが出た途端にすぐの来日でした。

大鷹　いいタイミングでしたね。話題がずっと連なって。

佐藤　来日が決まったときのチラシはジェフ・ベック・グループだったんですよ。それで（ベック・ボガート&アピス）と書いていた。僕はまだチラシを持ってます。まだBBAのアルバムが出ていなかったので、そういう告知の仕方をしたんだと思いますね。プログラムの写真もカクタスの写真が何かを使ってあったりね。けっこうめちゃくちゃだった気がします。

大鷹　で、アルバムもまた当時としては期待通りというか納得の作品でしたね。

佐藤　そうですね。やっぱり黒っぽさやソウルフルな感じはあの二人もすごくあったと思うし、選曲もカーティス・メイフィールドとか、ライブでは「ピープル・ゲット・レディ」もやっていたし、ブラックというものに憧れていた。ただ演奏スタイルがドラムベースがハードロックのドタバタな感じの人たちだったので。でもあの当時にしてみれば、僕はまだ十七歳だったのですごい感動しましたけどね。

大鷹　求められていたハードロックのギタリストとしてのジェフ・ベック像みたいなものに応えたことに間違いはないですね。

佐藤　僕は高校生のとき本当にハードロック一辺倒だったので、第二期も昔より今のほうが好きかもしれないです。「ライブインジャパン」は今聴くとずいぶんバラバラな感じがしますけど。

大鷹　でもあのアルバムは日本の洋楽の宝ですよね。

佐藤　よく残しておいてくれましたよね。ジェフ・ベックは自分の昔を振り返るのが好きな人ではないので、クラプトンやジミー・ペイジみたいに自分の昔のライブ盤やデラックスエディションを出したりは全然しないですからね。

大鷹　過去は振り返らないと公言していますからね。

佐藤　昔のアルバムを聴かない人なんですよね。それもわかるような気がします。作ったら気分が終わりらしいです。それで満足しちゃって、次に何かやりたくなっちゃ

昔のアルバムを聴かない人なんですよね。作ったら気分が終わりらしいです。それで満足しちゃって、次に何かやりたくなっちゃうという。（佐藤）

うという。

大鷹　常に面白いことをやりたいという発想があるんでしょうね。あれだけ大騒ぎしたBBAも結局、二枚目のアルバムは作れなくて解散ということになっちゃいますもんね。佐藤さんがおっしゃったように、第二期でやっていたサウンドアプローチのほうへと自分の中では興味の針が振れていたのかもしれないですね。

佐藤　そうですね。『ベッコロジー』にBBAのセカンドの未発表曲が入っていますよね。ブートレグでだいたいの曲が出ていますけど、『ジズ・ウィズ』が『ブロウ・バイ・ブロウ』とBBAのちょうど間みたいな曲なんですけど、あんな感じのを一枚作っておいてくれたらもしかしたら良かったのかなという感じはします。

大鷹　いわゆるジャズロックというやつですよね。

佐藤　『ブロウ・バイ・ブロウ』も当初はカーマイン・アピスを入れてジェフ・ベック・アンド・アピスという名前にしようという提案があったとかなかったとかで、それでもしやっていれば。

大鷹　それはちょっとニュアンスが違いますよね。あーいうアルバムにはなってなかった気がしますね。

佐藤　BBAと『ブロウ・バイ・ブロウ』があまりにも違うので、その間が残っていたらそれはそれで自分がいちばん好きなところだったのかなという気もするんです。あの間にアップ（UPP）というバンドがありましたけど。

大鷹　あまり話題にならないですが、アップの仕事は大きい気がしています。プロデュースして五曲弾いてるんですよね。

佐藤　そうです。あのへんの感じがすごく好きだったんです。あと『ブロウ・バイ・ブロウ』のライブ盤は出てないですけど、バーナード・パーディーとウィルバー・バスコムでドラムベースを替えてやりましたよね。あのツアーがすごく好きなんです。

大鷹　そのアップのサウンド志向みたいなのをやって、ジェフとしては自然に『ブロウ・バイ・ブロウ』への流れみたいなものがうまれた。

佐藤　よく『ブロウ・バイ・ブロウ』に到達したと思いますけどね。ジョージ・マーティンの力がもしかしたら大きいのかなと。

大鷹　ええ、有形無形の存在感みたいなものがね。

佐藤　もちろん曲を作ったマックス・ミドルトンの力が大きいと思いますけど、僕はジョージ・マーティンの何をどういうふうにしてどうする人というのは詳しく知らないんですけど、すごくあの二枚だけ飛び抜けている感じはするので。ギター好きの人じゃなくてもあの二枚のレコードは皆評価した。あの後からのレコードを聴かなくなっている。音楽ライターの人もそうですけど、あの後からは完全にギタリストのアルバムになり過ぎちゃっているので、ギターを弾かない人にはどうなんだろうなとちょっと思いますけどね。

大鷹　ジョージ・マーティンがジェフ・ベックにどこまで具体的にサジェスチョンをしたのかわからないですけど、ジェフの側でこのときは、明らかに百パーセント受け入れる発想や姿勢があったと思うんですね。そこが他の作品作りと大きく違っていたのかなと。

佐藤　そこがすごく偉大なプロデューサーのポイントなのかなと思います。同レベルだったりバンドと同じレベルのプロデュースでやっていますよね。トータルプロデューサーとして、キューは振らなくても客観的にどういう人たちが買うんだろうとかファンはどう思うんだろうと見ているプロデューサーは絶対に必要だと思うので。ジェフ・ベックにはいつもそれが足りないと僕はずっと思っているんですよ。

大鷹　僕もそれは賛成です。

佐藤　それで『ブロウ・バイ・ブロウ』と『ワイアード』の後、売上がどんどん落ちていくんですけど、アメリカでは百位にも入らなくなっていって、ワーナーのこの間の『エモーション・アンド・コモーション』がすごく売れましたよね。変なレコードだと思うんですけど、あれは売りやすいレコードなんですよ。選曲も変だし「トゥーランドット」とかもやってるし、何だこれと思う部分も確かにあるんですけど、ポイントが一つはっきりしているのでこれもプロデューサーの役目なんだなと。売るという観点から見ればあのレコードが悪いとは僕は全然思わなくて。

大鷹　ジェフ・ベックってギター職人の部分がすごくあるから、その職人さんとしての部分が納得しないと、ただレコード会社から言われたプロデューサーとか今売れているプロデューサーを付けてとなっても、職人さん魂としては納得いかない部分があると、それがどうしても作品の中に出てくると思うんですよね。

佐藤　『フラッシュ』の失敗がものすごく大きいんですよね。

大鷹　だからスティーヴ・クロッパーみたいな、自分がさんざん影響を受けたレコードを作ったりプレイヤーとしても尊敬する部分があったりする人だと素直に受け入れる。ジョージ・マーティンにしてもプロのプロデューサーだからビートルズだけじゃなくいろんな音楽をプロデュースしているじゃないですか、お笑いからクラシックまで。そういう人だからこそジェフ・ベックのもつ音楽の幅の広さを受け止めて、それをどういうふうに活かすかみたいな設計図

職人さん魂としては納得いかない部分があると、それがどうしても作品の中に出てくると思うんですよね。（大鷹）

がすごく作れたと思うんですよね。

佐藤　絶対そうですね。

大鷹　そういうところにジェフ・ベックというすごい技量をもった職人さんがすぽっとはまったときに、ああいう形のアルバムができた。

佐藤　ストリングスアレンジも素晴らしいですよね。「ダイヤモンド・ダスト」はたぶんジェフ・ベック史上いちばん美しい曲じゃないですかね。ヤン・ハマーがやったりとかももちろんいいんですけど、いわゆるプロデューサーとは違うミュージシャンプロデューサー、バンドのメンバーとしてプロデュースする人とジョージ・マーティンは格が違うという面があると思いますね。

『ワイアード』

大鷹　そうですね。でも僕は『ワイアード』のほうが好きな面もあって、ああいう尖ったところこそやっぱりジェフ・ベックだなという思いがある。彼自身もパワーが欲しかったんだと言っているし、アピスなんかの影響もあるだろうし。

佐藤　いわゆるフュージョンベックの頂点は『ワイアード』だと思いますよ。僕は大学生でいちばんギターを弾きまくってる頃が『ブロウ・バイ・ブロウ』『ワイアード』だったんですけど、その頃ちょうど僕も『ブロウ・バイ・ブロウ』が出るちょっと前から「リターン・トゥ・フォーエバー」を聴いて、それでこの音楽は何だろうなと思って、バンドのメンバーがクルセイダーズのレコードを持ってきて、ちょうどフュージョンを聴き始めた頃だったのでその数年はロックよりフュージョンを聴いていたくらいです。その中では『ワイアード』はいちばん。「グッドバイ・ポーク・パイ・ハット」とか。「レッド・ブーツ」とかはもちろんですけど、すごく好きでしたね。

大鷹　わかりやすいですしね。「レッド・ブーツ」は究極ですよね。

佐藤　ジャケットもかっこよかったし。

大鷹　『ワイアード』の前に来日したじゃないですか。あれが寂しかった。

佐藤　僕は名古屋に行ったんですけど。

大鷹　僕は東京の後楽園球場でしたね。

佐藤　北海道が最初で、仙台、京都がキャンセル。二日目が名古屋だったかな。それで僕は名古屋だけ、大学の友達と泊まりもしないで始発で帰ってくるみたいな。東京は後楽園だから遠いから、室内でやる名古屋に行こうと友達と二人で行って。東京は四十五分くらいしかやらなかったんですけど、名古屋は七、八十分やったんです。

大鷹　それは全然違いますよね。

佐藤　それが素晴らしくて、僕のジェフ・ベックナンバーワンはその日なんです。『ブロウ・バイ・ブロウ』の名古屋公演が自分が今まで観たジェフ・ベックでいちばん良かったです。

大鷹　あらら。僕は東京のワールドロックフェスは僕の観た中で最低ですもん（笑）。

佐藤　（笑）。

大鷹　出演も普通はトリのはずなのに、明るいうちに出てきてあっさりとした演奏でガクッときましたね。

佐藤　あの日に飛行機に乗って帰っちゃうというのでね。生涯の中であの名古屋を観たのは本当にすごいことでした。録ったものを聴いたけど札幌も良くなかったんですよ。着いたらすぐ出されたそうですよ。前の公演で風邪をひいて、行くのを一日遅らせて、ジェフ・ベックが来るのを一時間も二時間も客を待たせていて最後で、三十分や四十分で終わっちゃって、名古屋だけ調子よくて、でもやっぱり調子が悪くて京都と仙台は飛ばして。内田裕也さんが東京は飛ばさないでくれと頼んだんだと思いますけど、やっと四十分くらいのショーをやった。それだけだったんですけど、名古屋公演だけ良かったんです。

大鷹　そんなこともあるんですね。

佐藤　あのへんのことを聞いたら、ジェフ・ベックはベースのフィル・チェンはあまり好きじゃなくて、本当はアップのベースで、『ブロウ・バイ・ブロウ』が出来上がった後にベースを差し替えたと言っていましたよ。この間亡くなったジム・コウプリーに聞いたら、フィル・チェンのベースを後でアップのベースに差し替えたんだけど発売が間に合わなかったと。ドラマーのリチャード・ベイリーは自分のバンドをやっていたのでツアーを断ったんです。それでバーナード・パーディーが入るけど。変拍子が叩けなかったらしいです。それでヤン・ハマーとかスタンリー・クラークとか本場モノのフュージョンの人が近づいてきたのでそっちに行っちゃったんじゃないですかね。その頃はある意味、ジェフ・ベックはイケイケだったんだと思います。

大鷹　実際、そういう成果もはっきり出るしね。

佐藤　当時はジャズの人は全然レベルの違う人という感覚だったと思うので。僕もそんな詳しくはなかったですけど、スタンリー・クラークとやっちゃうのってびっくりした。スタンリー・クラークとのアルバムでスティーブ・ガッドとトリオでやっているなんて驚きました。あのへんのときがいちばん興奮して聴いていたのかもしれません。

大鷹　そうですね。勢いがありましたね。『ライブ・ワイアー』が出たりね。そのへんから素直に『ゼア・アンド・バック』とか流れていきましたもんね。

佐藤　ブートレグで「ベックファスト」という、女の子が朝飯を食ってるジャケットの海賊盤があったんです。その頃コピーバンドをやってたんですけどBECKFASTと

『ブロウ・バイ・ブロウ』の名古屋公演が自分が今まで観たジェフ・ベックでいちばん良かったです。（佐藤）

いうバンド名にして、『ブロウ・バイ・ブロウ』の曲をやったんですけど、二百人以上の僕のクラスには佐藤が十人くらいいたんですね。理系だったんですけど班を作ると全員佐藤だったり（笑）、その頃にバンド名からジェフとつけられたんです。

大鷹　『ゼア・アンド・バック』がピックを使った最後のアルバムになっていますね。『フラッシュ』以降、フィンガーピッキング。

佐藤　そうですね。混じってはいましたけど。ちょうど軽井沢の頃が過渡期だったんだと思いますね。『ギター・ショップ』から完全にギターもジェフ・ベックのシグネチャーモデルみたいなものを使っていましたし、ちょうど『フラッシュ』のときが変なときに当たったんでしょうね。

大鷹　『エスケープ』が当たったから、そのへんで売れるのもいいことだという発想が制作サイドには強くあり、ジェフ・ベックもまた受け入れたということなんでしょうね。

佐藤　「ピープル・ゲット・レディ」は元は

カーマイン・アピスが作っていたベーシックなんです。カーマイン・アピスが自分のアルバムを作ろうと思って作り始めて、ジェフ・ベックとロッド・スチュアートに参加させようと思ったら、ジェフ・ベックがすごい気に入って俺のアルバムに使わせてくれってことで、その曲が仕上がりが良かったのでエピックが急に色気付いた。ジャケットの写真も初めてスタイリストとメイクをつけたような写真でしたよね。あの人はあまりそういうことをしない。プロデューサーもナイル・ロジャースとかいろんな人を使いましたけど、あの頃、売れっ子の人を使い過ぎて、全部のカスの曲がまわってきたような印象があって、本人にも二曲くらい歌わせたけど全然良くなかった。ジェフ・ベックもインタビューでは「エピックが作ったアルバム」と言っていますよ。

大鷹　だけどその「ピープル・ゲット・レディ」を聴くと、やっぱりロッドのボーカルとしての技量が圧倒的ですもんね。すごい説得力があってそれがジェフ・ベックとの相性の良さにもなっている。

佐藤　あれはギターの音もすごく綺麗だし、ビデオも良かったし、あれはあの一曲であのアルバムの価値があると思いますね。

大鷹　レコード会社的な発想になれば、これは！と思うのは当然ですよね。

佐藤　ジェフ・ベックって基本的にシングルヒットと無縁の人で、あれだけが特別なんですよね。あとはイギリスでヒットした「ハイホー・シルヴァー・ライニング」くらい。イギリスの普通の田舎の人たち、ジェフ・ベックをギタリストだと認知していないような人たちは、一発屋だと思っているらしい。「ハイホー・シルヴァー・ライニング」がすごくヒットしたので。

大鷹　いまだに歌われているようなところがあるから。

佐藤　あれはジェフ・ベックもイギリスの公演でしか歌わないですよね。アメリカと日本の公演では歌わないです。同じツアーでもアメリカと日本では「ゴーイング・ダウン」に替えるんです。

フィンガーピッキング

大鷹　『ギター・ショップ』からフィンガーピッキングが中心になると、完全に今のスタイルになりますね。なぜフィンガーピッキングだけに変わったんでしょうね。

佐藤　僕も恥ずかしながらフィンガーピッキングに変えたんですけど、ずいぶん時間がかかりました。弾きにくいので。でも弾

『ゼア・アンド・バック』がピックを使った最後のアルバムになっていますね。『フラッシュ』以降、フィンガーピッキング。（大鷹）

き慣れたらフィンガーピッキングのほうが速弾きもできるようになるんです。僕は両方使いますけど、ピックを使うときはアタックが強いリズムが欲しいときとか、特別な奏法のときだけです。でも指のほうが慣れると速弾きもできるし、ニュアンスがものすごくつけやすくなります。あの人はアームをほぼ握りっぱなしですよね。マーシャルを扱った日本公演のスタッフしてる人の話だと、すごくガリガリな硬い音であまり爆音を出さないで、硬い音にして柔らかくピッキングしてああいうトーンを出しているという言い方をしていました。ピックだとガリガリとアタックが強すぎちゃうんですけど、指で柔らかく弾いて、元が硬い音にしているので、ああいうトーンが出るんじゃないか。それでそのちょっとの強弱がすごく大きく出る。ハーモニクスをよく使いますよね。二フレットくらいでも鳴らすんですけど、あれがやっぱり大きく出るのはトーンをガリガリにしておかないと、ウーマントーンだとパキーンと鳴らないので。そういう意味ではすごくガリガリに硬くして、それで指ピックでアームとチョーキングを上手いバランスをとりながら弾くと、ボーカルと同じようなニュアンスになる。特に「ナディア」という曲なんかは、逆にピックでは弾けないと思うんです。

大鷹　二〇〇一年のアルバム『ユー・ハド・イット・カミング』ですね。

佐藤　元々は『ギター・ショップ』の「ホエア・アー・ユー」という、キーボードと二人でやる曲があるんですけど、あれが素晴らしかったです。

大鷹　確かにあそこが今の奏法の完成形という感じがしますね。

佐藤　あれがすごくうまくいったので、完全に指だなと実感したところじゃないですかね。

大鷹　ピッキングハーモニクスとかあのへんをいっぱい使うようになってからということがあるんですかね。

佐藤　僕はただ真似でフィンガーピッキングをやっただけなんですけど、実際にやってみるとこんなにピックと違う音を出せるんだなと実感したので、あの人の場合はその何十倍も超越したことをやってるんだと思いますけど、やっぱり『フラッシュ』のときにずいぶん試したんだと思います。『ギターショップ』の間がいちばん進化したところだと思います。

大鷹　何年間かありますもんね。

佐藤　ええ、四年くらいありますね。『フラッシュ』はツアーをやらなくて、日本だけだったんです。軽井沢と武道館をちょっとやっただけで。軽井沢もリハ不足の変なライブでしたけど、あんなボーカルアルバムで売れるなんてことはもうどっかに行っちゃったんだと思いますね。それですごく突き詰めていったところで『ギター・ショップ』ができたんだと思います。

大鷹　彼自身にフィンガーピッキングの追求がテーマとして大きなものとなっていったということですね。

佐藤　そういう意味では、『ギター・ショップ』はプロデューサー的には足りない部分はあると思いますけど、ギタリスト的には頂点に行った感じがします。

大鷹　ドラムスにテリー・ボジオがドーンと座っていてそこらの安定感もあるでしょうしね。

佐藤　いちばん好き放題に弾きまくってる。たった三人でベースなしでという。

大鷹　そこでのある種の到達感があったからこそ「ナディア」を含んだ『ユー・ハド・イット・カミング』とか『ジェフ』といったアルバムのあたりでデジロックにいったのかもしれないですね。

佐藤　レコーディングもプロトゥールスででデジタルで簡単にレコーディングして、バンドのメンバーもその都度上手い奴を連れてきて、すごい奴はいっぱいいるからそのメンバーでやればいいというやり方が確立して、急に三枚のアルバムをぽんぽんぽんと出した。それまで十年まともに作らなかったのが急に三枚作る。

大鷹　ライブ盤もぼこぼこ出すしね。

佐藤　一九九九年くらいのインタビューでは、ライブ盤はあまり好きじゃないと言ってたんですよ。「ライブはライブであの瞬間でしかない」という言い方をしていた。だからヤン・ハマーのライブとBBAの日本だけのライブしか当時なかった。でも急にあの中途半端な通販みたいなので出したり。

二〇〇〇年以降の変貌

大鷹　二〇〇〇年代になるとね。本当にずいぶん出ましたよね。逆にそのあまりの変わりようにびっくりしちゃいましたけれども。

佐藤　結局メンバーがいつも替わるので、古い曲もやらなくて、ニューアルバム全曲とそれと「フリーウェイ・ジャム」と「レッド・ブーツ」と「ブルー・ウィンド」をやるくらいだったじゃないですか。ヒットパレードをずっとやってなかったんですけど、二〇〇一年か三年にロンドンにスリーデイズの、フェスティバルホールのほうで、三時間ずつ三十曲やったことがあるんですよ。ゲストがジョン・マクラフリンとポール・ロジャース。ホワイト・ストライプスが最初に出てきて、いきなりヤードバーズを七曲くらいやったんですよ。そういうことをやらない人だと思ったので、こんな選曲でやるの?!って。二日目なんてロジャー・ウォーターズが出てきましたからね。あのときから急に「ベックのボレロ」とか「モーニング・デュー」とか急にやり始めたんですね。

ピックだとガリガリとアタックが強すぎちゃうんですけど、指で柔らかく弾いて、元が硬い音にしているので、ああいうトーンが出るんじゃないか。（佐藤）

大鷹　自分の中でも割り切ったり目覚める部分があったのかもしれませんね。

佐藤　ええ。たまたま録ったのがちょっと良かったから出してみようか、と軽く思ったんでしょうかね。青いジャケットの『オフィシャルブートレグ』は最初、ツアーグッズだったんです。友達がアメリカに観に行ったら「ツアーグッズでライブ盤売ってるぞ」と言うから「嘘！　買ってきてすぐ送って」とお願いしました。ソニーの人に聞いたら「情報が入っていない」と言っていた。丁度契約が切れる時期だったっていうのもあるんだと思いますけど。そのちょっと前にテリー・ボジオとやったB・B・キング・クラブのライヴもソニーの通販みたいなのとiTunesみたいな配信で出した。クロスロードフェスにタルちゃんというベースの女の子を連れてやったらあまりに評判が良かったので、あれで『ロニー・スコッツ』を作る気になったんだと思うんですよね。『ロニー・スコッツ』は相当練られて作ったライブ盤だと思います。曲もいわゆるベスト選曲だし。

大鷹　たしかにね。素晴らしい「ア・デイ・イン・ザ・ライフ」が聴けるアルバムですよね。

佐藤　あれはジェフ・ベックをコピーする人にとってはすごいビデオだったと思います。

大鷹　ただ、ああいうのを作るというイメージが僕らのような古いファンの中におよそなかったんですよね。そういう意味では二〇〇〇年代に入ってからのジェフ・ベックのオープンな姿勢は昔を考えると全然違いますよね。

佐藤　全然違います。だから一九九九年の『フー・エルス』、その前の年にも変なツアーをやってライブ盤を出そうとしたんですね。結局気に入らなくて出さなくて。『フー・エルス』も二曲はライブからのベーシックトラックを使ってやってるんですけど、あそこからへんからレコーディングの仕方が変わってきて、自宅でも何でも録れるみたいなそういうやり方に変わってきたので、ある種バンドっぽくないという意味では面白くない部分もあるんですけど、そのかわりぽんぽんいろいろ出してくれるようにはなった。

大鷹　二〇一〇年の『エモーション・アンド・コモーション』のあたりだとバンド感が出てきましたね。あのアルバム、すごく好きなんです。

佐藤　そうですね。ナラダもまた使ったりね。

大鷹　全部がはまってきたという印象が強いですね。ジェフ・ベックがやりたいこととバンドの技量とそれまで経験してきたものや意欲的な部分、いろんな要素がちょうど噛み合っている。

佐藤　ちょっと昔の感じもあのときは出てきましたしね。

大鷹　そうそう。『トゥーランドット』にしても、そういうのを入れても浮いてないというかおかしくないというか、こういうふうに自分のいろんなキャリアや方向性をまとめてアルバム化できるというのを示してくれた気がしました。

佐藤　あれはもう選曲はたしかに僕らが聴くと変だと思うけど、あれはギターの表現力がボーカリストと同じところまで達したということを前面に出したかったアルバムだと思うんです。それをすごく目標にしたので、あの頃クラプトンとベックがやったときも「ムーンリバー」を歌ったり、アメリカ人もイギリス人も歳を取るとこういうことをしたがるのかなと思った。ありますよね、すぐ古いスタンダードナンバーをやりたくなったり。アメリカ人だと特にそうで、そっちに行っちゃうのかなと思って嫌だったんですけど、またすぐにロックのアルバムを作ってくれたので、自分のギターがいちばん表現力がいいときにああいう方向のアルバムを作っておきたかったんだろうなとちょっと思いました。だからあれはバラバラなような感じですけどけっこうはっきりしたポイントがあるような気がします。

大鷹　これは推測ですが、マネジメントが替わったりしたこととかもすごくいい方向に作用したんじゃないかと思ったりもしています。

佐藤　ちゃんと売ってあげている。前の人が悪いという意味じゃないけど。

大鷹　今のところいちばん新しい『ラウド・ヘイラー』もいろいろな意味で説得力がありますよね。

佐藤　簡単に言うと、ついにギターがジミヘンまできたか、と。やっぱりジミヘンがやりたかったんだって思いました。がさつな言い方ですけど。この人もジミヘンになりたかったんだなっていうギター感がすごくありました。ボーカルが女性だったりするので一見にはそんな感じがしないですけども、前の『エモーション・アンド・コモーション』のギターの豊かさでそのままジミヘンの「リトル・ウィング」に似てる曲とか、ああいうのをやりたかったんだろうなっていう。あれを聴いてますます自分も、ああやっぱりジミヘンなんだな、ジミヘンってすごいんだな、と思いました。

大鷹　若い女性のボーカル、ギタリストがいて、彼女たちを活かしつつというあのへんの兼ね合いがとても上手いアルバムになっていますよね。とんがり過ぎてしまうところがいい感じに中和されていて。

佐藤　そうですね。『ジェフ』とかは行き過ぎちゃったので、12インチミックスだけ集めちゃったみたいなレコードになっちゃいましたけど、今回の『ラウド・ヘイラー』はちゃんとよかったし、ギターソロも全部

（『エモーション・アンド・コモーション』は）ギターの表現力がボーカリストと同じところまで達したということを前面に出したかったアルバムだと思うんです。（佐藤）

どれも素晴らしいですね。

大鷹　ちゃんとメッセージ性もあったりしてね。それこそロック的というか、そういうバランス感覚が優れている。

佐藤　あとここのところ女性ボーカルが好きですよね。ゲストで出てくるのも女性ボーカルだし。男性というとジミー・ホールしか出てこないので、なんであの人いつもいるんだろうという気がしますけど。女性ボーカルのほうがギターとのバトルというか交わりがフィットするのかもしれません。

大鷹　そういうのも含めて、この間の来日公演は最高でしたよね。相変わらずギターのトーンとかどういうふうにやっているのかよくわからないですしね。

佐藤　本当に。あれほど下手にならない人って珍しい。七十何歳にもなって。はっきり言って終わってる人たちはいっぱいいるじゃないですか。でもジェフ・ベックだけは、もちろん歳を取ったのは感じますけど、間違えたり覚えていなかったりはあると思いますけど、ギターテクニックや新しいトライという意味では必ず一つ上、一つ上ときていますよね。

大鷹　うん。それはライブを観て驚かされる部分ですね。

佐藤　それはこの間でも素晴らしかったですね。

大鷹　バンドとしても素晴らしいですよね。

佐藤　選曲も古いのもちゃんと混ぜてくれるようになったし。

大鷹　今七十三歳ですが、それでもある意味で絶頂期と言っていいですよね。

佐藤　そうですね。たとえばクラプトンが何歳までやるのかわからないですけど、クラプトンはB・B・キングみたいに座ってブルースとか八十歳になってもできるかもしれないけど、ジェフ・ベックは自分でうまくできないと思ったらスパッとやめちゃう気がします。お金が儲かるから日本くらいだったらやってもいいかというミュージシャンは少なくないと思いますけど、ジェフ・ベックはそれはやらない気がするので、歳を取って何かの曲を弾けなくなったときにスパッとやめる気がするんですよね。

大鷹　希望的にはレス・ポールみたいに毎週月曜日、好きな演奏をどこかでやってくれればいいですけどね。

佐藤　やってくれればいいですね。あの人の場合はギターのスタイルがスタイルだから、僕の神でもあるキース・リチャーズとかみたいに、いてくれるだけでもいいというわけにはいかないので。ヘヴィメタル系の人たちも皆そうだと思うんですけど、どこかで弾けなくなったときにどこかでスパッとどこかでやめるしかないのかなって。それとも歳を取ったなりのまた進化をするのかなというのもありますけどね。

大鷹　自分は計画的なことが嫌いだ、奇襲攻撃みたいなのが好きなんだと常々公言している人だから、次に何が出てくるかわからないというのはこれからもずーっと続く気がしますね。

佐藤　次は全然違うことを作ってくるんだと思います。あんなレコードが最新版で出てくるとは思ってなかったので。かといってカバー集というとロカビリー以外やることはないと思うので。僕は二〇一〇年ニューヨークに観に行ったんですよ。一週間くらい前にワーナーの人から、「何もサポートしないですけど、この日のチケットがあるんですけど行きますか」と言われて、仕事ちょっと入ってたんですけどすぐニューヨーク行きのチケットを取って。百五十人くらいのライブハウスで、デヴィッド・ボウイが見に来ていました。ブライアン・セッツァーが飛び入りした、ビデオになった日です。すごく変な選曲というかオールディーズですけど、それはそれで面白かったですね。でもあの人のテクニックのルーツがますます見れました。フルアコとかテレキャスターとかスライドギターとか、普段使わないギターをがんがん使った。レス・ポールの曲を八曲くらいレスポールを使って弾きましたからね。

大鷹　レス・ポールは大きいですね、あの人にとって。

佐藤　そうですね。ああいうのをまともにできちゃうところがすごい。ロカビリーのああいうギターも、僕は全然聴かなかったですけど、逆に聴くようになりました。ブルースを戻って聴くのと同じようにロカビリーも、こういうテクニックが元にあるんだと思って。

大鷹　そういうふうに影響を受けてギターをやろうとする人も多いでしょうしね。

佐藤　僕はジェフ・ベックにずっと影響されていたのかもしれないです。ブラックのを聴いたりフュージョンになったりハードロックを聴いたり自分でもずっとふらふらしていましたけど、使うギターもジェフ・ベックと同じのを使っていったりとか、昔から今までジェフ・ベックの影響されっぱなしです。

　ジェフ・ベックは本当にギターを弾くためだけに生まれてきたような人だと思う。もっと売れそうなアルバムを作れるタイミングがあっても、いつも別のやりたいことをやってしまう、レコード会社泣かせですね。自分のやりたい音楽をやるために次々バンドのメンバーを変え成長してきた。でも五十年経ってそれが成長と成功の最大の要素だったんだと思う。彼のギター・プレイに太刀打ちできるエレクトリックのギター・プレイヤーは、もう本当にいないと思います。

2017・9・8

（おおたか・としかず　音楽批評）

（さとう・てるひこ　元レコード会社ディレクター、音楽プロデューサー、レコード店経営等）

自分は計画的なことが嫌いだ、奇襲攻撃みたいなのが好きなんだと常々公言している人だから、次に何が出てくるかわからないというのはこれからもずーっと続く気がしますね。（大鷹）

ジェフ・ベック入門

突っ走ってきた孤高のギタリスト

立川芳雄

純粋に「音楽的」なアーティスト

まず最初に、ジェフ・ベックにまつわる名言をご紹介しましょう。「ギタリストには二種類しかいない。ジェフ・ベックか、ジェフ・ベック以外だ」。これは日本のジェフ・ベック・ファンの間ではけっこう知られている言葉なんですが、フリーというバンドのヴォーカルで後にクィーンにも参加した、ポール・ロジャーズの言葉だと言われたりします。また、レッド・ツェッペリンのジョン・ポール・ジョーンズの言葉だと言われたりもします。ただ、私は調べてみたことがあるんですが、実は二人ともそんなことは言っていない（笑）。そもそもこの「名言」自体が、海外の音楽雑誌やサイトなどで見受けられないんですね。おそらく日本のジェフ・ベック・ファンの誰かが作っちゃった言葉で、それがまことしやかに一人歩きしちゃったんでしょう。ただ、そうなったのは、この言葉にすごく説得力があるからだと思います。ロック・ギタリストはごまんといるわけですけど、ジェフ・ベックだけは別格で次元が違うと思っているファンは多い。そんな評価のあらわれなんだと思います。

あえて大雑把な言い方をしますが、音楽ファンには、音楽を通して人間とか人生とかを語りたがる人と、音楽そのものをただ聴くのが好きな人がいると思うんですよ。

たとえばジェフ・ベックとよく比べられるエリック・クラプトンですけれども、初期のクリーム時代に関しては別ですが、ソロになってからのクラプトンのファンの多くは、いまの二種類でいうと前者のほう、つまり音楽で人間を語るのが好きな人なんじゃないでしょうか。クラプトンは生き様そのものがすごく魅力的で、薬でヘロヘロになるんだけど復活するとか、女を盗ったり盗られたりとか、すごく人間臭いドラマがある。それが歌にも反映されていて、そういった人間的な部分に惹かれて彼の音楽を好きになる。そんなファンがひとつの極にいるとします。その正反対の極にいるのが、ミュージシャンのプライヴェートなどにはさほど興味がなくて、このフレーズが面白いじゃないか、この音色が面白いじゃないかという聴き方をする人ですね。こちらのほうの人たちが好むのがジェフ・ベックです。ある意味でジェフ・ベックは、純粋に「音楽的」なギタリストなんですね。

ただ、不思議なことにジェフ・ベックの場合、音楽的であろうとしてどんどん自分のプレイを突き詰めていった結果、逆に音楽的じゃなくなっちゃったというところがあるんですよ。ギター中心のインストゥルメンタル・ミュージックを追求していけばいくほど、曲自体の体裁が壊れていくというか……。極端に言うと、自分が気持ちよく弾けるバック・トラックが鳴っていれば曲はどうでもいいという方向に、いっちゃう傾向があるんですね。音楽的なものを追求していって、気づいたら音楽からはみ出していたみたいなところが、一時期のジェフ・ベックにはあったと思います。

これもファンの間でよく言われていることですが、ジェフ・ベックが歌が上手かったら、あんなすごいギタリストにはならなかったでしょうね。クラプトンの場合、歌いたいという衝動がけっこうあって、自分の思いを歌にぶつける。最初は歌がそんなに上手じゃなかったんだけど、どんどん上手くなっていって、ソロになってからはむしろヴォーカルがギターと同じくらい魅力という、そんなミュージシャンになりました。ジェフ・ベックも多少は歌っているんですが、あまり上手ではない。それで結局、歌じゃなくてギターで勝負しようという方向にいったんでしょうね。ギターという楽器で自分の好きなものを追求する。職人的というか求道的というか、そんなところがジェフ・ベックという人の魅力だと思います。

これは私の自説なんですが、ロックって「男の子文化」と密接に結びついている部分があると思うんですよね。男の子がプラモデルや鉄道模型を好きだったり、メカニックなものが好きだったり、ああいうのとロックは親和性が強い。四、五年前に、ニール・ヤングの自伝が出たんです（『ニール・ヤング自伝Ⅰ』『同Ⅱ』白夜書房）。分厚い本なんですけど、三分の一くらいが鉄道模型の話なんです。笑っちゃいましたけど、それくらい好きらしいんです。ミュージシャンってそういう人が多くて、ジェフ・ベックは自動車マニアらしいんですね。すごく好きらしくて、特にT型フォードを自分で一回ばらして組み立てて、きっちりリストアして乗るというのが好みらしいです。細かいことまでは調べきれなかったんですけれど、若い頃はミュージシャンを目指しながら自動車整備士をやっていた時代もあったようです。しかも、これは本人が言っているんですけれど、溶接とかもできるそうです。アナログ時代のメカニックなものに対する男の子的なロマンティシズムみたいなものって、ジェフ・ベックのなかにあるんでしょうね。自動車が好きすぎて、自動車事故を起こして半年近くを棒に振っちゃったりしたこともあったくらいですから。

日本でなぜ人気が高いか

次に日本でのジェフ・ベック人気についてお話しします。もちろん海外でも人気があるんですが、特に日本では人気がある。来日公演も、たぶん十五回くらいやっていると思います。もちろんCDも売れている。後で詳しくお話ししますが、ジェフ・ベックには低迷期みたいな時期があって、九〇年代から二〇〇〇年代の前半にかけては、スタジオ・アルバムを出してもアメリカ、イギリスではほとんど売れなかった時代でした。ところがその時期でも、日本ではオリコン・チャートのベスト20に入っているんですよ。

日本の往年のロック・ファンは、ジェフ・ベックとクラプトンとジミー・ペイジを「三大ギタリスト」なんて呼んだりしますね。これも海外ではあまり知られていない言葉で、どうやら日本の音楽雑誌、おそらく七〇年代初めのシンコー・ミュージックさんの雑誌あたりから生まれたらしいですね。

三大ギタリストと言われるのには理由があって、三人のキャラクターがとてもはっきりしている。クラプトンは先にも言ったとおり、人間味があって歌も歌える、ジミー・ペイジはプロデューサー的な才能があって、レッド・ツェッペリンというバンドを巧みに運営している。ジェフ・ベックの場合は一匹狼的なギタリストといった感じで、三人ともキャラクターが立っていますよね。面白いことに、この「三大ギタリスト」という言葉や、最初にあげた「ギタリストには二種類しかいない……」という言葉が、最近では海外のサイトなどでもちらほら見受けられるようです。向こうのロック・ファンにしてみれば、日本からの逆輸入といったかたちですね。

他にも日本でのジェフ・ベック人気の理由として、七〇年代中盤という「ロック空白の時代」に良い作品を発表してくれていたということがあると思います。一九六九年にビートルズが解散して、七〇年代の初めくらいまではロックの黄金期なんですが、それが七〇年代半ばになるとちょっと終息してしまって、シーン全体があまり盛り上がらなくなる。でも、その時代にジェフ・ベックは、けっこう充実した活動をしているんですよ。個人的な思い出話になりますけど、七〇年代中盤、エリック・クラプトンはいわゆるレイドバック時代というやつで、枯れた感じの音楽をやっていた。だから、まだ若かった私には、ちょっと物足りないというのが正直なところでした。ジミー・ペイジ率いるレッド・ツェッペリンは、当時もアルバムを出していたんですけれども、明らかに初期の作品のほうがいい。私はいま五十代の後半なんですが、同世代のロック・ファンには、当時もどかしさを感じていた人が多かったと思います。自分の先輩たちが聴いていた六〇年代終わりから七〇年代初めの作品が、明らかに名作ぞろいなんですよね。その名作を出したバンドがまだ活動していてアルバムを出すんだけれども、冷静に聴き比べると、やっぱり昔のアルバムのほうがいいわけですよ。ですから年上の人たちが羨ましい、自分たちはついてない時代に生まれちゃったな、という感じがしていた。そんな時代にジェフ・ベックは、後で詳しく説明しますがBBAというバンドを結成して、いいアルバムを出しています。それからインストゥルメンタルの名作『ブロウ・バイ・ブロウ』を出していて、これがかなり評判になりました。日本での人気はそのあたりに理由があるんじゃないかと思うんです。

さらにもうひとつ、日本での人気の理由に、インストゥルメンタル中心の音楽を受け容れる土壌があったということがあると思います。ジェフ・ベックの作品は、ヴォーカル・パートの占める役割がそう高くない。クラプトンは自分で歌うし、ペイジ率いるツェッペリンはロバート・プラントという素晴らしいヴォーカリストがいるわけですけれど、ジェフ・ベックの場合、もちろんバンドにヴォーカリストはいたりするんですが、けっこうインストゥルメンタル勝負ですよね。で、七〇年代前半くらいまでの日本のラジオ番組では、イージーリスニングや映画音楽の特集がけっこう多かった。映画音楽ばかりをかける番組なんて、いまでは考えられないですよね。しかも当時は、たとえばポール・モーリアなんかのイージーリスニング・オーケストラがヒット曲を出して、来日公演をしたりなんていう時代でした。もちろんロック・ファンはそうした音楽を「格下」に見ていたとは思うんですが、でも、そういったヴォーカル抜きの音楽を聴くという下地が、当時の音楽ファンのなかにはできていたはずなんですよ。そこにインストゥルメンタル中心のジェフ・ベックの音楽は、うまくはまったという感じがします。アメリカのロック・ファンは歌を中心に聴く人が多いらしくて、いまでは日本でも、いわゆるJ-POPでは歌詞に重きが置かれすぎているような気がしますが、昔の日本のロック・ファンはそうじゃなかった。私はいろんな外国のミュージシャンにインタビューをしたことがありますが、お世辞かもしれないですけど、彼らの多くは、日本のファンは素晴らしいと言ってくれます。演奏の細かいところをすごくよくわかってくれて、難しい凝ったプレイをするとウケてくれたり拍手してくれたりする。だから日本のファンは素晴らしいと言うんですよね。それも器楽曲みたいなものに日本のファンが慣れていたということでしょう。どうしても言葉が、外国語がわからないから、演奏中心に聴いちゃうというところが、日本のロック・ファンにはあると思うんですよ。

〝ハード・ロック期〟

ここからは、ジェフ・ベックのキャリアを振り返ってみます。私なりに、彼のキャリアをいくつかの時期に分けてみました。

まずデビューから七〇年代中盤までが〝ハード・ロック期〟ですね。ジェフ・ベックは六五年にヤードバーズというバンドに加入するんですが、これは三大ギタリストが在籍していたバンドです。最初にエリック・クラプトンがいて、一時期ではありますがジミー・ペイジとジェフ・ベックが一緒にいたりもしました。ここでのジェフ・ベックのプレイがまず素晴らしいですね。当時はアルバムよりシングルの時代なんで、お薦めのアルバムを一枚というのは難しいんですが、ジェフ・ベックのプレイという観点から選ぶとすれば、六六年に出たアルバム、正式なタイトルは『ヤードバーズ』で通称『ロジャー・ジ・エンジニア』という作品ですね。私自身を含めて音楽ライターがジェフ・ベックのギター・プレイを表現するのによく使う言葉がありまして、正しい日本語なのかどうか怪しいんですが、「切れ込んでくる」とか「切り込んでくる」という表現を使う人が非常に多いんです。「曲の中に切れ込んでくるジェフ・ベックのギター」というようなクリシェがあったりするんですけれど、これは最初にあげた「名言」と同じく説得力のある言葉で、実際彼のギター・プレイって、普通の曲のなかに強引に割り込んでくるみたいな感じが特徴なんです。だから下手をしたら曲を壊してしまうかもしれないんだけれども、そこは壊さないぎりぎりのところでスリリングな演奏をする。それがジェフ・ベックの持ち味だと思うんですが、そういう彼の個性が、ヤードバーズの時代にすでに出ている。いま聴くとブルースをベースにしたオーソドックスなロックなんですが、ジェフ・ベックのパートはかなり独特で、この時代にこんなフレーズを弾いてたんだなと感心さ

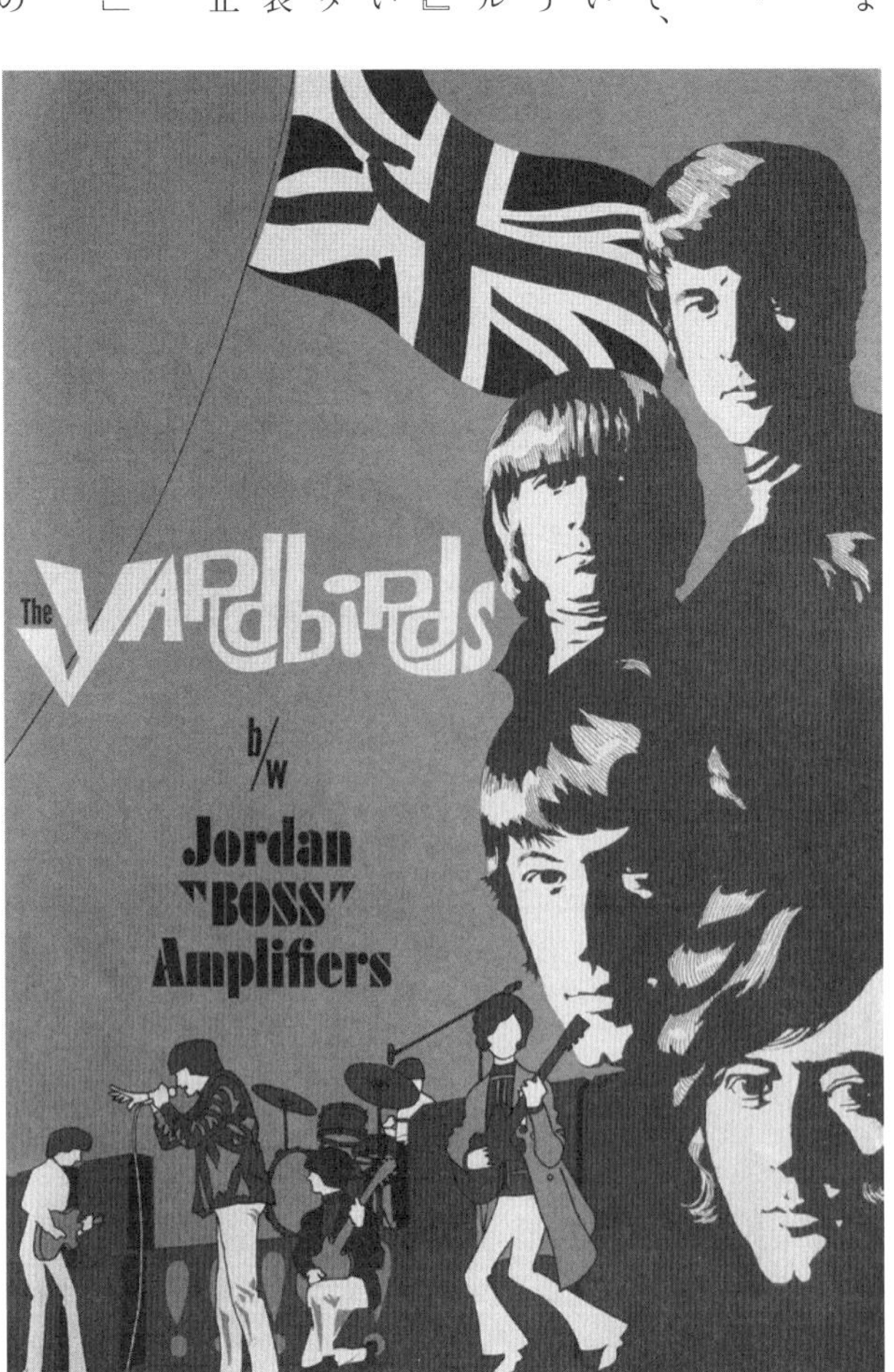

せられますね。

実はこの時期のジェフ・ベックは、ソロ・プレイヤーとしてロック・スターになれるかどうかの分かれ目に立たされていました。ヤードバーズにはジョルジオ・ゴメルスキーというやり手のマネージャーがついていたんですが、この人が、ヤードバーズが売れたので、メンバー一人一人のソロを次々に出して稼ごうという計画を立てた。それでいちばん最初にヴォーカルのキース・レルフという人のソロ・シングルを作ったんですが、これがまったく売れなかったんです。それで全員のソロ計画が頓挫してしまった。このときにジェフ・ベックのソロが出ていたら、彼のその後はちょっと変わっていたかもしれませんね。そしてジェフ・ベックは、ヤードバーズを抜ける直前くらいにミッキー・モーストというプロデューサー兼マネージャーのような人物と契約をします。このミッキー・モーストという人が本当にやり手でして、ジェフ・ベックのソロ名義のシングルを三枚リリースするんですが、A面にものすごくコマーシャルな、ちょっと安っぽいかなと思えるくらいのわかりやすい曲を入れて、B面のほうに本格的な曲を入れるんですよね。A面のほうでとにかく売って、B面も聴いてもらえたらという戦略に出るんです。たしか三枚目に出したシングルが、先ほども名前が出たポール・モーリアで知られる「恋は水色」という曲なんです。あれをジェフ・ベックがギターで弾くんですが、かなり甘い感じのインストゥルメンタル・ナンバーになっていて、それがA面です。でもB面を聴くとハードなロックという不思議なシングルなんですけど、そんなものを出していました。この時期はジェフ・ベック本人も、ソロでロック・スターになれたらという野望みたいなものをもっていたのではないかと思います。でも、歌がないとやっぱり売れない。それで、ジェフ・ベックを中心にしながらもヴォーカリストを入れたバンドを作ろうという方向になっていくんですね。

そうやってできたのが、ロッド・スチュワートをヴォーカルに据えたジェフ・ベック・グループ。これはファンの間では第一期ジェフ・ベック・グループと呼ばれています。このバンドが活動を始めたのは六八年ですが、ちょうどブリティッシュ・ハード・ロックの興隆期で、バンドが次々に生まれた時代ですね。これもファンの間では有名な話なんですが、ジェフ・ベックはよく、スパーリング・パートナーが強くないと実力が出ない人って言われたりするんです。つまりライバルがバンド内にいて、それと勝負しないとなかなか力を出せないところがあるんですね。そして第一期ジェフ・ベック・グループでバンド内スパーリング・パートナーの役割を担ったのが、ヴォーカリストのロッド・スチュワートだったわけです。ロッドは声がハスキーでセクシーで、しかもパワフルに歌える。さらにピアニストでニッキー・ホプキンスという人が参加していまして、この人は一枚目のアルバムではゲスト参加で、二枚目から正式メンバーになったんですが、彼もとっても上手い。他にも、後にローリング・ストーンズでギターを弾くロン・ウッドがベースを弾いていたり、いろいろ話題性のあるバンドなんですが、やっぱりジェフ・ベックとロッド・スチュワートとの対決、それからニッキー・ホプキンスともいい勝負をする。それがこの時期の魅力だったとも思います。このバンドで六八年に『トゥルース』、そして翌年に『ベック・オラ』というアルバムを出すんですが、この二作でジェフ・ベックの名前は多くのロック・ファンの知るところになりました。ジミー・ペイジがレッド・ツェッペリンを結成するときにこのジェフ・ベック・グループの音をかなり参考にしたというエピソードも、よく知られていますね。実際ジミー・ペイジは一時期ヤードバーズに一緒にいたりして、ジェフ・ベックと親交もありましたし、『トゥルース』に収録された「ベックス・ボレロ」という曲は、ジミー・ペイジが作っています。

けれど第一期ジェフ・ベック・グループと、ジミー・ペイジ率いるレッド・ツェッペリンには、大きな違いもあります。第一期ジェフ・ベック・グループの二作品のプロデューサーは先に紹介したミッキー・モーストなんですが、この人が、いわゆる仕掛人っぽいことをさせると有能なんですけれども、音楽的なプロデューサーとしてはいまひとつなんですね。だから第一期ジェフ・ベック・グループの音は、あまり整理されていないところがある。『トゥルース』や『ベック・オラ』の評価の分かれ目はそこでして、ロッド・スチュアートが歌っているところに、ところかまわずジェフ・ベックは「切り込んで」くる。それが混沌としているというか、すごく上手いけれどアマチュア・バンドみたいな感じなんです。そこを洗練されていないと見るとマイナス評価になるわけですけど、逆にそこがスリリングだと見ればプラスの評価になる。そのへんが、この二作品の評価の分かれ目だと言えるでしょう。これに対して、『トゥルース』などを参考にしたというレッド・ツェッペリンのアルバムを聴くと、音がすごく整理されているんですね。ヴォーカル・パートとギター・ソロのパートが明確に区別されていて、アレンジや楽器間のバランスなんかもすごくちゃんとしている。ジミー・ペイジによってきちんとプロデュースされたツェッペリンに比べると、第一期ジェフ・ベック・グループには、いいかげんに勢いだけで作ったと言われても仕方がないところがある。でも、そこが魅力にもなっているんですね。

その後七〇年代に入って、第二期ジェフ・ベック・グループが結成されます。このバンド、私は個人的にものすごく好きなんですよ。メンバーは、マックス・ミドルトンというキーボーディストと、コージー・パウエルという、後にリッチー・ブラックモアのバンドに入ってハード・ロック界の有名ドラマーになる人。それにクライヴ・チャーマンというベーシストと、ボブ・テンチというヴォーカリストの五人です。音楽性を端的に言うと、黒人音楽っぽいロ

ックです。メンバー全員がソウルが好きなんで、曲調はモータウン・ソウルみたいな感じなんですが、にもかかわらず演奏はものすごくロックっぽいという、すごく独特で不思議な音になっています。この時代のイギリスのミュージシャンって、みんな十代の頃にソウルをたくさん聴いているんですね。ビートルズなんかもそうなんでしょうけど、五〇年代のイギリスではアメリカのソウル・ミュージックがラジオでがんがん流れていたらしくて、とにかくそれを聴いて育っているんですね。ジェフ・ベックもそういうものが好きだったでしょうし、このバンドの他のメンバーもソウル・ミュージック好きで、しかも演奏がものすごく上手なんですね。

このバンドの一枚目のアルバムは、七一年に出た『ラフ・アンド・レディ』です。このタイトルは、日本語で粗製濫造っていう意味ですね。ちょっと自虐的なタイトルですが、実際に内容面にはそういうところがありまして、これはジェフ・ベック本人がプロデュースしているんですね。やっぱりジェフ・ベックはジミー・ペイジなどに比べるとプロデュース能力はさほど高くない人なので、すごくいい曲もあるし聴き所もいっぱいあるんですけれども、全体としては詰めが甘いというか、まとまりに欠けるところがあって、惜しいなというアルバムです。でも私はとっても好きですけども。

翌七二年に、その名も『ジェフ・ベック・グループ』というアルバムを出します。第二期の二作目ですね、ジャケットには五人の写真があって、その上にオレンジが写っているので、ファンの間では『オレンジ』と呼ばれているアルバムです。個人的にはこれがジェフ・ベックの作品のなかでいちばん好きなんですよ。プロデュースは、スティーブ・クロッパーという人。アメリカにインストゥルメンタル中心のソウル・バンドでブッカー・T&ザ・MG'sというのがあって、これはローリング・ストーンズなどにも影響を与えている偉大でマニアックなバンドなんですが、クロッパーはここのギタリストなんですね。ですから前作よりもソウル風味が強くなっているんだけれども、ハード・ロック的な要素も増している。楽曲面でも、昔のソウル・ナンバーやボブ・ディランの曲を取り上げたり、マーヴィン・ゲイの曲をインストにしたり、そういういろんな工夫がしてあります。しかもここでは、バンドのメンバー全員がジェフ・ベックのスパーリング・パートナーを務めている。なかでも私が好きなのは、キーボーディストのマックス・ミドルトンです。この人はフェンダー・ローズ・ピアノという電子ピアノの名手なんですが、ものすごく洗練された、ジャズの要素が強いピアノを弾くんですね。しかもここではプロデューサーがしっかりしているので、音が整理されている。ジェフ・ベックとマックス・ミドルトンのバトルも、なにか静かに火花を散らしているといった感じで、いいんですよ。ソウルフルだけどハード・ロック的って本当に独特で、たぶんこのメンバーじゃないと出せない音だと思います。

余談ですが、この第二期ジェフ・ベック・グループは、ジェフ・ベックが抜けた後にハミングバードというバンドになるんです。このバンドもすごくいいんですよ。ジェフ・ベックとコージー・パウエルは抜けているんですが、後から加わったメンバーも演奏が達者で、ソウルの要素も強くなっている。でも純粋なソウルではなくて、イギリス人がやっているロックなんですね。音楽マニアの間では、この時期のイギリスの黒っぽい音楽のことをUKメロウ・グルーヴと呼んだりします。英国産のメロディアスなグルーヴのある音楽という意味ですが、その代表的なバンドとしてハミングバードも、ぜひ聴いてもらいたい。二作目の『密会』というアルバムが、特にお薦めです。

話をジェフ・ベックに戻すと、まだ〝ハード・ロック期〟が続きます。この後七二年に、ベック、ボガート&アピスというハード・ロック・トリオを結成するんです。メンバーの頭文字を取ってBBAと呼ばれていますね。ベーシストがティム・ボガート、ドラマーがカーマイン・アピスなんですが、実はジェフ・ベックは、以前からこの二人とやりたがっていたんですね。この二人はアメリカ人で、六〇年代の終わり頃に活躍していたヴァニラ・ファッジというアートロック風バンドのリズム・セクションだったんですが、ジェフ・ベックはもともとこのリズム・セクションが大好きだったようです。このヴァニラ・ファッジというのがまた面白いバンドでして、デビュー・アルバムの日本盤タイトルは『キープ・ミー・ハンギング・オン』となっているんですが、このタイトル曲は、シュープリームスという黒人女性コーラス・グループの曲です。他にもビートルズの曲とか、ゾンビーズの曲とか、基本的に曲はカヴァー。それらを原曲の雰囲気を無視して、派手にヘヴィに演奏する。ソウル・ナンバーを重たくどろっとした感じの曲に変えちゃったりするわけです。オリジナル曲も申しわけ程度に入っているんですが、メインにしているカヴァー曲の間を繋ぐアドリブ風の短い曲しかないんですよ(笑)。名曲を換骨奪胎して作ったアルバムという感じですが、その強引なかたちでヘヴィに演奏するというやり方を、ジェフ・ベックはかなり気に入ったらしいです。実は第一期ジェフ・ベック・グループの後に、このティム・ボガートとカーマイン・アピスを招いてバンドを作る予定だったのですが、そこで先ほど言ったように、ジェフ・ベックが自動車事故を起こしてしまいまして、しばらく活動ができなくなってしまったんですね。向こうのミュージシャンは契約が厳しいですから、ベースとドラムの二人は他のバンドを作らざるをえなくなってしまって、ジェフ・ベックとのバンドを組むのは後回しになって、七二年にやっと実現したというかたちです。

　日本のロック・ファンのなかには、このBBAに対する思い入れの強い人が多いんじゃないでしょうか。七三年、一枚目のアルバムを出した直後くらいに来日公演が行われたんですが、その内容の素晴らしさは伝説のように語られています。しかもこのときのステージは『ベック・ボガート&アピス・ライヴ』という二枚組のライヴ盤になっていまして、これも傑作なんですよ。先ほど言ったように、七三年というとロッ

ク空白期になりかけた時期だったせいもあって、このアルバムはファンからとても歓迎されました。しかも、ちょうどこの時期はいわゆる〝ライヴ・イン・ジャパンもの〟の流行期で、多くの海外アーティストが日本公演をライヴ・アルバムとしてリリースしていて、傑作も多かった。代表的なものは、七二年に出たディープ・パープルの『ライヴ・イン・ジャパン』。このアルバムで、あのバンドはすごく人気が出ました。同じ年にシカゴが『ライブ・イン・ジャパン』を録って、翌年にはサンタナが『ロータスの伝説』を録っています。そして、このBBAのアルバムも〝ライヴ・イン・ジャパンもの〟の名作なんですが、困ったことにジェフ・ベック本人がこのライヴ盤を気に入っていないようで、実はこのアルバムは日本でしかリリースされていないんです。本人がイギリスやアメリカでの発売を許可していないんですね。でも日本のファンは、これが日本で録られたというのを誇りに思っていいんじゃないかと思いますよ。

ジェフ・ベックがこのライヴ・アルバムを気に入ってない理由のひとつには、当時の彼が音楽的に行き詰まりを感じていたということがあると思います。第二期ジェフ・ベック・グループはソウルフルなハード・ロックだったわけですが、おそらくジェフ・ベックはそういう方向に行きたかったんでしょう。パワフルなハード・ロックでありながら黒人音楽的なグルーヴもある音楽ですね。実はジェフ・ベックは、スティーヴィー・ワンダーからBBA用に曲を貰っているんです。有名な「迷信（スーパースティション）」という曲ですね。この曲をBBAで演奏して、おそらくシングル盤にする予定だったんでしょうが、その前にスティーヴィー・ワンダーが勝手に自分でシングルにしてリリースしてしまって、それがまた大ヒットするんですよね（笑）。これのことで、ちょっと出鼻を挫かれたようなところがあった。しかもBBAは正統派のハード・ロックで、当時としてはちょっと古い感じの音になっちゃった。そんなわけで、ジェフ・ベックが限界を感じていたのかもしれませんね。他によく言われるのが、残りの二人のメンバーと折り合いが良くなかったという話です。ドラマーとベーシストはアメリカ人だったわけですが、アメリカの音楽シーンには、歌を歌えないとだめという風潮があるみたいなんですね。ですから、歌中心でエンターテイメント的にいきたいというこの二人と、ギターを求道者的に極めたいというジェフ・ベックとは、折り合いが合わなかった。結局BBAは、二年ほどで解散してしまいました。いろいろありましたが、ここまでが〝ハードロック時代〟ですね。

〝クロスオーヴァー時代〟

その後の七〇年代後半が〝クロスオーヴァー時代〟です。クロスオーヴァーというジャンルはその後フュージョンと呼ばれるようになるんですが、この時代にはそんな言葉はなかったので、ここではあえてクロスオーヴァーという言葉を使っておきます。七五年に『ブロウ・バイ・ブロウ』というソロ・アルバムを出すんですが、これは名作だと思います。先ほど私は通称『オレンジ』がいちばん好きなアルバムだと言ったんですけれども、違う日に聞かれたら、いちばん好きなのは『ブロウ・バイ・ブロウ』だと答えるかもしれませんね（笑）。これは全編インストゥルメンタルでヴォーカルがないんですけれども、にもかかわらずとても売れました。ファンのなかにはギター・インストゥルメンタル・アルバム史上の最高作と評価する人も多いようですが、私も本当にそう思います。実はこのアルバム、プロデュースが、ビートルズで有名なあのジョージ・マーティンなんですね。彼のアレンジしたストリングスが多くの曲に導入されていまして、全体がすごく優しくて、メロディアスな感じに仕上がっています。曲だけを聴くとすごくハードだったり変拍子が使われていたりして、けっこう攻撃的でアグレッシブなんですけれども、サウンド全体はとにかく滑らかでジェントルで洗練されている感じです。ドラムの音なんかも、かなり加工してあるんですね。ですからライヴ感は稀薄で、むしろ録音芸術としてのロックの究極の姿だとも言えると思います。とにかく、ジョージ・マーティンのプロデュース・ワークが冴えている。これは多くのファンも言っていることなんですが、ジェフ・ベックって、大物プロデューサーみたいな人とやったほうが絶対にいいと思うんですよ。自分が主導権を握っちゃうと、それほどいい作品はできない。誰かにお膳立てをしてもらって、そのなかで自由に暴れることで実力が発揮できるというタイプの人だと思うので、ジョージ・マーティンとの組み合わせは最高だと思いますね。この『ブロウ・バイ・ブロウ』のなかに「哀しみの恋人達」という曲があるんですが、これはファンの間ではものすごく人気のある曲ですね。先ほど、スティーヴィー・ワンダーがＢＢＡ用の「迷信」を勝手に出してヒットさせちゃったという話をしましたが、そのお詫びにというので、スティーヴィーがかつて妻だったシリータ用に書いたこの曲を、ジェフ・ベックに提供したんです。その後、これはジェフ・ベックの代表曲になって、ライヴでこの曲のイントロが流れるとファンはすごい勢いで拍手をする。曲調はバラードで、先に言ったイージーリスニングみたいなところもあるんですよ。だから下手すると安っぽい曲になっちゃうんだけど、そうなっていないところがすごいなと思います。

　続いて七六年に『ワイアード』というアルバムを発表するんですが、私はこれがジェフ・ベックの転機になった作品ではないかと思っています。最初のほうで、音楽的であることを追求していったら、いつの間にか音楽的じゃなくなっちゃったとお話ししましたけれど、その節目になったのがこのアルバムかなという気がしますね。プロデュースの名義は前作と同じくジョージ・マーティンということになっているんですけれども、実質的にはキーボーディストのヤン・ハマーという人と、ドラマーのナラダ・マイケル・ウォルデン、この二人が主導権を握っているようですね。音のほうも、前作のようなソフトな感じではなくて、とてもハードで、全編を通じて緊張感の高い、攻撃的なサウンドになっています。個人的にはこのアルバムはあまり好きではなくて……、テクニックばかりが追求されていて音楽が置き去りにされちゃったという感じがするんですね。けれども、実際にミュージシャンをやられている方で、この『ワイアード』に目を開かされたという人は多いみたいですね。ミュージシャンたちの間では人気が高いアルバムだと思います。有名なところだと、日本人女性ジャズ・ピアニストの上原ひろみさんでしょうか。彼女は『ワイアード』に入っている「レッド・ブーツ」という曲をカヴァーしているんですけど（二〇〇八年の『ビヨンド・スタンダード』に収録）、そのＣＤの自筆ライナーのなかで、『ワイアード』が大好きで十代の頃にくり返し聴いていたということを書いています。その他にも、同じようなことを言っているミュージシャンの方は多いですね。

　この後ジェフ・ベックは、こういったハード・クロスオーヴァーみたいなものを追求していきます。七七年にリリースされたアルバムが『ライヴ・ワイアー』。これは、ヤン・ハマー・グループのライヴにジェフ・ベックがゲスト参加するというスタイルになっていますが、実質的にはアルバム・タイトルが示すとおり、『ワイアード』のライヴ・ヴァージョンといった感じですね。その後は、当時のクロスオーヴァー界の人気ベーシストだったスタンリー・クラークと一緒にバンドを組んで、来日公演なんかもしています。さらに八〇年には『ゼア・アンド・バック』というアルバムをリリースしましたが、これもやはりハード・クロスオーヴァーといった作風でした。七〇年代中盤から八〇年頃にかけての〝クロスオーヴァー時代〟は、インストゥルメンタル・ミュージックの可能性を広げたというところですごく意義はあるし、ジェフ・ベックのキャリア全体のなかでも意味のある時期なんでしょうが、とにかくここが転機になったということは事実だと思います。

〝試行錯誤の時代〟

　この後、八〇年代半ばからの十数年は、〝試行錯誤の時代〟ということになるでしょうか。私の個人的な憶測かもしれませんが、この時期のジェフ・ベックはいろいろ悩んでいたのかなという気がします。八五年に『フラッシュ』というアルバムを出すんですけれども、これは歌ものの原点回帰的なアルバムといった作品で、ロッド・スチュアートがゲスト参加しています。彼の歌っている「ピープル・ゲット・レディ」という曲がシングル・カットされてちょっとヒットしましたが、当時はＭＴＶ時代だったので、ヴィデオ・クリップも作られたんですね。貨物列車に乗ってギターを弾くジェフ・ベックの姿が、さすらいのギタリストっていう感じで格好よくて、なかなか人気があったと思います。ただ、ジェフ・ベック本人はこのアルバムについて、「忘れたい作品」だと言っているようですが……。

そして八九年には『ギター・ショップ』というアルバムを出すんですが、一転してまたハード・フュージョンになっていて、そこにテクノの要素をちょっと加えたような作風になっています。このアルバムは、ジェフ・ベックと、テリー・ボジオというフランク・ザッパのところにいたドラマーと、そしてトニー・ハイマスという、この時期ジェフ・ベックと共演の多かったキーボーディストの三人で、自宅録音によって作られてているんですね。ですからハードな打ち込みアルバムという感じです。九〇年代半ば以降のジェフ・ベックはテクノ志向を強めていくんですけれども、その原点はこのアルバムだったのかなという気もしますね。

この〝試行錯誤の時代〟の九三年に、ジェフ・ベックは『クレイジー・レッグス』というアルバムを出します。これがなかなか面白い作品で、ジェフ・ベックが子供の頃に大好きだったというロカビリーのギタリストにクリフ・ギャラップという人がいるんですが、その人に捧げたトリビュート・アルバムなんですよ。全曲がギャラップの曲のカヴァーですね。ロカビリーというのは白人のやるロックンロールで、このアルバムでジェフ・ベックは、バックもイギリスのロカビリー・バンドにやらせて、自分が十代の頃にコピーした曲を楽しそうに弾いています。まあ大スターになった人が手慰みで作ったアルバムと言ってしまえばそれまでなんですけれども、ただ彼の音楽的な背景がすごくよくわかる作品になっていて、ちょっと興味深いアルバムではあります。エリック・クラプトンのように本格的なブルースにのめりこんでいったんではなくて、ちょっと軽めなロカビリー、軽めのロックンロールが好きで、そこから入っていったんだなというのがよくわかる。ただ、この時期にオリジナル・アルバムを出していないことを考えると、このロカビリー・アルバムは息抜きのような作品だったんでしょう。でも、それはジェフ・ベックにとっては重要だったんだろうとも思います。

この後、九〇年代の終わりくらいから二〇〇〇年代の初めにかけてが、〝ディジタル・ロック時代〟ですね。先ほど言った打ち込みなどの技術をかなり導入しています。エレクトロニカといってもいいんでしょうけれど、テクノっぽいけれどもヘヴィで攻撃的ですから、ディジタル・ロックという言葉がいちばんふさわしい気がしますね。まず九九年に『フー・エルス』というアルバムが出て、二〇〇〇年に『ユー・ハド・イット・カミング』、そして〇三年に『ジェフ』がリリースされます。最初のほうでお話しした、欧米でのセールス的な低迷期というのがこの時期です。調べてみたら、『フー・エルス』がアメリカのアルバム・チャートで99位、『ユー・ハド・イット・カミング』が110位、『ジェフ』になると122位という順位で、かなり辛かったんじゃないかと思います。ただ日本ではこれらのアルバムがそこそこ売れている。オリコン・チャートで、『フー・エルス』が19位、『ユー・ハド……』が14位、いちばん売れなかった『ジェフ』でも24位になっていますから、やっぱり日本での人気は高いですね。

この時期の作品は音楽雑誌などでの評価もそうは高くはなかったんですが、一曲だけ、ぜひ聴いてほしい曲があります。『ユー・ハド・イット・カミング』に入っている「ナディア」という曲ですね。原曲を歌っているのは、インド系イギリス人の女性のヴォーカリストで、彼女のアルバム自体は日本盤も出ていない。たぶんイギリスでもかなりマイナーな部類なんだと思いますが、そのなかの曲をインストゥルメンタルにして演奏しているんです。インド系の女性の歌ですからかなりこぶしの利いた独特の歌い方をしているんだと思いますが、ジェフ・ベックはそれをギターでとっても綺麗に再現していて、しかも表情豊かでです。よく「歌うような演奏」と言いますけど、

まさにそんな感じですね。この時期の曲は打ち込みが多いせいか、ライヴではほとんど取り上げられないんですけれど、この「ナディア」だけはその後もライヴでよく演奏されている。おそらく本人も気に入っているんでしょうし、重要な曲なのかなという感じですね。

この後の二〇〇〇年代中盤から後半にかけては、無理やり名づければ〝ライヴ・アルバム連発時代〟でしょうか。まず二〇〇三年に出たのが『ライヴ・ベック！』。これはB・B・キング・ブルース・クラブで録ったライヴです。それから二〇〇六年に出たアルバムが、『オフィシャル・ブートレグ』。さらに二〇〇八年に出たのが、『ライヴ・アット・ロニー・スコッツ・クラブ』。ロンドンにロニー・スコットという老舗のジャズ・クラブがあるんですが、そこで録音されたライヴですね。

これらの一連のライヴ盤は、もちろんファンの人が聴くと楽しいと思います。実はジェフ・ベックは、八〇年代半ばくらいから、エレクトリック・ギターを演奏しているにもかかわらず、右手でピックを使わなくなるんですね。年代が下がるにしたがって、ほとんどすべてを指で弾くようになります。これがすごく独特なプレイで、指の腹で擦るような音を出してみたりとか、つまんでハーモニクスという倍音を出してみたりとか、そういういろんな奏法を次々と繰り出すんですよね。この時期のライヴ・アルバムを大音量で聴いてみると、指づか

いが伝わる。よく息づかいが伝わる歌なんていう言い方をしますけれども、指づかい、それも右手のタッチが伝わるロック・アルバムは珍しいですよ。ギターの演奏って、左手の指が指板を叩く音が聞こえたりするのが生々しかったりするんですが、右手の弦を擦ったり引っ張ったりする音が生々しく聞こえるのというのは、そうそうはない。エレクトリック・ギターなんだけど表情が豊かで、ピックを使わない音の妙味が伝わってくるというのが、この時期のライヴ・アルバムの魅力でしょう。

再充実期

そしてこの後、現在に至る〝再充実期〟が始まるんですね。きっかけになったのは、二〇一〇年に出た『エモーション・アンド・コモーション』というアルバム。これを初めて聴いたときのことはよく覚えているんですが、そのちょっと前のディジタル系のアルバムが、私はそれほど好きになれなかったんですね。だから、ジェフ・ベックもこのあとはライヴで食べていくのかなって思いながら、ほとんど期待しないで聴いたんですよ。そうしたらすごく良くて驚きました。このときジェフ・ベックは六十代になっていたんですが、その年齢でこんなものを作ってすごいなと思いましたね。プロデューサーは、あの有名なトレヴァー・ホーン。ゴージャスでちょっと胡散臭いような音を作らせたらこの人の右に出る者はいないという人ですね。だからストリングスなどを導入した派手めな音になっているんですけど、それがジェフ・ベックのギターとけっこう合っています。それから歌ものも何曲か入っていまして、いちばんの聴きどころは、ジョス・ストーンというイギリスの白人女性ソウル・シンガーの歌っている曲ですね。彼女は十七歳でデビューした早熟のシンガーで、そのデビュー・アルバムもすごく良かった。この人もソウルばかり聴いて育ったイギリス人だと思うんですが、若いときからカヴァーする曲の選び方がえらくマニアックだったりした人です。このマニアックで実力派のソウル・シンガーをヴォーカルに迎えた曲が二曲ほど入っていまして、どちらもすごくいい出来です。あとはアイルランド人ソウル・シンガーのイメルダ・メイという人が歌っている曲もあって、これもなかなかいい。他にもいろんな曲が入って、ヴァラエティに富んでいます。トレヴァー・ホーンがいい仕事をしていて、やっぱりジェフ・ベックはアクの強い名プロデューサーと組んだほうがいいということが証明されたといえるのかな。このアルバムは、日本ではもちろん、アメリカでもイギリスでも売れて、ジェフ・ベック復活を告げる作品になりました。

そして再びライヴ・アルバムを何枚か出した後、二〇一六年に『ラウド・ヘイラー』というアルバムがリリースされましたが、これもとってもいいんですね。これを作ったとき、ジェフ・ベックはなんと七十二歳だったんですよ。このアルバムは、ボーンというイギリスのバンドがありまして、そこのロージー・ボーンズという女性ヴォーカリストと、カーメン・バーデンバーグという女性のギタリスト、この二人と組んでやっています。ジャケットを開くとインナーに三人が並んでいる写真があるんですけど、この写真がめちゃくちゃ格好いいんですよ。三人そろって革ジャン着てサングラスをかけて気取っているんですけども、とにかくジェフ・ベックが、どこからどう見ても七十二歳に見えない。いい意味でちょっと不良っぽいロックの兄ちゃんという感じで、ものすごく格好いい。音のほうも、この写真が示しているとおりで若々しいです。ものすごい力作だと思いますね。

これを出した後、二〇一七年の二月に来日公演があったんですが、これがすごく良かったんですよ。私はジェフ・ベックの来日公演はかなり見ていて――BBAだけは中学生だったんで見ていないのですが――その後はだいたい見ているんですけど、もしかしたらそのなかでいちばん良かったかもしれない。七十二歳っていうのが信じられない。昔の曲も惜しげなく披露して、無駄な喋りなんかもちろんなしで、どんどんギターを弾きまくる。とにかく感心してしまいました。かつてジェフ・ベック・ファンだったけれども最近のものは聴いてないという人には、直近のスタジオ・アルバム二作品をぜひ聴いてほしいと思います。

演奏法の独自性

最後に、ジェフ・ベックのギタリストとしての魅力、特に演奏法の独自性について話したいと思います。ジェフ・ベックのプレイは、基本的にはオーソドックスなんですよ。よくジャズや何かに影響を受けて変なスケールで弾く人だとか、自分で作ったエフェクターを使って変わった音にする人だとかがいますが、そういうことは一切なくて、エフェクターなしでギターをアンプにダイレクトに繋いで普通に弾くという感じです。ギタリストで上手い人には早弾きというイメージがあると思うんですけど、早弾きという意味では、彼は後の世代のギタリストにまったく負けている。ロック・ギターの世界では、一九七八年にデビューしたヴァン・ヘイレンという人がかなり革新的で、彼が出てきてから、早くしかも正確に弾くということを誰もがするようになったんです。同時に打ち込みの技術も一般化したので、ディジタル的な速いフレーズを正確に弾くというのが、ロック・ギタリストの必須技術になった。で、八〇年代以降に出てきた上手いギタリストはだいたいそれができるんですが、ジェフ・ベックはそれをやらせたらかなりダメダメだと思うんです。

だから彼のギター・プレイの魅力は、まったく違うところにある。簡単に言うと、タイミングの絶妙さと意表を突いたフレーズ、それが、誰もまねできない彼の個性なんだと思います。最初に「切れ込んでくる」という表現のことをお話ししましたけど、ここでこの音を入れるの？　しかもこの変なタイミングで？　というのが本当に絶妙なんですよ。しかも理屈で考えてこういうふうにやったら面白いだろうというのではなくて、反射的にその場その場でやっている感じがすごいですね。ギターが肉体の一部になっているスポーツ選手みたいに見えます。その証拠に、ジェフ・ベックをコピーする人はアマチュアでもプロでもいっぱいいるんですけども、ほとんどの場合、あまり良くないんです。コピーしても、独特の崩れたタイミングとか微妙におかしな間合いとかが、再現できないんですよね。もちろん楽譜にできないことは言うまでもありません。

　先ほど言った私の好きなアルバム、『オレンジ』や『ブロウ・バイ・ブロウ』などを聴いていただくとわかるんですけど、ジェフ・ベックはそんなに速く弾かないんですね。弾きまくるといった感じもしない。むしろ、もうちょっと弾いてほしい、もうちょっと弾いてほしい、という聴き手の期待を裏切るような感じで進むんですよね。ところがエンディングのあたりでいきなりとんでもないフレーズが一瞬だけ出てきたりする。もう聴き手は裏切られ、翻弄されっぱなしという感じになるわけですけれども、なかなかこういう人はいないですね。いまは音楽がどんどんディジタル化していて、作ったとおりに演奏するとかいうスタイルが完全に主流になってきている。そんななかで、その場かぎりの肉体感覚で演奏をするというのはすごく貴重な存在だと思うし、それをいま七十代でやっているというのが恐ろしいですね。

　エリック・クラプトンみたいに人間味が魅力というミュージシャンは、歳をとって枯れてくるとそれがまた魅力になる。でもジェフ・ベックはまったく枯れていない。クラプトンに関しては個人的に驚いたことがあって、『アンプラグド』が売れた後の九〇年代の日本公演を見に行ったら、クラプトンがアコースティック・ギターを抱えるとお客さんがワーっと拍手するんです。弾き語りを期待しているんですね、多くのお客さんが。私なんかはどうしてもかつての三大ギタリストというイメージがあるので、もっとエレクトリックを弾いてよと思っちゃうんだけど、クラプトンっていまはそんな受け止め方をされているんだなと。ジェフ・ベックはそれとはまったく違って、とにかく突っ走る感じです。ギター以外のことはあまり興味がないみたいで。だから音楽は他の人に作ってもらって、そこに割り込んでいくというスタイルが、とてもジェフ・ベックらしい。それは、彼が唯一無二の「ギタリスト」だということなんでしょうね。　（談）

ジェフ・ベック／ヒストリー

船曳将仁

老成や円熟を美徳とするものもいる。だが、ジェフ・ベックならそれを一笑に付すだろう。ひとつの音楽ジャンルに留まっていることを潔しとせず、70歳を超えてもなお、ギター表現の可能性を追求し、その領域を広げ続けている。ギタリストとして、誰も真似することのできない孤高の生き方を貫きつづけている彼のヒストリーを振り返ってみたい。

ヤードバーズでメジャーシーンに

1944年6月24日、ジェフ・ベックはイギリスのロンドン、ウォリントンで生を受けた。彼の両親ともにクラシックなどの音楽が好きで、幼少期には母からピアノを習うなど、ジェフ・ベックは音楽を身近に感じながら成長する。彼を最初に打ちのめした音楽体験は、レス・ポール&メリー・フォードのギター・サウンドだったという。彼は友達から三本しか弦の張られていないアコースティック・ギターを借りて練習するが飽き足らず、父のシガー・ボックスや部品を集めてエレクトリック・ギターを自作するなど、子供のころからギターに対する情熱は強く燃えていた。

ジェフ・ベックは、ギターを弾き始めた当初に影響を受けた人物として、ジーン・ヴィンセント・アンド・ザ・ブルー・キャップスのリード・ギタリスト、クリフ・ギャラップの名前を挙げている。ほかにも、シャドウズのハンク・マーヴィン、バディ・ガイやB・B・キングなど、ロックンロールやブルースのギタリストに影響され、本格的にギターへとのめりこんでいく。友だちと結成したロックンロール・バンドのデルトーンズ、クレッセンツなどを経て、63年にナイトシフトを結成する。ジェフ・ベックは64年に脱退しているが、ナ

ヤードバーズ、1966年。（左から）ジェフ・ベック、ジム・マッカーティ、クリス・ドレヤ、ジミー・ペイジ、キース・レルフ。

イトシフトが65年に発表した二枚のシングルのうち、二枚目の「ストーミー・マンデー・ブルース」（B面は「ザッツ・マイ・ストーリー」）のレコーディングに参加している。ナイトシフト脱退後はトライデンツを結成。トライデンツではシングルなどを発表できなかったが、後に彼らが録音していた音源が、『ベッコロジー』等の編集盤に収録されている。

64年には、同年1月に亡くなったシリル・デイヴィスのバンド、オール・スターズのメンバーであるベースのクリフ・バートン、ドラムのカーロ・リトル、キーボードのニッキー・ホプキンスとのセッションに参加。その時にはすでに知り合いとなっていたジミー・ペイジのプロデュースで、「スティーリン」「チャックルズ」の二曲を録音している。またジミー・ペイジの紹介もあって、64年ごろからセッション・ギタリストとしての仕事を行うようになっていく。64年に発表されたスクリーミング・ロード・サッチのシングル「ドラキュラズ・ドーター」（B面は「カム・バック・ベイビー」）、同年に発表されたフィッツ・アンド・スターズのシングル「アイム・ノット・ランニング・アウェイ」（B面は「ソー・スウィート」）など、いくつかのセッション仕事が知られている。

同じころ、イギリス本国だけでなくアメリカでも人気を獲得しつつあったヤードバーズから、看板ギタリストのエリック・クラプトンが脱退する。ヤードバーズは後任のギタリストとしてジミー・ペイジを誘うが、彼はセッション・ギタリストとして多忙を極めていたため、知り合いのジェフ・ベックを推薦する。当時アイドル的人気も得ていたヤードバーズのメンバーは、ジェフのワイルドな風貌に驚いたというが、そのギター技術の高さと革新的なセンスの豊かさには目を見張るものがあり、彼の加入が決定した。

ジェフ・ベックが加入したヤードバーズは、第一弾シングルとして65年に「ハート・フル・オブ・ソウル」（B面は「スティール・ブルース」）を発表。同年発表の「イーヴィル・ハーテッド・ユー」（B面は「スティル・アイム・サッド」）、66年発表の「シェイプス・オブ・シングス」（B面は「ユーアー・ア・ベター・マン・ザン・アイ」）と、次々にシングルをヒットさせた。

ヤードバーズに加入して初のアルバムは、アメリカで65年にリリースされた『フォー・ユア・ラヴ』であるが、こちらはエリック・クラプトン在籍時の曲も入ったシングル曲の編集盤といえるものだった。66年にアメリカで発売されたアルバム『ハヴィング・ア・レイヴ・アップ』も同種のものであり、純然たるオリジナル・アルバムといえるのは、66年にイギリスで発表された『ロジャー・ジ・エンジニア』となる。同作はイギリスで20位というヒットを記録。ヤードバーズの人気をさらに高めることとなった。そして、曲芸的なフレーズで自己主張するギター・ソロ、フィードバック奏法など、トリッキーなテクニックや類まれなセンスをみせつけたジェフ・ベックは、一躍注目のギタリストとなった。

人気絶頂期を迎えたといえるヤードバーズだが、ベースのポール・サミュエル＝スミスが脱退してしまう。ジェフ・ベックがジミー・ペイジに声をかけたところ、当時はセッション活動がひと段落ついていたこともありこれを快諾。入ってしまえばこっちのもので、ギタリストのクリス・ドレアをベースに転向させ、ここにジェフ・ベックとジミー・ペイジのツイン・ギター編成によるヤードバーズが誕生する。

この新生ヤードバーズに、ミケランジェロ・アントニオーニ監督の映画『欲望』への出演依頼が舞い込む。彼らは映画の中で「ストロール・オン」（楽曲使用料の問題から、「トレイン・ケプト・ア・ローリン」をアレンジ及び改題した曲）を演奏し、ジェフ・ベックは監督の指示通りにギターをアンプに叩きつけるなどギター壊しを実行した。これはザ・フーのピート・タウンゼンドがやっていたパフォーマンスで、ミケランジェロ・アントニオーニは先にザ・フーへ出演依頼をしたが断られ、代わりに出演を承諾したヤードバーズのジェフ・ベックにやらせたものだった。

より強力な編成となったヤードバーズだが、ジェフ・ベックはバンド活動に嫌気がさしていた。いや彼だけではなく、ヤードバーズのメンバー誰もが、忙しさを極める活動に不満をため込んでいた。それもあって、各メンバーがソロでシングルを発表する企画が発案される。そこで、ジェフ・ベックはジミー・ペイジが作曲した「ベックス・ボレロ」を録音する。レコーディングにはジミー・ペイジのほか、ザ・フーのキース・ムーン、ジョン・ポール・ジョーンズ、ニッキー・ホプキンスという豪華なメンバーが参加している。だがソロ企画第一弾だった、ヤードバーズのシンガーであるキース・レルフのシングルが不発に終わり、ジェフ・ベックのソロ・シングルを発売する計画も中止になってしまう。

ジェフ・ベックはすでにヤードバーズから脱退する意思を固めていた。当時ヤードバーズのマネジメントを担当していたミッキー・モストは、ジェフ・ベックとソロで契約を結び、66年末にはジェフのヤードバーズからの脱退が決定的となる。

ちなみに、ヤードバーズはジミー・ペイジ以外のメンバーを入れ替えて、後にレッド・ツェッペリンとしてデビューすることになる。

ハード・ロックの地平を切り開いたジェフ・ベック・グループ

マネージャーのミッキー・モストは、ジェフ・ベックをポップ・スターとして売り出そうとしていた。当時はジェフ自身もそれを望んでおり、67年に発表された彼の初ソロ・シングルA面には、スコット・イングリッシュとラリー・ワイスによるポップなナンバー「ハイ・ホー・シルヴァー・ライニング」が採用された（B面には先に録音された「ベックス・ボレロ」が収録された）。同デビュー・シングルはヒットを記録するが、一方でジェフ・ベックは本格的なバンド結成を目指していた。当初のメンバーは、ソロのほかにスティームパケットやショットガン・エクスプレスなどで活動したシンガーのロッド・スチュワート、ギターにはバーズ等を経たロン・ウッド、ベースはクリエイションのキム・ガードナー、ドラムはプリティ・シングスのヴィヴ・プリンスという編成だったが、リハーサル段階でメンバーは次々と入れ替わっている。

ジェフ・ベック・グループ、1968年。(左から)ロッド・スチュワート、ジェフ・ベック、ロン・ウッド、ミック・ウォーラー。

67年3月3日、ジェフ・ベック・グループがロンドンのフィンズベリー・パークで初ライヴを行なった時のメンバーは、ジェフのほか、ベースがロン・ウッド、シンガーがロッド・スチュワート、ドラムにレイ・クックという編成だった。

67年に発表された二枚目のシングル「タリー・マン」（B面は「ロック・マイ・プリムソウル」）では、ドラムをエインズレー・ダンバーが担当しているが、彼もすぐにミッキー・ウォーラーと交代している。68年に三枚目のシングル「ラヴ・イズ・ブルー（ラムール・エ・ブロ）」（邦題は「恋は水色」）で、B面は「アイヴ・ビーン・ドリンキング」）を発表するが、ジェフ・ベックはよりハードなサウンドを志向していた。同年に発表されたジェフ・ベック名義のデビュー・アルバム『トゥルース』では、シングルでのポップな方向性とは異なり、ハードなギター・サウンドとエモーショナルなロッドのヴォーカルが拮抗する緊張感の高いサウンドを聴かせていて、今ではハード・ロックのプロトタイプという評価も受けている。

ジェフ・ベック・グループは、ニッキー・ホプキンスをメンバーに加えてアメリカ・ツアーを行うが、ミッキー・ウォーラーとロン・ウッドが解雇されてしまう。彼らの後任として、ドラムにトニー・ニューマン、ベースにダグラス・ブレイクを加えるが、ダグラスはすぐに解雇されてロン・ウッドが出戻る。このメンバーで二作目のアルバムのレコーディングを開始。同時期にミッキー・モストがマネージャーを務めるドノヴァンもレコーディングしていて、彼のシングルとして発売された「バラバジャガ」には、当時のジェフ・ベック・グループのメンバーが総参加している。

69年、ジェフ・ベックのソロ名義で二作目となる『ベック・オラ』が発表される。前作同様にハード・ロック色の強い内容で、こちらも好評を博した。同年のアメリカ・ツアーでは、ウッドストック・フェスティバルへの出演も予定されていたが、バンド内部の人間関係が悪化していた上にニッキー・ホプキンスの脱退もあり、ジェフ・ベックはウッドストック・フェスの直前にバンドを解散させてしまった。

イギリスに戻ったジェフ・ベックは、レッド・ツェッペリンのドラム、ジョン・ボーナムらとレコードを聴きながら話をしていた時に、ヴァニラ・ファッジのアルバム『ニアー・ザ・ビギニング』に耳をとめ、同バンドのリズム・セクションであるベースのティム・ボガート、ドラムのカーマイン・アピスのプレイに感銘を受ける。そのことをジョン・ボーナムから聞いたティム・ボガートとカーマイン・アピスも、ジエフ・ベックとのコラボレイトに興味を抱くようになった。

ちょうどその頃、ヴァニラ・ファッジはコカ・コーラのコマーシャル音楽を録音する依頼を受けていたが、ギターのヴィンス・マーテルが急病で録音に参加できなくなっていた。彼らはヴィンスの代役としてジェフ・ベックを招き、これを機にジェフ・ベック、ティム・ボガート、カーマイン・アピスによる新バンド構想が計画される。シンガーにはロッド・スチュワートを起用することも決まっていたが、その計画が動き出す直前の69年11月2日、ジェフ・ベックが交通事故を起こしてしまい、すべての計画が保留となってしまう。ボガート&アピスはカクタスを結成。ロッド・スチュワートはロン・ウッドとともにスモール・フェイセズのメンバーと合流し、フェイセズ及びソロとしての活動をすることになった。

次々と音楽性を変化させせながら ギター表現を研ぎすませていった70年代

70年になってケガから回復したジェフ・ベックは、彼と同じくミッキー・モストのプロダクションに所属していたドラムのコージー・パウエルとアメリカにわたり、モータウンのハウス・バンド、ファンク・ブラザーズのエディ・ボンゴ・ブラウンやジェームズ・ジェマーソンなどとセッションを行うが、これは実を結ばなかった。

71年になって、コージー・パウエル、シンガーのアレックス・リガートウッド、ベースのクライヴ・チャーマン、キーボードのマックス・ミドルトンでジェフ・ベック・グループを再編。レコーディングを開始するが、アレックスのヴォーカルに関して満足せず、ガスというグループで活躍していたボブ・テンチに交代する。71年、このメンバーで録音したアルバム『ラフ・アンド・レディ』を発表する。初期二作とは異なるソウルやモータウンの影響をたっぷり受けたサウンドになっていた。

その方向性をさらに推進すべく、72年にはブッカー・T&ザ・MG'sのスティーヴ・クロッパーをプロデュースにメンフィスで録音した『ジェフ・ベック・グループ』を発表する。前作以上にシャープかつファンキーなノリを感じさせるアルバムに仕上がったが、ジェフ・ベックがそこへ留まることはなかった。彼は再びティム・ボガート&カーマイン・アピスとの共演話を浮上させる。

ボガート&アピスはカクタスを離れ、ジェフはマックス・ミドルトン以外のメンバーを解雇することで両者の合流が実

現する。シンガーにキム・マルフォードを起用し、新たなジェフ・ベック・グループとなった彼らは、72年8月からツアーを開始する。ヴォーカルに不満を覚えてキム・マルフォードが解雇され、後任にはボブ・テンチを起用してツアーを続けた。ツアー終了後にはマックス・ミドルトンとボブ・テンチが脱退し、ベック、ボガート&アピスのトリオとして活動を続けていくことになる。

73年、ベック・ボガート&アピスでの唯一のオリジナル・アルバムとなる『ベック・ボガート&アピス』を発表。まさに丁々発止という言葉どおりの三者の壮絶なプレイが火花を散らす演奏は強力で、73年5月に行われた日本ツアーでのパフォーマンスもファンの度肝を抜いたという。同年には、大阪厚生年金会館で行われた二日間の公演からの音源を収録した『ベック・ボガート&アピス・ライヴ・イン・ジャパン』が日本のみで発売されている。

74年1月、ベック、ボガート&アピスの二作目に向けたレコーディングに入り、ほぼ完成の状態にまで仕上がっていた。ところが、1月26日に一日二回公演で行われたロンドン、レインボー・シアターでのステージ裏で、ジェフ・ベックとティム・ボガートが大げんかとなり、そのままバンド自体が空中分解してしまう。レコーディングされた二作目用音源はお蔵入りになってしまったが、一部の音源及びレインボー・シアターでのライヴ音源が、後に『ベッコロジー』に収録されている。

74年、ジェフ・ベックは、ドラムのジム・コープリーらを有したバンドで、ジャズやファンクなどをクロスオーヴァーさせた音楽性を持つアップに接近している。ジェフはアップが発表した『アップ』(75年)、『ディス・ウェイ・アップ』(76年)にゲスト参加し、プロデュースも担当した。また、アップをバックに起用してBBCのテレビ番組にも出演している。当時のジェフ・ベックはジョン・マクラフリンらによるマハヴィシュヌ・オーケストラ、リターン・トゥ・フォーエヴァーらのジャズとロックを融合させた音楽に魅せられていて、アップとの活動はその布石となるものだった。

74年末、いよいよジェフ・ベック流のジャズ・ロックに挑戦するためのレコーディングを開始する。集められたメンバーは、ベースのフィル・チェン、キーボードのマックス・ミドルトン、ドラムのリチャード・ベイリーで、プロデュースはビートルズの諸作を手がけたことでも著名なジョージ・マーティンが担当することになった。彼はマハヴィシュヌ・オーケストラのアルバム『黙示録』(74年)のプロデュースを担当していて、ジェフ・ベックが狙っていた方向性は明らかだった。

そのレコーディング前の75年1月、ジェフ・ベックはローリング・ストーンズとセッションを行っている。ローリング・ストーンズが、脱退したギタリスト、ミック・テイラーの後任候補としてジェフ・ベックに声をかけたものだが、ジェフは当初から参加意思がなく、彼の心はジャズ・ロックの方向性による新作へと向かっていた。ちなみにローリング・ストーンズには、ジェフ旧知のロン・ウッドが参加する。

ジェフのジャズ・ロック新作への気合の入りようは尋常でなかったといわれるが、その成果は『ブロウ・バイ・ブロウ』として実り、75年に発売されるや米四位のヒットを記録する。ちなみに同作の邦題は『ギター殺人者の凱旋』というものだった。

75年4月からは、彼が敬愛したマハヴィシュヌ・オーケストラとのジョイント・ツアーを行なう。ジェフのツアー・メンバーで、『ブロウ・バイ・ブロウ』の録音に参加していたのはマックス・ミドルトンのみ。ベースはウィルバー・バスコム、ドラムはバーナード・パーディーが務めた。ジェフ・ベックがマハヴィシュヌ・オーケストラのステージに客演するなど、ジャズ・ロック界の猛者二組によるジョイント・ツアーは、後々まで伝説のように語り継がれている。

『ブロウ・バイ・ブロウ』に伴う来日ツアーは実現しなかったが、75年8月に内田裕也が主催したロック・フェスティバル、〝ワールド・ロック・フェスティバル〟へ出演するために来日する。ただし体調不良で出演をキャンセルした公演もあった。イギリスに戻ったジェフ・ベックは、再びジョージ・マーティンをプロデュースに次作『ワイアード』のレコーディングを開始。マックス・ミドルトン、ウィルバー・バスコムのほか、作曲面でも重要な役割を果たすマハヴィシュヌ・オーケストラのドラム、ナラダ・マイケル＝ウォルデン、自らのバンドを率いて活動していたシンセ奏者のヤン・ハマーがレコーディングに参加した。

76年に発表された『ワイアード』は、チャート成績で『ブロウ・バイ・ブロウ』に及ばなかったが。前作以上にパワフルさを感じさせる曲が多く、前作と並んでジャズ・ロックの名作と評価する声が高い。ジェフ・ベックが76年に行なった同作に伴うツアーは、ヤン・ハマー・グループにジェフ・ベックが参加する形で行われ、その模様は77年に『ジェフ・ベック・ウィズ・ザ・ヤン・ハマー・グループ・ライヴ』としてリリースされた。

ツアーが終了した78年、ジェフ・ベックはリターン・トゥ・フォーエヴァーのベース、スタンリー・クラークと新たな活動を模索する。ジェフはこれまでにもスタンリー・クラークのソロ・アルバム『ジャーニー・トゥ・ラヴ』(75年)、『モダーン・マン』(78年)に参加して知った仲だった。ドラムにはリターン・トゥ・フォーエヴァーのジェリー・ブラウンが起用されるが、そのジェリーが抜けたことでアルバム制作の話は流れてしまう。しかし、78年11月には、ジェフ・ベックとスタンリー・クラークの二人がタッグを組んでの来日ツアーが実現する。キーボードはジャック・ブルースのアルバムに参加していたトニー・ハイマス、ドラムはサイモン・フィリップスが起用されたこのツアーは、日本だけでなく海外でも行われた。

78年末からは、ヤン・ハマー、サイモン・フィリップスらとレコーディングを開始。数曲をレコーディングするが納得のいくものにならずレコーディングを中断してツアーを行なう。ツアー終了後、ヤン・ハマーをトニー・ハイマスに交代してレコーディングを再開。紆余曲折を経て80年にリリースされた『ゼア・アンド・バック』は、前二作のジャズ・ロック路線を引き継ぎながらもメロディアスな方向性を強めた内容でヒットを記録し、80年末には同作に伴う来日ツアーが行なわれている。

マイペースな活動を続けた80〜90年代

あまりにも濃厚だった60〜70年代の反動もあったのだろうか、80年代のジェフ・ベックの音楽活動は実にマイペースなものとなる。81年、ジェフ・ベックは、国際人権団体アムネスティ・インターナショナルのためにコメディ集団モンティ・パイソンのメンバーらが企画した〝シークレット・ポリスマンズ・アザー・ボール〟に出演。エリック・クラプトンとの共演で「ファーザー・アップ・ザ・ロード」「コーズ・ウィヴ・エンデッド・アズ・ラヴァーズ」「クロスロード」を披露した。83年には、フェイセズのロニー・レインが患っていたことで知られる多発性脳脊髄硬化症のチャリティのために開催されたアームズ・コンサートに出演。ジェフと同じくヤードバーズに在籍し、俗にジェフとともに世界三大ギタリストと呼ばれるエリック・クラプトン、ジミー・ペイジとの共演で「レイラ」などを披露して話題を呼んだ。

ソロとしての音楽活動はしばらく休止状態にあったといえるジェフ・ベックだが、85年に前作から五年ぶりとなる新作『フラッシュ』を発表する。数多くのミュージシャンを迎えて制作された同作は、目を見はるようなギターを全編にわたって炸裂させたジャズ・ロックと異なる歌もの中心のロック作となっていて、ジェフ・ベック自らがヴォーカルを担当している曲もあった。何よりも大きな話題を呼んだのは、インプレッションズの曲である「ピープル・ゲット・レディ」のカヴァーにロッド・スチュワートが参加していることだった。ちなみに、ロッドが84年に発表したソロ作『カムフラージュ』には、ジェフ・ベックがゲスト参加している。『フラッシュ』からは、ヤン・ハマー提供曲の「エスケイプ」が最優秀ロック・インストルメンタル部門でグラミー賞を獲得しているが、ジェフ・ベック本人は同作をあまり気に入っていないようだ。86年には『フラッシュ』に未収録だったトロッグスのカヴァー「ワイルド・シング」をA面に据えたシングルを発表するが、歌もの&ポップ志向での活動はそれを最後に停止してしまう。

86年、ジェフ・ベックは、シンガーのジミー・ホール、ベースのダグ・ウィンビッシュ、ドラムのサイモン・フィリップス、シンセ奏者のヤン・ハマーを引き連れて来日ツアーを行なう。そのツアー初日、6月1日の軽井沢公演は、ジャーニーのスティーヴ・ルカサー、カルロス・サンタナとのジョ

1989年。（左から）トニー・ハイマス、ジェフ・ベック、テリー・ボジオ。

イント・コンサートとして行われた。88年には、アーノルド・シュワルツェネッガー主演のコメディ映画『ツインズ』に三曲を提供。ジェフ・ベックもクラブ・ダンスでのバンド演奏シーンに出演している。

89年に発表された『ギター・ショップ』は日本で先行発売され、海外と異なるジャケット・デザインが使用された。レコーディングはキーボードのトニー・ハイマス、ドラムにはフランク・ザッパのバンドで頭角を現したテリー・ボジオというベースレスのトリオ編成で行われた。ジェフ・ベックは、このころからピックを使わない指弾きスタイルを採用している。音楽性はヴァラエティに富んでいるが、ハードな側面が強まり、またメロディアスなフレーズなども多く、ジェフだけにしか創造できないギター・フレーズやサウンドを嬉々として弾き倒していて、若いギター・ファンにジェフ・ベックの偉大さを知らしめる作品となった。

91年、初の本格的なアンソロジー・ボックス『ベッコロジー』が発売される。ロジャー・ウォーターズ『アミューズド・トゥ・デス』（92年）、ケイト・ブッシュ『レッド・シューズ』（93年）など、他アーティストのアルバムに客演したことも話題となった。92年にはオーストラリアのテレビ・シリーズのサントラをジェド・リーバーとの共同名義で『フランキーズ・ハウス』としてリリースするなど、実にマイペースな活動を続けている。本稿では一部しか紹介していないが、ジェフ・ベックはサントラ盤への曲提供、また他アーティストの作品へのゲスト参加作が数多くある。

93年には、ジェフ・ベックが最も影響を受けたジーン・ヴィンセントと彼のバンドのギタリスト、クリフ・ギャラップへのトリビュート作『クレイジー・レッグス』を、ジェフ・ベック・アンド・ザ・ビッグ・タウン・プレイボーイズ名義で発表する。同年にはヤードバーズがロックの殿堂入りを果たし、ジミー・ペイジら他のメンバーたちと授賞式に出席した。

次のソロ作『フー・エルス！』が発表されたのは、前作より十年ぶりとなる99年のことだった。曲作りはトニー・ハイマスが中心となって行われている。レコーディング・メンバーには、マイケル・ジャクソンとの活動で有名になった女性ギタリスト、ジェニファー・バトゥンが参加。プログラミングなどを使用したテクノ、エレクトロ系サウンドを導入する新しい試みをみせている一方で、音楽的にはブルースからケルト音楽に至るまでの幅広さを盛り込んだ意欲的作品となっていた。

再び精力的な活動をみせた00年代以降

『フー・エルス！』に伴うワールド・ツアーは、ギターのジェニファー・バトゥン、ベースのランディ・ホープ＝テイラー、ドラムのスティーヴ・アレクサンダーという編成で行われた。来日公演も行われ、テクニカルなプレイにも華があるジェニファー・バトゥンとジェフとのギター共演が注目を集めた。

前作より約二年という短いインターバルで、２００１年に『ユー・ハッド・イット・カミング』が発表される。前作以上に打ち込み主体のサウンドで、モダンな印象を与える作品となっていた。収録曲「ダーティ・マインド」はベスト・ロック・インストゥルメンタル・パフォーマンス部門でグラミー賞を受賞している。日本は00年の先行発売となり、来日ツアーも00年末に行われた。メンバーはドラムがアンディ・ギャンガディーンに交代している以外は前回の来日時と同じだった。

ワールド・ツアーを終えたジェフ・ベックは、ドラムン・ベースを導入するなど、テクノ・ミュージックの方向性を強めた『ジェフ』を03年に発表する。ところがジェフは同作発表時にデジタル・サウンドの使用に飽きていたようで、同作に伴うツアーで起用されたのは、トニー・ハイマスとテリー・ボジオという『ギター・ショップ』に参加していた二人だった。

以降はライヴ中心の活動となり、オフィシャル・ブートレッグといえるライヴ・アルバムの発売が続く。まず03年には、同年9月10日、11日にB・B・キング・ブルース・クラブ＆グリルで行われたライヴ音源がオンライン・ショップ限定で販売される。日本では同音源が05年に『ライヴ・ベック！』のタイトルでCD発売された。04年にはエリック・クラプトンが主催しているベネフィット・コンサートのクロスローズ・ギター・フェスティバルに出演し、ステージ上で共演を果たしている。同フェスは07年、10年、13年と開催されているが、ジェフ・ベックはすべてに出演している。

05年には、シンガーのジミー・ホール、ベースのピノ・パラディーノ、ドラムのヴィニー・カリウタ、キーボードのジェイソン・リベロを率いて来日ツアーを行う。翌06年にもウドー・ミュージック・フェスティバルへ出演するために来日し、同フェスに出演していたカルロス・サンタナのステージにゲスト参加もしている。06年には、99年の来日ツアー音源が『ライヴ・イン・トーキョー99』として発売され、07年には、06年4月にロサンゼルスのハウス・オブ・ブルースで行われたライヴ音源が『ライヴ・ベック06』として発表された。

07年11月27日〜12月1日までは、イギリスの伝統的なライヴ・ハウス、ロニー・スコッツ・クラブでライヴを行う。この時には近年の編成からベースがタル・ウィルケンフェルドに交代していた。このスタイル抜群かつキュートな魅力の若き女性ベーシストの参加は、男性ファンの間でかなりの話題を呼んだ。同五日間のライヴからの音源及び映像は、『ライヴ・ベック3〜ライヴ・アット・ロニー・スコッツ・クラブ』として発表された。

09年にはジェフ・ベックがソロ・アーティストとしてロックの殿堂入りを果たす。授賞式当日は、ジミー・ペイジがプレゼンテーターを務め、彼やロン・ウッド、エアロスミスのジョー・ペリー、メタリカのメンバーなどが参加して「トレイン・ケプト・ア・ローリン」を披露した。

その勢いに乗って、10年にアルバム『エモーション＆コモーション』を発表。近年のライヴ・メンバーを基本に、オーケストラ・アレンジも用いるなど、壮大な世界観さえ感じさせた内容が高く評価された。収録曲の「ネッサム・ドルマ」

がベスト・ポップ・インストゥルメンタル部門で、「ハマーヘッド」がベスト・ロック・インストゥルメンタル部門でグラミー賞を受賞している。

『エモーション&コモーション』に伴うツアーでは、ドラムにナラダ・マイケル＝ウォルデン、キーボードにジェイソン・リベロ、ベースにはプリンスのバンドなどで活躍していた女性ベーシスト、ロンダ・スミスというメンバーがバックを務めた。11年にはレス・ポールへのトリビュート・ライヴ音源が、『ロックンロール・パーティー』として発売される。13年ごろには、『トゥルース』メンバー、少なくともロッド・スチュワート、ロン・ウッドと一緒に活動することが計画されていたようだが、真剣に取り組まないロッドの態度にベックが業を煮やして実現に至らなかったようだ。

ジェフ・ベックのライヴに対する意欲は衰えることを知らず、13年にはブライアン・ウィルソンとのジョイント・ツアー、14年にはZZトップとのジョイント・ツアー（ZZトップのダスティ・ヒルのけがのため15年に延期された）を行うなど、70歳を迎えてもなお精力的なライヴ活動を続けた。14年に行われた来日ツアーでは、それにあわせて日本限定の三曲入りCD『ヨソウガイ』が発表されている。また15年には、14年のアメリカ・ツアーからの音源を収録した『ライヴ＋』も発売されている。

16年には、シンガーのロージー・ボーンズ、ギターのカーメン・ヴァンデンバーグという若い女性メンバー二人を起用した新作『ラウド・ヘイラー』を発表。同年8月10日には、デビュー五十周年を記念したライヴをロサンゼルスのハリウッド・ボウルで行い、そのステージを収録したDVD等がリリースされている。

17年1月末からは『ラウド・ヘイラー』に伴う来日ツアーを行い、「ベックス・ボレロ」から最新アルバムの曲、ビートルズ、マハヴィシュヌ・オーケストラの曲まで披露してファンを喜ばせたことは記憶に新しい。

ジェフ・ベックは二〇二二年になんとジョニー・デップとの共作で『18』を発表、世界を驚愕させた。そして二〇二三年、細菌性髄膜炎に罹患し、一月一〇日に死去した。七八歳であった。その突然の訃報に世界中のアーティストたちが追悼の意をあきらかにして、偉大なギタリストを讃えた。

（ふなびき・まさよし　音楽批評）

ジェフ・ベックのロックの殿堂入りセレモニーにて。2009年4月4日、オハイオ州クリーブランド。
（左から）ジミー・ペイジ、ジェフ・ベック、ロン・ウッド、カーク・ハメット（メタリカ）。

を学ばせてもらった人

――まずロックとの出会いは？

中一からギターを始めてね。キッカケは、友達からの熱心なバンドへの誘いで。ずっとやってみたかったギターがやっと弾けると思って。そのときはグループサウンズが流行っていたんですよ。タイガースとかスパイダースの全盛期でした。そういうのを演っていたんです。中二の頃、ドラムのお姉ちゃんがビートルズのマニアで勧められて、そこでビートルズを聴き出したのが洋物を聞き出した最初だったんです。当時はクリームがあったり、ジミ・ヘンドリックスがまだ生きていたりすごい時代でしたからね。ジェフ・ベックも知っていたんですけど、当時は演奏が濃すぎて近づけませんでした。エリック・クラプトンとジミー・ペイジとかとの比較でいうと、僕はどちらかというとエリック・クラプトン派だったんです。クラプトンの音は肌触りが良くカッコいいのでそっちばかり聴いていたんで

是方博邦 音楽と人生

インタビュー

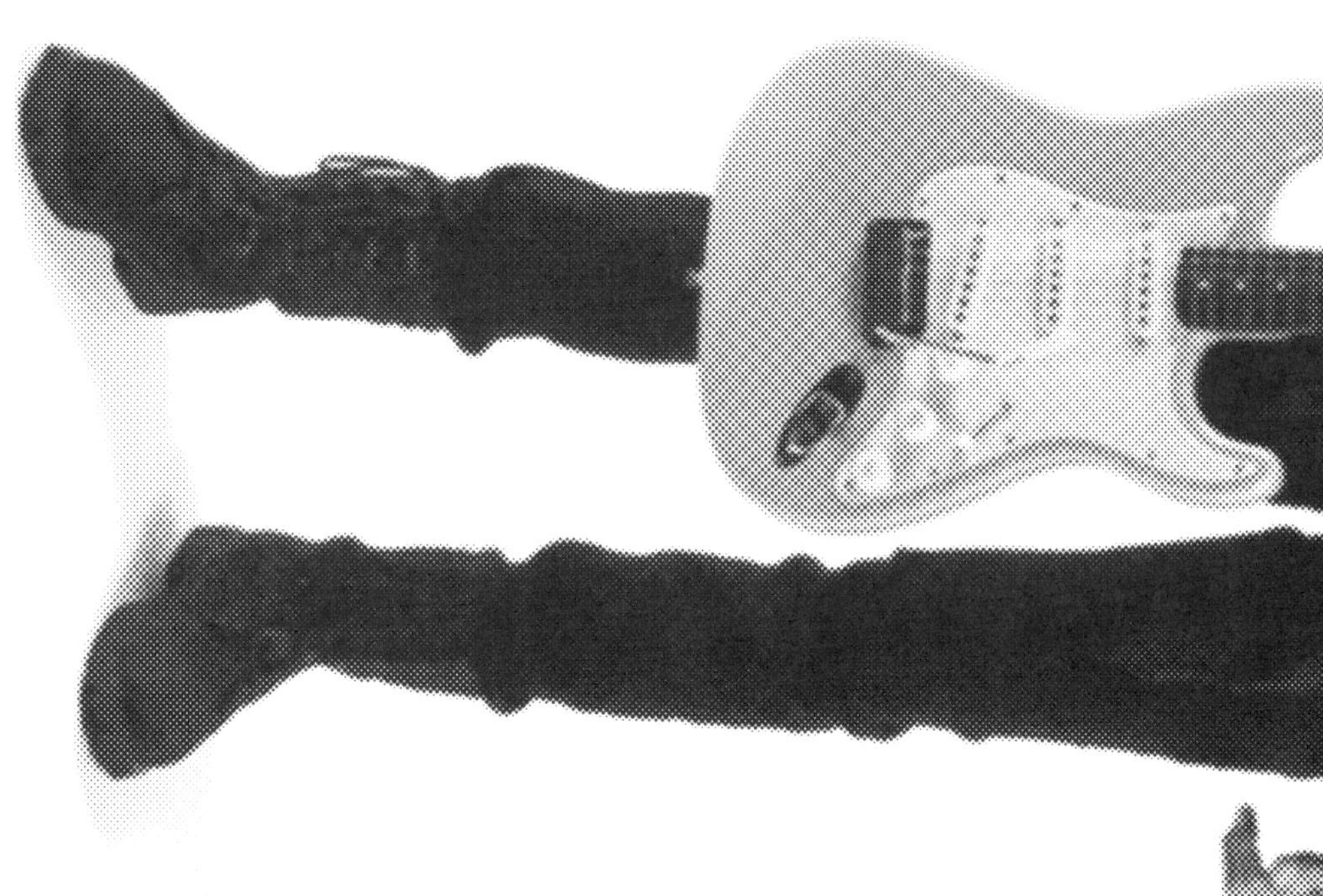

すけど、やっぱり年が行くごとにベックのあの濃いアクのある感じが魅力的に思えてきてどんどんハマっていった感じですね。

——どの時代のころですか？

いちばん最初は第二期ジェフ・ベックグループの時期です。あと衝撃を受けたのは『ワイアード』でしたね。「ゼア・アンド・バック」とかあのへんですごい入口になっていて。

——聴くだけでなく弾く側として聴くとまた違いますか？

当時はまだその凄さがわからなくて。あまり速弾きのギタリストでもないし。当時は速弾きがかっこいいみたいなのが子供心にあったので、そこがどうなのかなってまだまだ浅い知識で思っていたんですね。でもそうじゃないってだんだんわかってきて。

自分がプロになってこの年までずっとやり続けていろんな知識を得て、ジェフ・ベックの本当の凄さを今はひしひしと感じます。大天才ですね。どこをとってもすばらしい。

——プロになったのはどうしてですか？

僕は神戸の学校に行っていたんですけど、六つ上の先輩に大村憲司さんがいらっしゃって、神戸でもピカ一で魅力的な存在でした。まだロックとジャズが分かれていた時代に大村さんがジャズとロックを融合させたような音楽をやっていたんです。七〇年ころのことですから先駆的ですね。歪ませているのにメジャーセブンを弾いたりしていて、ええ！　と驚きましたね。それでいてブルージーでジャズのテイストを持ってらっしゃった。その大村さんが大好きで追いかけていたら、そのうち知り合いにならせてもらい弟子とか子分みたいな感じになっていました。大村さんが東京で活躍して、関西に帰って来るたびに電話がかかってきて、一緒に遊んで貰ってギターを弾いたりしていたんです。そこでものすごく刺激を受けました。やっぱり目の前でプロの方を見るわけで、ものすごくショックを受けて、これは練習せなあかんなと。高校に入ってちょっとしてくらいからプロが視野に入ってきて、絶対にプロになりたいと思っている矢先にそんな大村さんに出会ったので、どんどんのめり込みました。

——どんどんロックも進化した時期ですよね。

本当にそうです。レッド・ツェッペリンを見ましたよ。本当に衝撃的でした。その頃大村さんがクラプトンにすごく傾倒していて、僕もその影響でクラプトンは肌にあって、アルバム一枚完コピしたこともあります。

——何のアルバムですか。

デレク・アンド・ドミノスのライブ盤。あれは二枚組だったんですけど完コピしました。他にもいっぱいコピーしたんですけどね。ウェス・モンゴメリーとかジョージ・ベンソンとか。

——ジャズもコピーしていたんですね。

やっぱり大村さんがそういうジャズコードを弾いていたので、隔たりなく好きだと思うものをやりました。ケニー・バレルとかバーニー・ケッセルとかね、ジョン・マクラフリン、ピーター・グリーンとかクラプトンとかラリー・コリエルとかいろんな人をコピーしましたね。ジミー・ペイジはあまりコピーしなかったかな。そこからだんだんジェフ・ベックになっていくわけです。

——ジェフ・ベックはテクニック的にはどうですか。

信じられないです。余計な速弾きとかそういうことはしない。必要なところですごいことをやる。全部必然的な感じがあって、全部歌っていて、音色はいいしフレーズもいいし、ジャズのいいところを全部取り入れて、それが自然に出ているところがいっぱいあるし。本当に僕にとってはもう仕方なく、どうしようもなく好きという感じです。

——それからずっと聴いていらっしゃるんですよね。

『ブロウ・バイ・ブロウ』は最初、僕はあまり衝撃を受けなかったんです。どっちかというと『ゼン・アンド・バック』や『ワイアード』の衝撃のほうが大きかった。後で『ブロウ・バイ・ブロウ』を聴いてなるほどなと思ったんですけど。

――『ワイアード』の衝撃はどんなものでしたか？

ジャズとロックを融合させたような感じですね。曲がすごく肌に合ったんです。かっこいいって。

――来日公演は観ていますか？

けっこう観ています。この間も三日間観ました。

――最初にご覧になったのはいつですか？

ずいぶん昔で、武道館で観ましたね。すごいと思っていたけど、その時は本当に心揺さぶられる感じじゃなかったんだと思います。まだわからなかったんですね。

――最初に心揺さぶられたのは少し後ですか？

『フー・エルス』のアルバムを出して、十年ぶりくらいに来日した時に完全にやられたかな。前から凄さはひしひしとわかっていたんだけど、この時、けっこう前のほうで観て、そこで目の当たりにして、何この人！　って思ったんです。音の使い方とかフレージングとか全部すごいと思うんですけど、その人のスピリットに感動しました。フレーズもすごいですが、生き方みたいなもの、音楽の向き合い方、そういう深いところですごく同調しました。

――それはどういうことでしょうか。

ひとことで言うと、ちゃんと伝統を引き継いでいてなおかつオリジナリティ溢れ、新しいことをやっている。カントリーやブルースをちゃんと引き継いで、若いメンバーも参加して、新しいエネルギー、音楽性を取り入れ、すごく貪欲に進化している。その進化の具合が信じられない。自分なんか到底ついていけない。自分の音楽人生、ギター人生を振り返させられて、そのうえで方向を示してくれたかのようでした。だから僕もライブ前に演奏に迷ったり煮詰まっていたりしてるときは、ライブ会場に行く前に車の中でジェフ・ベックを聴いて、そうそうそう！　と思って、気合いを入れて景気をつけるんです（笑）。

――ギタリストのなかのギタリストという感じですね。

本当にそうです。マニアックなことをやってるのにすごくポップな演奏をしていて、万人に好かれる音をしているんですよね。七十三歳になってあれほど今ギター一本で、四人編成の真ん中で何千人もの前でバリバリに弾いている。そんなギタリストは他にいるでしょうか。サンタナでさえも人数いっぱいバンドに入れて、他のメンバーに任せていたりする場面もあって、今ちょっと休んでるなみたいなところを感じたことがあったんですね。だけどジェフ・ベックは最初から最後まで自分がスターで真ん中に立って、自分を弾かせている。あのエネルギーとパワーはどこから出てきてるのかな。本当に訊いてみたいです。一度お会いしてそういうところを訊いてみたいです。どんな生活をしてるのか、なんでそういうふうになれるのか、そういうプレッシャーは感じないのか。奏法じゃなくて、そういう生き方みたいのを訊いてみたいです。

——ギタリストとして奏法やテクニックとしてはいかがですか？

最初はピックを使って弾いていたんですけど、皆が全然気がつかないうちに指に変えていたんですよ。ピックで弾いていたことをまったく違和感なく指で弾いていたんですよね。オルタネートピッキングという十六音符で延々と弾くようなフレーズがあるんですが指ではなかなかできないですけど、それを平気に見えるんですけどやっちゃう。指であれだけの音を出せるというのが信じられないです。他のギタリストは見ていて想像がつく場合が多いんですね。あ～あいうふうに弾いているなと。僕も長くギターを弾いているのでわかります。けどベックだけは予想がつかない。最近はビデオやＤＶＤがいっぱい出てるから目の当たりに見て、ああやって弾いているかとわかることもあるんですけど、それでもやっぱり指であの音を弾いているのかと思うと信じられない音ですよ。

——これからもジェフ・ベックのように弾いていきたいですか？

僕らはプロですからあまり人の真似ばかりするのは良くないですし、あまりベックのトリビュートとかそういうことはやりたくない。でも音楽に対する姿勢とかスピリットとかそういうところを学びたい。音楽人生の姿勢をすごく学ばせてもらってます。今僕も六十二歳ですけど、今でもああいう自分が目指す人、アイドルがいるのはすごく心の支えになります。その人のフレーズを真似して完コピというのではなくて、自分をちゃんと正しい方向に導いてくれるのにすごく素晴らしいミュージシャンだと思っています。そういう存在なんです。

２０１７・９・15

（これかた・ひろくに　ギタリスト）

是方博邦Official Website
http://toy-music.net/korekata/

HISTORY OF JEFF'S GUITARS

ストラトキャスターを最も弾きこなしたギタリスト

佐藤晃彦 Jeff Sato

フェンダー・ストラトキャスターといえば、ジミ・ヘンドリックス、エリック・クラプトン、リッチー・ブラックモア等で人気となったギター、もちろんジェフ・ベックも彼等と並ぶ、ストラトキャスターを人気にさせたミスター・ストラトキャスターの一人だ。ストラトキャスターは元々フェンダー社から発売された数々のテレキャスターのモデルのひとつで、主にカントリーやブルースのギタリストが愛用していたギターであり、最初にロックン・ロールに持ち込んだのはバディー・ホリーである。あまり人気ギターではなかったがなぜ多くのフェンダー・ギターの中でも圧倒的な人気を得たのかというと、彼等のようなスーパー・ギタリストが使用したからであるが、その使用された要因には、枯れた渋いトーンから突き刺すような攻撃的なトーンまで、最も多彩な音色を生み出すことや弾き易さ、そして多くのトレモロ・アームの中でも音程の振れ幅が大きく、多彩なプレイ・スタイルを生み出したこと等が挙げられる。そしてまたルックスの良さはいうまでもない。

ジェフは世界のギタリストの中で最もストラトキャスターを弾きこなしたギタリストと呼ばれている。攻撃的でソリッドなサウンドから、あまりにも美しい透明感あるトーンまでカラフルに音色を操り、さらにフィンガー・ピッキングやトレモロ・アームを多用し、ヴォーカリストに勝るとも劣らないような表現力・ニュアンスを生み出す奏法を確立、彼のギタリストとしての進化は未だに留まるところを知らない。ここでは彼のこれまで使用した数多いギターの中から人気の機種の特徴、特殊な構造のポイントをご紹介しよう。あのサウンドの秘密の解明に役立てて欲しい。

ジェフ少年が初めてギターを手にしたのは60年以上前となる50年代の後半。ジー

ン・ヴィンセントやエディ・コクラン等の、ロカビリーやロックン・ロールに夢中になっていた頃である。友人から借りた弦が2本しかないアコースティック・ギター、そして最初の自分のギターは自身で作り上げた箱をイエローに塗ったギター、そしてピックアップは買うお金が無く楽器屋でちょっと無断で頂いてしまったものだったとか。しかしバンドを組むようになってからは、日本でもGS（グループ・サウンズ）時代によく使用されていたことでも知られる、バーンズ、グヤトーン、ヘフナー等を使用し、あの素晴らしいテクニックが基礎が磨かれていったのだ。

　デビュー後の愛用ギターは大きな流れとしてはまずフェンダー・テレキャスター、そしてギブソン・レスポール、そして運命のギター、ストラトキャスターに出会い、長い間彼の相棒としてファンを喜ばせ続けている。ここではジェフが使用した特に人気だったギターの特徴・特別な改造ポイントを挙げてみたい。

　尚、本人のギターのアップの写真は入手困難のため、筆者が所有するの販売されたモデルや改造モデルの写真を使用していますのでご了承下さい。

フェンダー・テレキャスター

　ヤードバーズでデビューする前にトライデンツとナイト・シフトというセミプロ・バンド時代（今でいえばインディーズ時代といったところ）、憧れのフェンダーのテレキャスターを使用することになる。当時、カントリー、ロカビリー、ロックン・ロールのギタリストが多く使用し、ギブソンやグレッチのセミ・アコースティック・ギター・タイプと並ぶ人気ギターで、エリック・クラプトンやジミー・ペイジもヤードバーズ時代に使用したギターである。市販されたエレクトリック・ギターの最初のソリッド・ギターで（当初はブロードキャスターと名付けられたが商標問題で変更）、ハイトーンが美しくカッティングに適しているのでリズム・ギターとして使用するギタリストが目立つが、歪ませたり大音量での使用では大変ソリッドな攻撃的なサウンドにもなる。ヤードバーズ時代、ジェフ・スティール・ベックと呼ばれたのはこのギターのソリッドなサウンドから生まれたものであろう。尚、ジェフのテレキャスターの多くを占めるのはストラトキャスターとは違うメイプル・ネックでブラック・ピックガード、少年時代に憧れたロカビリー・ギタリストのかっこよさをイメージしてのことだろう。若いときにブラック・ピックガードに憧れたとインタビューでも応えていたことがある。

エスクワイアー改造モデル

　ジェフがテレキャスターをメイン・ギターとして使用したのはヤードバーズ時代のみであるが、近年でも変則チューニングやスライド・ギター用等として、ワン・ステージで1～2曲だけ使用することが多い。デビュー時から現在まで何本も使用、その中でも象徴的なギターがある。1本は型はまったく同じであるが、フロント・ピックアップがないリアのピックアップだけのモデルで、エスクワイアーというモデルである。ボディのフロント部にはピックガードを取ると穴が空いており、ただコストダウンのためにピックアップを減らしただけのモデルであったともいわれている。しかしロック系のギタリストがテレキャスターを使用する際、高い確率でリアだけしか使用していないギタリストが多い。年代によってフロントのサウンドは違うが、一般的にパワーがなく、大変音の篭った低音しか出ない時期のものもあり、なくてもさほど問題はなかったともいえる。またリア・ピックアップだけにも係わらず、ピックアップのセレクターが付いているが、リア側でトーン回路カット／センターで通常／フロント側でトーン常時0の状態になるようになっており、逆にこちらの方が使い勝手が良いというギタリストも少なくない。ジェフのエクスワイアーはウォーカー・ブラザーズのジョン・ウォーカーから譲ってもらったもので、最初からボディーには弾く際に肘の当る部分には、ストラトキャスターの

エスクワイアー改造モデル◉写真は本人のものではなくセイモア・ダンカン所有のギターを参考に傷の細部まで再現しフェンダー社が製作された、トリビュート・モデル。

ようなカーブにボディーが削られているコンタード加工がなされ、裏側もボディーにフィットするように削られていた。サウンドは当然変わるだろうが、弾きやすくするために改造されたもので、ストラトキャスター等の他のフェンダー・ギターを参考にしたのであろう。尚このギターの本物は現在、ギター職人のセイモア・ダンカンが所有している。

テレギブ（Telegib）

BBAが解散した後の74年に、セイモア・ダンカンが所有していたギターがジェフのもとへ届けられた。そのギターはロニー・マックが所有していた大胆にもギブソン・フライングVから付けられたPAFのハンバッキング・ピックアップが取り付けられたテレキャスターである。ボディーは60年製でネックは62年頃の貼りメイプル（元々はローズウッド指版）で、ギブソンのピックアップが取り付けられたテレキャスターから通称テレギブと呼ばれている。ジェフはこのギターを即座に気に入り、前途したエスクワイアーと交換し70年代後半に大活躍。『ブロウ・バイ・ブロウ』収録曲の

テレギブ（Telegib）◉筆者が90年代から楽器店にオーダーしたり、コツコツと自身で改造したもの。本人に見せたらピックガードがもうちょっと茶色い以外はそっくりだと喜んでくれた（左ページはその時の写真）。

「哀しみの恋人達」で使用され、誰もが美しいサウンドにノックアウトされたのだが、発売当時はジャケットのレスポールで弾いていると思っていたファンも多かった。日本公演でも80年の来日等で度々お目見えしたが、ギブソンのパワーを備えながらもテレキャスターらしいトーンをもつ素晴らしい逸品で、ジェフはインタビューでこのギターだけは手放したくないと語っている。

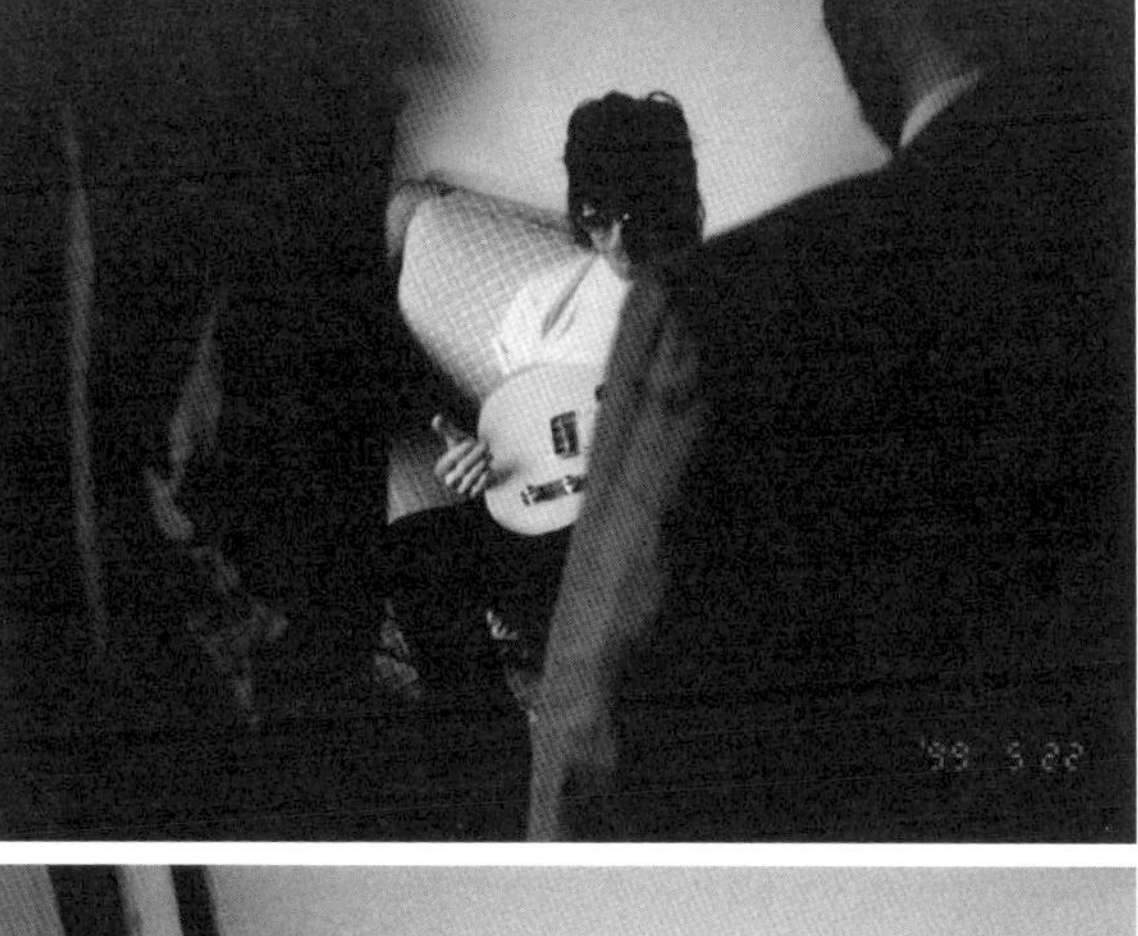

ギブソン・レスポール

諸説あるがジェフ・ベックがヤードバーズ加入後にエリック・クラプトンがブルースブレイカーズ時代にライヴに訪れ、ジェフに薦めたともいわれているギブソンのレスポール。敬愛するギタリストが考案し、ジェフ自身の名前を付けたギターであり、ジェフの憧れのギターのひとつであった。ギタリスト、レス・ポール本人のサウンドは大変美しいサウンドであり、当時はギブソン・ギター自体、ジャズやブルースのギタリストがメインで使用し、さらにやや高価だったこともあり、ロック・ギタリストにはあまり普及していなかった。しかしそれだけの理由ではないが、エリック等はフェンダーのシングル・コイルのピックアップに比べると、ギブソンのハンバッキング・ピックアップがパワフルであることから、アンプを大音量で鳴らした際に大変ファットでハードなサウンドであることを知り、ジェ

オックスブラッド◉ギブソン社が本人のモデルの傷の細部まで再現した、カスタム・モデル。ジェフの通し番号とサイン入り。

フもヤードバーズの終盤からメイン・ギターとして使用することになる。尚、ジェフのテレキャスターのうちの1本はその後レスポールを使ったことで素晴らしいサウンドを得たレッド・ツエッペリンのジミー・ペイジがサイケなペインティングをしたテレキャスターとして『レッド・ツェッペリンII』まで使用していたことは有名な話である。

オックスブラッド

第二期ジェフ・ベック・グループのツアー中の72年、それまで使用していたサンバーストのレスポールが盗難に遭い、73年に入手したのが初来日ベック・ボガート&アピスで使用した、通称「オックスブラッド」と呼ばれているのがジェフの一番有名なレスポールである。ジェフの昔からのファンなら必ず憧れたギター。写真ではブラックのように見えるが、本物は特殊な濃い紅色でオックス・ブラッド（牛の血）と呼ばれている。ブリッジがなくその位置にテールピースが取り付けられているが、元々は54年のゴールド・トップのものにハンバッキング・ピックアップ・PAFに変え、カラーを塗り替え、ペグをグローヴァーに交換したもので、オリジナルの要素はブリッジがないことぐらいで、情報があまりない当時、いつ頃のものなのか、カラーもライトによって変わりグリーンやダークブルー等の噂もあった。ジェフは公演中にネックを折ってしまったが修理され使用している。本人はまだ所有しているが、70年代以外にステージで使用したことはない。インタビューでは冗談で「もうeBay行きだな（笑）」なんて語っている。レス・ポール・トリビュート以降に使用されたのは復刻されたモデルである。

フェンダー・ストラトキャスター

ジェフがストラトキャスターを使用し始めたのが69年頃、最初のストラトキャスターはアルバム『ベック・オラ』のレコーディング前に最低2本入手している。1本は通称フランケン・ストラトとも呼ばれる、74年頃のデカ・ヘッドのネックと年代後期のボディーの塗装を剥がし、ピックガードの角の部分がカットされたもので、77年のヤン・ハマーとのツアーまではよく使用している。またアルバム『ワイアード』のジャケットで有名なストラトキャスターは、71〜72年頃のモデルで同じようなものを他にも持っていたようである。75年のワールド・ロック・フェスティヴァルの来日では62年製と思われるヴィンテージのギターを使用しているが、ジェフのその後の自身のシグネチャー・モデルは形状等、外見的にはこの辺の時期のモデルが基礎となっているようである。80年の来日では50年代前期の珍しくメイプル・ネックとサンバーストを使用、ハンブル・パイのスティーヴ・マリオットから貰ったギターである。

シェクター・アセンブリー

78年のスタンリー・クラークとの来日で、黒いピックガードのストラトキャスターが話題となった。シェクターのアセンブリー（ピックガード内のピックアップ、スイッチ、ヴォリュームが取り付けられたもの）を装備したギターで、ピックアップがパワーのあるシェクター製で、それぞれのピックアップの位相が逆にもセット出来るタイプのモノで、一般的に売り出された3つのスイッチがそれぞれのピックアップの位相が逆にも出来るスイッチであるが、ジェフのもの一番目がフロントとミドルのミックスのオン／オフ、二番目がフロントとミドルのピックアップ・セレクト、三番目がリアのオン／オフとなっている。このモデルはボディとネックもシェクター製のものや、当時国内でコピー・モデルも販売され、日本では特に人気が高かった。しかしこのスイッチの型はプレイ中に触って切り替わってしまうこともあるという少々弾きにくい部分もあり、ライヴではこのツアー以外で使用されることはなかった。

シェクター・アセンブリー◉フェンダー・カスタム・ショップのマスター・ビルドのアート・エスパーザが製作したギター。アセンブリーは本物の70年代末頃のシェクター製に交換。

ジェフ・ベック・シグネチャー・モデル

ジェフのストラトキャスターはスティーヴ・マリオットから貰ったストラトキャスター以外、基本的にはホワイト・カラーのボディーでローズウッド・ネックが定番のお気に入りである。しかし80年代中盤、アルバム『フラッシュ』リリース後の85年の来日公演（軽井沢）では、鮮やかなイエローのストラトキャスターを使用、このギターはフェンダーではあるがセイモア・ダンカンが手を加え組み立てたものである。おそらくこの頃からフェンダー社との密接な関係が始まり、ジェフ専用のモデルが開発され始めたと思われる。ジェフのストラトキャスターは基本的にホワイト系カラーのボディーにローズウッド・ネックであるが、この時期からイエロー、パープル等カラフルなカラーのストラトキャスターが次々登場する。特に90〜00年代にかけては美しいサーフ・グリーンが象徴的であった。その後はまたアイボリーやホワイトのものに戻って来ている。そのカラフルな時期からジェフ・ベックのシグネチャー・モデルと呼ばれる、現在も使用されている特別なモデルが製作された。80年代後半からプロト・

タイプが製作され、90年代に入るとすぐにフェンダー社からジェフ・ベック・モデルとして一般発売された。自身のレス・ポールのネックに近い形状を希望したため、90年代初期のモデルはネックが非常に太かったが、一般にはあまり評判が良くなく段々と細くなっていった。

主な特徴は時代により少しずつ変更されているが、フレット数が通常の21から22フレット（レスポールと同じ）、ロック式のペグとローラー・ナットを使用し、トレモロ・アームを激しく使用してもチューニングの狂いが抑えられるようになっている。トレモロ・アームは通常のものよりソフトなタッチで大胆に音程が上下出来ることから、アームで音程をとるという曲芸のような奏法が聴けるのはアルバム『ギター・ショップ』からだ。またハイ・ポジションが弾きやすいようにヒール・カットと呼ばれるボディーの一部が削られている。ピックアップは何度か変更されているが、レースセンサーやスーパー・ノイズレス・ピックアップ等、新開発品や特注品もあるが、基本的には従来のピックアップよりパワーがあってノイズの少ないもの、そしてもちろん美しいサウンドを生み出すものを選んでいる。

ジェフ・ベック・シグネチャー・モデル◉フェンダー・カスタム・ショップのマスター・ビルドのトッド・クラウスが製作したモデル（2003年）。トッドは長年に渡ってジェフ本人のギターを製作している。

ジェフ・ベックの起源へ

萩原健太

過去、何度か繰り返し披露したことがあるエピソードなので、ご存じの読者もいるかと思うが、また蒸し返させてもらう。ジェフ・ベックと聞いて、まずぼくが思い出すのはこの件なのだ。もう10年くらい前のこと、たまたま乗ったタクシーの運転手さんがぼくの顔を知っていて。あれこれ音楽談義を語りかけてきてくれた。最初のうちは英米ロック全般についての話だったのだが、やがて話題は細分化。運転手さんの個人的な音楽的趣味に分け入っていった。なんでも、この運転手さん、ジェフ・ベックの大ファンだそうで。道中、ベックに関するもろもろの思い入れを聞かせ続けてくれた。いわく、スタンリー・クラークとのコンビネーションが大好きで、歌ものよりもベックのギターが大暴れするインストもののほうがお気に入りで、でも、ヤードバーズ時代も捨てがたくて、などなど。

で、車が目的地に着いて、ぼくが降車しようとする際、最後に「健太さんはベックだと、どのアルバムが好きなんですか」と訊かれた。ぼくもあれこれ好きな盤はあるけれど、そんな中からとりあえずパッと思いついた1枚のタイトルを挙げた。「ビー・バップ・ア・ルーラ」のヒットで知られるロックンロールの偉大なオリジネイターのひとり、ジーン・ヴィンセント&ザ・ブルー・キャップスの初代リード・ギタリスト、クリフ・ギャラップへの愛情をベックが炸裂させた93年のアルバム『クレイジー・レッグス』だ、と。すると運転手さんは笑いながらではあったけれど、なかなか衝撃的なひと言を放ったのだった。

「ああ、あのアルバムはベック・ファンの間ではなかったことになってるんですよ」

冗談交じりのやりとりではあったけれど、もしかすると多くの日本のジェフ・ベック・ファンにとって案外これが本音なのかも、とも思った。確かに普通のジェフ・ベック作品とは毛色が違うアルバムではある。バックにヨーロッパで大人気のロカビリー・バンド、ザ・ビッグ・タウン・プレイボーイズを従えてジーン・ヴィンセントのレパートリーをまるごと、ギター・ソロまでフル・コピーして聞かせた1枚。想像を絶するほど多彩な奏法を軽々こなし、変拍子などものともしない強靭かつ柔軟なビート感をもって、奔放でスリリングなアドリブを瞬時に紡ぎあげるベックならではの〝ギターの求道者〟ぶりは、確かにまったく発揮されていない仕上がりかも。が、そんなベックの音楽的背景に何が横たわっているのかを、まっすぐ、力強く、いきいきと表明した実に興味深いアルバムなのになぁ。なかったことにされてるのか。寂しすぎる……。

ジェフ・ベックのルーツというと、とりあえずB・B・キングやマディ・ウォーターズなどブルース系の人たちあたりまでは誰もがたどってみたりもするものだが。『クレイジー・レッグス』で表明したクリフ・ギャラップのような、ベック自身とてつもなく大きな影響を受けたと語っているにもかかわらず、一見ブルース・ロックから遠そうなジャンルの音にまでは踏み込まない。自分の理解を超えた部分には目をつぶる、なかったことにする、そのほうが安心・安全、めんどくさくない、みたいな。

まあ、みなさんお忙しいだろうし。そこまで踏み込む時間はないと言われればそれまでなのだが。でも、なんだかすごくもったいないというか。全員が全員というわけではないだろうが、多くの人がジェフ・ベックの魅力の重要な1パートをぽっこり聞き逃しているような気がして、ちょっと悲しくなった。日本の音楽ファンももっとロックンロール史の縦軸を大切にすれば、より楽しく躍動的に音楽を味わうことができるのに、と。確かに余計なお世話ではあるが、残念に思いつつタクシー代の支払いすませたものだ。

ファンの方ならばご存じの通り、ジェフ・ベックの場合、ピアニストだった母親の影響もあって幼いころから幅広い音楽に接して育った。それだけにギターを手にするのも早く、上達もあっという間だったとか。そう。幅広かったのだ。いきなりブルースに向かったわけじゃなかった。まず子供のころ、アイドルとあがめたギタリストとしては前述のクリフ・ギャラップ。お姉さんがたまたま買ったジーン・ヴィンセントのレコードを、ジェフ少年は繰り返し繰り返し聞きまくって、その洗練されたロカビリー・サウンドの要であるギャラップのリード・ギターのとりこになったという。ギャラップは右手の親指と人差し指で大きめの三角形のフラット・ピックを握り、中指と薬指に金属製のフィンガー・ピックを装着してプレイしていたのだが、ピック弾きと指弾きとを組み合わせたこの奔放なピッキング・スタイルがジェフ少年に与えた影響は大きいはずだ。

他にもデビュー当時のエルヴィス・プレスリーのバックで骨太なプレイを聞かせたスコッティ・ムーアや、「スージーQ」のヒットで知られるデイル・ホーキンスや「ハロー・メリー・ルー」などでおなじみのリック・ネルソンのもとで強力なカントリー・ロック・ギターを弾いていたジェームス・バートンなどのギターもベックは大好きだったらしい。この二人もまたピック弾きと指弾きとを組み合わせた独自のスタイルを得意としていた。ベックが80年代以降、ピックをいっさい使わない指弾きに転向した背景には、こうした子供時代の記憶も大きかったのではないかとぼくは勝手に妄想している。妄想ついでに付け加えれば、クリフ・ギャラップは小指でグレッチ・ギター特有のヴィブラート・ユニットを操りながら演奏する。これもまた、ストラトキャスターのトレモロ・アームを多用するベック特有の奏法に少なからぬ影響を与えているはずだ。そうだ。そうに違いない。

それにしても、クリフ・ギャラップ。天下のジェフ・ベックが音色も、フレーズも、プレイ・スタイルもフル・コピーしたいと思うほど憧れたギタリストにもかかわらず、熱心なロカビリー・マニア以外、一般的な音楽ファンの間での知名度が低すぎる。不思議なのだが。それはたぶん彼のロカビリー・ギタリストとしての活動期間が異常に短かったせいだろう。ギャラップがバックアップしていたジーン・ヴィンセントは35年、ヴァージニア州ノーフォーク生まれ。53年、海軍時代にオートバイで衝突事故を起こして左足に重傷を負い、入院している間に歌に目覚めた。55年ごろから地元のカントリー・ラジオ局WCMSに出入りするようになり、番組に出演して歌ったり、デモ・テープを録ったり。そのデモ・テープがキャピトル・レコードの手に渡った。ちょうどRCAが新世代のスーパースター、エルヴィス・プレスリーで大当たりをとっていたこともあって、キャピトルはエルヴィスに対抗するシンガーとして即座にヴィンセントと契約。56年5月、ヴィンセントはバック・バンド、ブルー・キャップスとともにナッシュヴィルに向かいレコーディングを行なった。そのときのギタリストがヴィンセントと同郷、ノーウォークの出身のクリフォード・E・ギャラップ。WCMS局のDJの紹介でバンドに参加した男だった。

当初、キャピトルのチーフ・プロデューサーだったケン・ネルソンはブルー・キャップスの演奏力に疑問を抱いていたため、グラディ・マーティン、ハンク・ガーランド、バディ・ハーマン、ボブ・ムーアといったナッシュヴィルの腕ききセッション・ミュージシャン陣を用意していたようだが、セッション1曲目「レイス・ウィズ・ザ・デヴィル」でクリフ・ギャラップがギター低音弦によるイントロを弾き始めた瞬間、誰もが凍り付いた。セッション・ミュージシャンたちも驚愕し、今日の仕事はキャンセルだなと即座に納得。早々にスタジオを後にしたそうだ。

このレコーディング・セッションで録音された曲の中から、まずデビュー・シングルとして選ばれたのが、ジョン・レノンをはじめ多くのアーティストがカヴァーしている「ビー・バップ・ア・ルーラ」だ。これがいきなり全米トップ10ヒットを記録。ヴィンセントは映画『女はそれを我慢できない』にも出演して一躍全米的な人気ロックンローラーに。クリフ・ギャラップのきわどいギター・フレーズに絡む歪んだヴォーカル。そして、ブルー・デニムにブラック・レザー。不良っぽい陰を感じさせる表情。タフなイメージ。リーゼント。ヴィンセントは、当時のトップ・アイドル、エルヴィスとはまた別の意味でロックンロールの重要なイメージと音楽的基盤を作りあげた。「レイス・ウィズ・ザ・デヴィル」「ビー・バップ・ア・ルーラ」「ブルージーン・バップ」「ジャンプス、ギグルズ・アンド・シャウツ」「ジャンプ・バック、ハニー、ジャンプ・バック」「クルージン」「キャット・マン」「B・I・ビッキー」「ファイヴ・フィート・オヴ・ラヴィン」「ユー・ベター・ビリーヴ」など、56年のセッションで生まれたヴィンセントの（そして、もちろんギャラップのギターをフィーチャーした）楽曲たちはすべてロカビリーの至宝として今なお愛され続けている。

が、ギャラップは30年生まれ。56年の段階ですでに26歳だった。結婚もしていた。今ならば20代後半の新人ロック・アーティストも珍しくはないが、なにせ半世紀以上も前の話だ。当時、まだ新奇な若者音楽として風当たりも強かったロックンロール・シーンで、自分は激烈なツアーを続けられるだろうか。熟考の末、56年秋、ギャラップはブルー・キャップスを脱退。プロデューサーであるケン・ネルソンの熱心な誘いを受け、10月に行なわれた2度目のレコーディング・セッションにも外部ギタリストとして参加したものの、これがジーン・ヴィンセントとクリフ・ギャラップが組んだ最後だった。以降、ヴィンセントのサウンドは少しずつ鋭さを失っていった。後継ギタリストとしてブルー・キャップスに加入したジョニー・ミークスも素晴らしいプレイヤーではあったが、本国アメリカでは人気急落。「ロッタ・ラヴィン」が翌57年にトップ20に入った程度で、人気を持続させることはできなかった。ヴィンセントもむしろ、その後定住することになったイギリスで、のちに世界を制覇するブリティッシュ・ビート・バンドたちに与えた影響によって語り継がれるべき存在となっていく。もちろん、そんなチルドレンの中にわれらがジェフ・ベックも含まれていたわけだ。

「アルバム『クレイジー・レッグス』で、ぼくはジーン・ヴィンセントのオリジナル・ヴァージョンよりもいい仕事をしたとか、そんな嘘をつく気はない。実のところ、ぼくはこれをきっかけにみんながオリジナル・ヴァージョンに立ち返ってくれればいいなと思っている。このアルバムは、〝ロックとはどういうサウンドであるべきか〟についてぼくが抱いた最初の印象そのものなんだ。ぼくはこれまでインタビューの中で、いつもそのことについて語ってきた。なのに、誰もぼくの真意を理解してくれなかった。もし、ぼくが自分ならではのソロを何ひとつ聞かせていないという理由でこのアルバムに落胆するリスナーがいるとしたら、それは勘違いだ。ぼくはみんなに、クリフがどんなことをやっていたのか聞かせたかった。みんなで演奏しているとき、ぼくはクリフになりきりたいと思っていた。クリフのギター・ソロは最初から、中盤、そしてエンディングに至るまで実に美しい。どのソロもちょっとした奇跡さ」

93年、ジェフ・ベックは某音楽誌のインタビューに答えてそんな発言を残している。クリフ・ギャラップのギターを聞かずしてジェフ・ベックは語れない、と。そこまで言い切りたい気分だ。

他にも、ジェフ・ベックはよく様々な映画のサウンドトラック・アルバムに参加し、実に興味深い形で自らのルーツを表明したりしている。そのうちのひとつが92年の映画『ハネムーン・イン・ヴェガス』のサントラ盤。ここでベックは、エルヴィス・プレスリーの「ハウンド・ドッグ」をカヴァーしていた。エルヴィスが歌っていたパートはベックならではの歪んだ音色のワ

イルドなプレイで弾きこなして、オリジナル盤では前述したスコッティ・ムーアが弾いていた間奏のギター・ソロのパートはクリフ・ギャラップのとき同様、音色もフレーズも基本的には完コピ。歌のバックのギター・リフなどもほぼオリジナル盤のまま再現していた。最高だった。この人、ロックンロールが大好きなんだなという感触がいきいきと伝わってきて、興奮した。

85年の『ポーキーズ最後の反撃!』のサントラ盤では、スティール・ギターをフィーチャーしたインストゥルメンタル・デュオ、サント&ジョニーが59年に放った甘く切ない全米ナンバーワン・ヒット「スリープウォーク」をカヴァーしていた。これはけっしてオリジナル盤通りの完コピ演奏ではなかったが、楽曲全体の構成はそのまま。スライド・バーを効果的に使いながらスティール・ギターの風味を継承したロマンチックなプレイを聞かせていた。素晴らしかった。さらに、94年の『リトル・ビッグ・フィールド』のサントラ盤では、ご存じ、ザ・ベンチャーズが60年に放った全米2位のヒット・インスト「ウォーク・ドント・ラン」をビッグ・タウン・プレイボーイズとの共演でカヴァー。こちらもバック演奏のコード進行とか、少しテキトーな感じで、けっして完コピとは言い切れないものの、ジェフ・

ベックによるフレージングはけっこうベンチャーズのヴァージョンを聞き込んだ者ならではのものになっていて、心が躍った。アームの使い方など、かなりイケてる。個人的な話になるが、ぼくは、日本の自称〝硬派なロック・ファン〟とやらの中によくありがちな、ベンチャーズのことを軽く、甘く、バカにしながら見ているやつとは絶対にロックの話を語り合いたくないと思っている。ロックの人名辞典とかヒストリー・ブックとかでも、ベンチャーズをないがしろにしているものは絶対に信用しない。そんなぼくにとって、このジェフ・ベックによるベンチャーズ・カヴァーはばっちり説得力のあるものだった。ビック・タウン・プレイボーイズのほうはちょっと落第だったけど、ね。

ちなみに『リトル・ビッグ・タウン・フィールド』のサントラのためにベックは、やはりビッグ・タウン・プレイボーイズとともに「ワイルド・ウィークエンド」という曲も録音している。こちらはニューヨークのバンド、ザ・ロッキン・レベルズが63年に全米8位に送り込んだインスト・ヒットのカヴァー。渋い！ 最高の選曲ではあったが、こちらは未発表のままに終わっている。残念。

と、このあたりが子供時代のジェフ・ベックに影響を与えたと思われる重要なルーツということになるわけだが。実はもう一人、幼い彼の興味をもっと激しくかき立てた存在がいた。しかも、それはロックンロール誕生以前の時代に大活躍したギタリストだった。

その人の名はレス・ポール。まあ、この名前を聞いてまず思い出すのはギターそのものだろう。キース・リチャーズやジミー・ペイジら多くのギタリストが愛用するエレキ・ギターの最高峰モデル。若い世代の音楽ファンの大半がたぶんそうだろうと思うけれど。レス・ポール。これ、実はもともと人の名前だ。半世紀以上も前、ギターの名器ギブソン・レスポール・モデルを生み出した偉大な男の名前。と同時に、まだまだレコーディング技術も発達していなかった40年代にマルチ・トラック・レコーディングという画期的な方法論を開発した男でもある。20年代末、13歳で音楽界入りしてから80年以上、現役ギタリストとして活動を続け、自らのトリオで、あるいはビング・クロスビーやヘレン・フォレストら人気歌手のバックとして、さらにはかつて夫婦だったメアリー・フォードとのギター&ヴォーカル・デュオでそれこそ無数の全米ヒットを放ってきた。音楽家としても発明家としても殿堂入りを果たした偉大かつ多彩な才能だ。２００９年8月、残念ながら肺炎の合併症のため94歳で天寿を全うしたが、この人の偉業はけっして時代を経ても色褪せることはない。

そんなレス・ポールが51年、メアリー・フォードとのデュオで放った大ヒット曲「ハウ・ハイ・ザ・ムーン」をラジオで聞いたジェフ少年は、すっかりとりこになってしまったという。まだマルチ・トラック・レコーディング技術などない時代に、レス・ポール&メアリー・フォードはテープレコーダーを独自に改良し、ギターとヴォーカルを多重録音。テープ・スピードも調整したりしながら構築されたそのトリッキーな音世界に、若きジェフくんは大いに惹かれた。母親から「そんな音楽、クラシックと違って芸術的じゃないから聞いちゃダメ」と言われたことも、ベックの意欲を逆に燃え上がらせたらしい。

幼いころから学究肌だったのか、すぐさまレス・ポール&メアリー・フォードのレコードを入手し、分析するように何度も何度も聞き続けた。聞き込みすぎて音飛びするようになったら今度はレコード針を盤の終わりに置いて、手でターンテーブルを逆回転させながら一音ずつ反対からソロのフレーズを拾い上げコピーしていた、とベック自身も述懐している。わけがわからない。いかれてる。常人の考えることじゃない。

ともすれば破天荒な、常識をぶちこわしたようなギター・プレイを披露する男と思われがちなベックだが。実はそのテクニックの底辺には、そんなふうに音楽の長い歴史／伝統への敬愛がきっちり流れている。だからこそベックのギターは素晴らしい。その証拠のひとつがヤードバーズ時代の「ジェフズ・ブギー」だろう。ブルース・ロック・ギターのお手本のように言われるあのスピーディなインスト曲でベックが繰り出すフレーズは、ある意味、もろレス・ポールが得意としていたパターンばかりだったりする。

95年から他界直前まで、レスは毎週月曜日、ニューヨークのジャズ・クラブ「イリディウム」にレギュラー出演を続けていた。ぼくも99年と08年にそのライブを体験した。驚いた。そこで披露されていたのは老演奏家の枯れたプレイなどではなかった。往年のレコードに刻まれていた陽気で、優しく、ウィットに富んだ凄腕プレイそのもの。レス・ポールは何ひとつ変わることなく、大好きな店で大好きなギターをひょうひょうと奏で続けていた。泣けた。震えた。

きっとジェフ・ベックも同じ体験をしていたのだと思う。彼はレス・ポールが他界した翌年、聖地とも言うべき「イリディウム」に自ら出演。女性シンガー、イメルダ・メイをメアリー・フォード役に抜擢しつつ、2日にわたってレス・ポールへのトリビュート・コンサートを行なった。この2日間ばかりは近年の愛器ストラトキャスターではなく、久々にレスポール・ギターを抱えて、ベックは「ハウ・ハイ・ザ・ムーン」「シッティン・オン・トップ・オブ・ザ・ワールド」「バイ・バイ・ブルース」「世界は日の出を待っている」「ヴァイア・コン・ディオス」「モッキン・バード・ヒル」「アイム・ア・フール・トゥ・ケア」「タイガー・ラグ」などレス・ポール&メアリー・フォードの代表曲群はもちろん、「ベイビー・レッツ・プレイ・ハウス」「マイ・ベイビー・レフト・ミー」など初期エルヴィス・プレスリーのレパートリーや、ベンチャーズの英国におけるライバル・バンドとも言うべきシャドウズの当たり曲「アパッチ」や、ヤードバーズ時代にも取り上げていたジョニー・バーネットのロカビリー・ナンバー「トレイン・ケプト・ア・ローリン」、そして前出ジーン・ヴィンセントの「クルージン」やサント&ジョニーの「スリープウォーク」など、自らのルーツ的楽曲をこれでもかと披露。その模様は『ジェフ・ベック・ライヴ・アット・イリディウム〜レス・ポール・トリビュート』なるCDあるいはDVDとしてもリリースされたので追体験なさった方も多いと思う。

あの夜のジェフ・ベックは本当に楽しそうだった。子供に戻ったかのような笑顔が印象的だった。そういう意味では、これぞジェフ・ベック。こうしたギター・スタイルの上にこそ彼ならではの爆発的なプレイが花開いたわけだ。作り上げるにせよ、壊すにせよ、まずは基礎を身体にたたき込んでいなければどうにもならないってこと。これが基本だ。ベックに学ぶべきことは本当に多い。

最後にひとつだけ、ベック絡みでとてつもなく残念だったことをおまけとして書き連ねておこう。それはビーチ・ボーイズの中心メンバーとしてもおなじみ、ブライアン・ウィルソンとの共演アルバムが結局完成せずじまいでお蔵入りしてしまったことだ。あれは、２０１３年の夏少し前。ブライアンが新作ソロ・アルバムのレコーディングにとりかかったというニュースが彼のウェブサイトに掲載された。その段階では、ブライアンはなんとジェフ・ベックとタッグを組み、ドン・ウォズを共同プロデューサーに迎えてアルバム作りをする予定だと発表されていた。思いきり期待した。楽しみでならなかった。というのも、かつて05年、ミュージックケア・アワードを受賞したブライアン・ウィルソンへのトリビュート・コンサートにジェフ・ベックがゲスト出演したとき、彼はビーチ・ボーイズの「サーフズ・アップ」という曲を演奏した。これはすごかったのだ。ブライアン・ウィルソンの才能のピークを記録した大傑作としてレナード・バーンスタインにも絶賛された名曲なのだが。緻密に構築されたバック演奏や豊潤なコーラス・ハーモニーを完璧にライヴで再現する現在のブライアンのバック・バンドを従え、リード・ヴォーカルのパートをベックはすべてギター1本で弾きこなしていた。何がすごいって、歌詞が聞こえてきたのだ。まじに。ギターが歌うっていうのはこのことだな、と。打ちのめされたものだ。

そんなふうにライヴでだけ実現していた夢の共演が、今度は1枚のスタジオ・アルバムへと結実するかもしれないのだ。期待するなと言うほうが無理だ。ぼくも大いに盛り上がっていたのだけれど。しかし、結果的にジェフ・ベックとのセッションはお蔵入りしてしまった。実際に数曲のレコーディングは進行していたらしい。その中から、おなじみ「ダニー・ボーイ」のウィルソン&ベック・ヴァージョンが米NBCネットワークの人気番組『トゥナイト・ショー・ウィズ・ジミー・ファロン』で生披露されたこともあった。13年秋にはジョイント・ツアーもあった。その少し前、ブライアンのコンサートをロンドンまで見に行ったとき、終演後の客席で怪しげな男を見つけた。上半身裸に黒いベストをまとった男性客。なんだよ、ジェフ・ベックみたいなやつがいるな、と思ったら、これがジェフ・ベック本人だったっけ。笑った。

にもかかわらず、両者の共演音源はまったく世に出ないままお蔵入りしてしまった。本当に残念でならない。ベックに自身が語ったところによると、好きなようにプレイしてくれていいと言われてはいたものの、ブライアンが作ったコード進行のもとでギターを弾くと、どうしても米西海岸的なプレイになってしまい、自分らしさが出せなかったらしい。やはり両者の個性はミスマッチだったということか。ただただ残念無念です。

（はぎわら・けんた　音楽評論家）

音色戦慄と変調の平面

ジェフ・ベックあるいは〈来るべきギタリスト〉のために

江川隆男

手は、いかにして眼から自律することができるか。つまり、手の働きは、実際に眼の判断からいかにして逃れることができるか。言い方を変えると、眼の支配を免れたなら、手はいったい何をどのように動かし、また描き出すのか。絵画の歴史のなかに、あるいはとくに二〇世紀の芸術活動のうちに、こうした問いによって表現されうるような葛藤や問題が存在していたのは、たしかであろう——例えば、シュールレアリスムの自動筆記、アクション・ペインティング、等々。要するに、これらは、眼が見たものあるいは頭のなかでイメージしたものを単に正確に再現するような手ではなく、言い換えると、人間身体における眼の判断と手の運動といった古典的な役割分担ではなく、まさに人間の手は意識や意志の作用の外部ではそもそも何を筆記し描き出すのか、あるいはむしろ人間の手そのものに内在する判断や総合の諸力——演劇（この場合は、手というよりもむしろ人間身体そのものであるが）も含めた諸芸術において——は存在しないのかという問いである。

ギターを演奏するその右手と左手は、役割分担こそ異なっているが、しかしともに上に述べたような意味での、ロックギターに関する一般的な運用の支配——例えば、紋切り型のリフやコード進行、手癖に溢れたフレーズ群、等々——から完全に解放されているように見える。しかし、この両手をもつ者以外の者が奏でるギターは、これとは反対におよそロック的な共通感覚のうちに捉われ拘束された運動しかほぼ実現しないであろう。前者のギターはたしかに自由活動であるが、後者のギターはあたかも奴隷のようである。この対比は、実はロックにおいてもっとも本質的な差異に基づいている。ぜひ以下の点に注意されたい――前者のギターはたしかに〈楽器‐武器〉として存在し、それゆえ投射的で価値転換的であるが、後者のギター演奏は単なる〈楽器‐道具〉の使用しか示せず、それゆえ内向的で価値前提的である。ジェフ・ベックのギター演奏は、それ自体がまさにこの後者から前者へとつねに生成変化し続けようとする変調（モデュレーション）の渦巻群のようである。ベックについてのこうした事柄をもっとも効果的に言い表した有名な言葉がある。その真偽は定かではないが、それは次のようなものである――「ロック・ギタリストは二種類しかいない。ジェフ・ベックとジェフ・ベック以外だ」（ポール・ロジャーズ）。

さて、上述した〈眼／手〉における緊張関係と同様の問題意識は、実はロック・ミュージックにおいても本質的な意味で存立している。それ以上に、とりわけロック・ギタリストにおけるこの眼に対する手の反乱・革命という問題意識は、実はその演奏のすべてにおいて不可欠な創造的要素である。音楽は、本質的にはつねに感覚上の問題提起そのものであり、この限りであらゆる音楽的要素が武器への生成変化でありうる――その契機や機会を逃さずに、強度の回路を形成すること。しかし、残念ながら現代の多くの音楽領域に存在するのは、こうした問題提起どころか、その多くが社会と添い寝したような、単なる質問の答えあるいは応答のようなものだけになっていないだろうか。

ここで問題化したいのは、〈眼／手〉の関係だけでなく、同時に音楽的にはより根本的な〈耳／指〉の別の関係をも含んだ二重性である――要するに、〈眼‐耳〉と〈手‐指〉との間にまったく新たな関係をもたらすこと。これは、単に楽曲や演奏の問題ではなく、ギタリストの感覚あるいは身体による問題提起である。ジェフ・ベックのギター・プレイには、つねにこうした関係への本質的な問題が含まれている。それゆえベックのすべての音楽は、投射としての印象を聴く者たちに必然的に与えることになる。われわれは、ベックのうちに現代のパガニーニやリストのような音楽的存在を感じる。ベックのギター・プレイには、例えば、エリック・クラプトンのような深刻な内向的側面などまったくなく、またジミー・ペイジのような〈バンド‐内‐存在〉の奇妙な不自由さもなく、こうした意味でまさにギターはベックにとって単なる〈楽器‐道具〉ではないと言える。道具としてギターを上手に弾く人間、つまりその道具の使用法に長けた人間は、たしかに星の数ほどいる（ジャズも、実は同様

(Photo by Ian Dickson/Redferns)

にこうした一つの楽器の道具化に寄与しているとしか言えないものが多い）。ところが、ロックにおいてギターを一つの完全な〈楽器＝武器〉として投射的に使用した者は、いったいどれほどいるのか。それは、何よりもジミ・ヘンドリックスであり、彼が投げた矢を別の方向に投射した者、それがベックである。ロックにおいてギターを弾くという行為は、上手に道具を用いて奏でることではなく、その演奏によって音のあるいは音楽の観念そのものを変形することだったはずである（過去形でしかもはや表現できないのが悲しいが、リフもアドリブも実は音楽上のこうした意味での問題提起の多様な行為だったはずである）。これらは、まさにジミ・ヘンドリックスのギター・プレイからわれわれが感じ取っていたもっとも強度的なものである。

＊＊＊＊＊＊＊＊＊＊＊＊

ベックがギターによってもたらしたロックにおける革命的な表現と内容の諸形式は、例えば、たしかにキース・エマーソンが鍵盤楽器によって達成した当初の表現手段ときわめて類比的に理解されうるだろう。しかし、ベックは、明らかにエマーソン以上のことを成し遂げた。ベックは、単に多様な領域へとギターの可能性を拡大し展開したのではない。同様に、例えば、多くのロック・ギタリストの足元に広がる巨大化したエフェクター群は、単に可能性の肥大化をともなったまったくの愚鈍さの象徴でしかない。ベックの足元にはわずかな回路しかない。むしろそれらを――プラスティックの破片（ピック）でさえも――無駄のものとして削ぎ落とすことで、エレクトリック・ギターでしか表現されることのできない最小の、それゆえにもっとも強度に溢れた音群を実現したのだ。それは、道具装置の展開とそれへの嗜好とはまったく異なる或る武器の投射を実現するものである。ジェフ・ベックのギター・プレイにはリフとアドリブの明確な区別など存在しない。その演奏様式は、ストーリー性のまったくない断片的なフレーズ群とそのすべてを包摂する変調の平面を描き出すことにある。言い換えると、ベックのギター表現は、その曲をけっして表象させないということである。

さて、『ブロウ・バイ・ブロウ』（1975年）と『ワイヤード』（1976年）の成功とその偉人さは言うまでもないが、そこからさらにそれ以上の音楽領域を切り開くには、たとえベックといえども、八〇年代の『ゼア・アンド・バック』（1980年）からおよそ二〇年後の『ジェフ』（2003年）にまで続くスタジオ・アルバムの長い時を要したと言うべきだろう。この間の7枚のアルバムに捧げられた言葉は、およそ「快作」「傑作」「話題作」「野心作」「意欲作」といった程度の、ほとんど内容のないものだった。しかし、それらの言葉は、或る意味で当たっていた。1995年のインタヴューで、ベックは次のように述べている――「或る意味でジョン・マクラフリンは、遥か先を行っていると思う。僕は、自分がそれをさらに押し広げ、理解されるものにできるのかどうかわからない」。しかしその後、ベックは、たしかにそれを押し広げ、理解可能なものにまで仕上げたのだ。解き放たれたのは、別の水準で存立する或る一貫性である。『ライブ・ベック!』（2003年）、『ライブ・ベック'06』（2006年）、『ライブ・ベック3』（2008年）という一連のライブ・アルバムによって解き放たれ、そこで表現されたものは、音色の圧倒的な変形と、それらを覆って渦を巻くような変調の平面とであり、まさにそれらに内在するキダー・プレイそのものである。すべては音色の過剰な切片へと生成変化し、またそれらの切片はすべて一つの変調の平面のうちに存立する。そこでは、この音色の切片は言わばリズムそのものを形成し、変調の平面はこうした音色のリズム群が接合する渦巻き状のものとなる。

初期の、短期間での解散を繰り返したグループ活動においても、またそれ以後の、単独でのすべての音楽活動においても、ベックはつねに同じことを追及していたように思われる。それは、ロックにつねに現前するロック的な共通感覚への嫌悪感に端を発した、つまりコード化されスケール化された物語展開的な演奏への抵抗に基づいた、そうした意味での反‐楽曲、反‐アドリブ、脱‐インプロヴィゼーションのなかでの音楽の形成である。それを可能にしたのは、一つは音色変様への強い意識である。二〇世紀の現代音楽の作曲家であるアルノルト・シェーンベルクは、『和声学』（1911年）という著作のなかで「音色旋律」という概念を提起した。旋律は一般的には音の高低さの組み合わせからなると考えられるが、しかし、この音色旋律は音色の変化そのものによってもそれと同様の効果を生み出すことができるというものである。ベックのギターにはまさにそのように言うべき、他のギタリストにはほとんど見出せないような、音色旋律への特異な意識がある。それが、ベックのギター奏法を創造し決定しているのである。したがってそれは、まさに〈音色戦慄〉と呼ばれるのに相応しいものであろう。しかもそれは、まったく断片化して、相互に結びつく理由などまったくないにもかかわらず、相互に接続して、或る効果を産出すべく作動する。そして、そうした音色変様の音群には、絶えず情動がともなっている。

では、コード化とスケール化の支配から逃走する音群――解放された音色変様のフレーズの流体――は、いかなる手から生み出されるのか。この問いは、ロックギターに関して言えば、ほぼ左手――フレット上の指の運動――だけの問題だった。誰が弦を弾くべくピックをもった右手に違和感を覚えて、それを反対に創造的に表現しようとしたのか。つまり、ジェフ・ベックは、ロックのなかにはじめて右手の指によるニュアンスをセンセーショナルにもち込んだ最初のギタリストである。それによってストラトキャスターのトレモロアームにつねに手がかかった状態での演奏は、まさに変調の平面を形成する動詞の様態そのものとなる。ロックギターのうちで新たな動詞を生み出しつつ演奏する者、それがベックである。この限りでジミ・ヘンドリックスを新たに反復するのは、ジェフ・ベック以外にはいない――歪みではなく変調へ、また音色切片のすべてを変調のもとで投射すること。

ところで、ベックの〈手‐指〉は、実は右手も左手も誰のものとも似ていない。そう、昔から私は、たしかにそう思っていた。当時、一、二冊しかなかったロックの音楽雑誌にたまに掲載される演奏時のベックの写真を見ながら（その多くは、レスポールのオックスブラッドであり、それを弾くベックの両手とその指であったが）、たしかにいつもそんな感じをもっていたように思う。ベックの〈手‐指〉の特徴、それはまさに武器に向かう身体の強度的部分だったのだ。音楽を解放しないギタリストの眼と手は当然その足元にエフェクターが増大することになり、またその〈眼‐手〉あるいは〈耳‐指〉は、それだけ貧弱で愚鈍な音楽を協働して奏でることになるだろう。音の観念を変形して、その感覚に変調もたらすこと、これらはすべてロックに帰属する動詞である。ロックとは何か。それは、ヴォーカリストの声も含めて、あらゆる楽器を道具から武器へと変形することであり、それらの総体（アンサンブル）にある――ジェフ・ベックは、この限りでつねに〈来るべきギタリスト〉である。

（えがわ・たかお　哲学）

ジェフ・ベックは誰の影響を受けたのか

その進化の秘密

大鷹俊一

ギターという楽器の奏法、音色、使われ方などが時代によって大きく変化してもまったくブレることなく、ユニークな立ち位置を貫き通し、今も進化し続けているのがジェフ・ベックというギタリストだ。

長年、多くの人からリスペクトを受け、魔術師的なテクニックへの賞賛が衰えることはないし、若々しい姿でのプレイをライヴで見ていると彼が過ごしてきたはずの長い年月の流れを忘れ、素直な感動が溢れてくる。変人、バンド破壊の常習、2枚と同じメンツでアルバムを作れないといった伝説も多いが、そんなことは歯牙にもかけず、生真面目な職人が作品を生み出すようにギターと向かい合う姿を見ていると、改めてとてつもなく得がたい人なのだとの実感が湧いてくる。

そんなジェフ・ベックというギタリストを築きあげるのに貢献した先人はいったいどんな人たちなのか、そしてそうした人たちとの比較を意識したときに何が彼を際だったものにしてきたのか秘密が見えてくるのかもしれないし、この人の魅力のなかなかとらえきれない部分も浮かび上がってくるはずだ。少し探ってみよう。

この人ほど多面性を持った人はそうはいない。音楽性ということで言えばどんな方向にも行けたはずで、実際、そのときどきで普通のミュージシャン、プレイヤーでは考えられない振り幅で挑む音やスタイルを変えてきている。ハード＆ヘヴィのストレートなサウンドから超テクニカルなスタイルやスウィートな部分をフィーチャーしたナンバーまで、何の違和感もなくこの人の中には混在している。

最初に登場したヤードバーズ時代は彼も若く、むき出しのエモーションをギターで表したこともあったが、ロックはもちろんジャズ、フュージョン系のさまざまなプレイヤーたちとの共演を重ねるにつれ、円熟味溢れるギターを聴かせるようになってきた。

50年以上に及ぶキャリアだが、延々と一つのスタイルを追求するわけではなく、その瞬間瞬間、自分の感性の赴くままにやってきた結果が残されてきている。売れたいとかヒットチャート的なものを意識したり、シーンの注目を集めるような大型プロジェクトへの参加やコラボといったこともなかった。音楽以外にあまり自己主張のないこの人にとってはそうして自然体で挑むのがもっともストレスのないやり方であったろうし、良い答えに導かれていった気がする。

そのおかげで迷惑を被った人ももちろん沢山いただろう。ヤードバーズを突然脱退したのはツアー中のことであったし、ベック・ボガート&アピスはセカンド・アルバムの準備を粛々と進めているところでの解散だった。細かいエピソードを拾っていったらキリがないが、いかにもこの人らしいなと思ったのは、ロッド・スチュワートのデビュー記念ライヴがロイヤル・アルバート・ホールで行われたとき、さまざまな企画パートの一つとしてロン・ウッドもベースに加わり第一期ジェフ・ベック・グループの再現が計画されリハーサルも進めたものの直前になってジェフがキャンセルし、みんな怒ると同時にジェフなら仕方がないと納得してしまう事件があった。コトの原因や真相はわからないが、ある意味、ここまで気持ちに忠実に行動できる人は珍しいし、彼のミュージシャン人生で一貫して流れるのはこの姿勢と言える。だからこそ無二のプレイを追求することも出来たわけだ。

そんなジェフのプレイをユニークなものとするのに本質的な部分で深い影を落とすギタリストが二人いる。むろん多くのロック・ギタリスト同様、ブルーズ・プレイヤーやロカビリー、カントリー系の名ギタリストたちから多大な影響を受けてはいるが、それとは別な角度で独自の世界を作るのに貢献したギタリストが二人。まずその一人が音楽界のエジソンとも言われるギター奏者にして、さまざまな音楽関係の発明をしたレス・ポールだ。

ジェフ自身しばしばリスペクトを口にし、2005年には90歳を祝い後輩たちが集まりレス・ポール&フレンズ名義で作ったアルバム『レス・ポール・トリビュート（American Made World Played）』に参加したり、10年6月には前年に亡くなったレス・ポールを偲んでニューヨークのイリディウム・ジャズ・クラブでスペシャル・ライヴを行い、敬慕の気持ちを表している（『ライヴ・アット・イリディウム〜レスポール・トリビュート・ライヴ』としてリリースされている）。

レス・ポール

今はジェフ・ベックの使用ギターはストラトキャスターのイメージが強いが、ヤードバーズ時代にはチェリーサンバーストのレスポール・ギターも手にしており、一時期代名詞となったのが、1954年製ゴールドトップのレスポールを改造したオックスブラッド・レスポールと言われるもので、〝Oxblood〟、雄牛の血の色をイメージさせる赤褐色がかった濃紺の仕上がりのギターは、当時の彼ならではの力強く切れ味の良いドライヴ感溢れるサウンドを生み出すのに大いに貢献した。

そんなギターの創作者でもあるレス・ポールから受けた影響はただ単にテクニックや楽器だけではもちろんない。1915年ウィスコンシン州に生まれたレス・ポールだが、彼のルーツはプロイセン系（現ポーランド、リトアニア）ユダヤ人で、早くから音楽に親しみ13歳の頃にはすでにカントリー・ミュージックのギタリストとしてセミプロ的な活動をしていた。

高校を卒業しプロとして生計を立てるようになった20代半ばの41年、彼は一つのアイデアを具体化する。ボディをサウンドホールにした角材にネックとなる部分を付けた、今日のソリッド・エレキギターの原型となるもので、セミアコースティック・ギターにピックアップを付けたのが主流の時代だけに最初は受け入れられなかったが52年にギブソン社からソリッドギター・レスポールが発売され弾き手を増やしていった。その他レコーディングへのこだわりから自らの手でカッティングマシーンを作ったり多重録音やマルチトラック・レコーディングを開発し、52年にはその技術を使った8トラック・マシーンがアンペックス社から発売になっていたりとレス・ポールの発明は今日の音楽に大いに貢献している。

日本でも公開された映画『レス・ポールの伝説（Les Paul: Chasing Sound)』では、歴史的な自作のソリッド・エレキギターや初めての8トラック・マシーンが見せられ、そのアイデアに至った秘密などが語られたが、そこでジェフ・ベックも珍しくインタヴュー出演し〝彼のレコードを傷だらけになるまで聴き続け、さらに逆回転でも聞いて研究した〟と語っている。アーティストとしても妻のメリー・フォードとデュオで出した「ハウ・ハイ・ザ・ムーン」は全米1位の大ヒットとなり、その後長く続くテレビ番組のホストを務めるなど、まさにアメリカン・ミュージックの一つの時代を作った人でもある。

ジェフ自身が言うようにレス・ポールのモダンで軽快な奏法から影響は受けたわけだが、もう一つ大きく受け継いだのは常に新しいアイデアを見つけようという姿勢だろう。レス・ポールは録音でも変化を付けて何とか新しい音を作ろうとしてディレイ効果などを生んでいったわけだが、そうした実験精神や挑戦心はジェフの歩みを振り返ると至る所でぶち当たる。その典型が第一期ジェフ・ベック・グループだ。ヤードバーズを抜けロッド・スチュワート、ロン・ウッドらと作ったこのグループこそソリッドでハードなギター・サウンドをベースに、それに拮抗するヴォーカルとのせめぎ合いで展開するという〈ハード・ロック〉確立への礎となった一つであり、よく言われるようにレッド・ツェッペリン誕生への大きな刺激となったことは間違いない。

しかしそこに計算はなく、ただ自分の本能の奥に眠る冒険心や追求心の延長に過ぎなく、またそこに固執しないのがジェフ・ベックという人で、代表作『ブロウ・バイ・ブロウ』にしても、それまでの彼を追ってきたファンでさえ驚かされたクロスオーバー、フュージョン的なアプローチだったわけだが、本人にしてみれば何とか違ったスタイルを追求したいとの気持ちの結果なのである。こうした経験を積み重ねていくうちに、独創性や新しい境地の開拓という部分で、より深いシンパシーをレス・ポールに抱いたのかもしれない。

そんな二人の間にもう一つ、面白い共通点がある。それはレス・ポールは33歳の時に右腕切断かとも言われるほどの交通事故にあい、ジェフはご存じのように25歳の69年、ロッド・スチュワートのヴォーカルにティム・ボガート、カーマイン・アピスという最強リズム・コンビを加えたニュー・バンドを計画していた頃、運転中に交通事故を起こし全身打撲、3カ月の入院、背中を痛めて彼もまたもうギターは弾けないのではなんていう話もあったほどのケガを負う（その影響もあるのだろう、後年、腰の手術をしてもいる）。

その後、肉体面に加えマネージメントの問題もあってほぼ2年間、休業状態となる。傷が癒えてからもギターは弾き方さえ忘れているような状態からリハビリしていったわけだが、思ったようなプレイが出来ないことに非常に苛立ち、困惑したという。

生まれ育った場所も違えば、環境もまったく違っていたレス・ポールとジェフという二人の天才ギタリストが同じように交通事故にあうというのはすごい偶然だが、ギターの名手、天才にとってその空白期間はさまざまなことを考える時間を与えてくれただろうし、実際、ジェフは客観的に自分を見る時間が出来て良かったとさえ言っている。加えて復帰するための努力や、当たり前にギターを弾いて表現出来ることのありがたみはその後の活動や音作りに大きな影響を与えているはずだ。

とくに近年の極めて穏やかなフレーズやタッチには晩年のレス・ポールに通じるトーンを感じる。どんな技法もこなし飲み込んできたことを背景とした膨らみが音の円やかさとなり、エッジの効いたナンバーやソロも逆に際立って聞こえる。最初に触れたさまざまな形でのレス・ポール・トリビュートへの関わり方を見ていると、改めてジェフ・ベック本人もそこらを意識しているのかもしれない。

そんなレス・ポールが影響されたというギタリストがジャンゴ・ラインハルトで、この人こそもう一人、ジェフに大きな影を落とす重要なギタリストだ。ジェフ自身、しばしばジャンゴはかなわない存在と挙げたりジョン・マクラフリンと共演しオマージュ・ナンバー「ジャンゴ」を残したりしている。またロック・サイドから付け加えておけばオールマン・ブラザーズ・バンド時代のディッキー・ベッツが書いた人気曲「ジェシカ」はジャンゴのプレイにインスパイアされたものだ。

ジャンゴ・ラインハルト

ジャンゴという人は出自であるロマ（ジプシー）の音楽とスウィング・ジャズをミックスした〝ジプシー・スウィング〟の創始者と言われたりもするが、独特のスウィング感をベースにしたシャープなギター・プレイは、今聴いても魅力的だ（古い録音が多く、そのせいもあり世界的に軽視される傾向にあるのは残念）。

ジャンゴは10年ベルギーでロマの芸人一座の両親のもとで生まれているが、そうした環境だから当然のように早くから音楽に親しみバンジョー、ヴァイオリン、ギターなどを弾くようになり、10代をパリ近郊で過ごし早くからジャズ・クラブなどでも演奏するようになる。

レス・ポールの血筋もプロイセン系のユダヤ人ということで東欧やバルカン半島にルーツがあると言われるクレズマー・ミュージックのようなロマの伝統に通じる音楽性を持っていたことは明らかで、そうした面からもジャンゴの音楽性に共感を寄せやすくもあったのだろう。そしてこんな二人の根っこにあるブルーズやブラック・ミュージック、ロカビリー、カントリーなどとは異質な音楽要素が、ジェフをも刺激したに違いない。

10代からパリのダンスホール周辺を舞台に音楽キャリアを歩み出したジャンゴだったが、18歳のときに住んでいたキャラバ

ンが火事となり右半身に大やけどを負ってしまう。右足はすぐに切断をすすめられるほどだったというが、それを拒否、また左手も薬指と小指の皮膚が引きつってしまい到底ギターを弾くことなど出来ない状態となる。しかしそこで諦めることなく身体を治し、ギターは厳しい練習で残った指を巧みに駆使したプレイを身につけ、みごとプレイヤーとして復帰したのだ。YouTube等で簡単にその驚異的なプレイを見ることが出来るが人差し指と中指を凄まじいスピードで展開させてフレーズを繰り出すが、それが楽曲のスウィング感をさらに加速させるかのようで素晴らしい。

そして生涯を通じて盟友となるフランス人ヴァイオリニスト、ステファン・グラッペリと出会い、二人の華麗なプレイをフィーチャーするフランス・ホット・クラブ五重奏団を結成し活動するようになるとその人気はヨーロッパ、さらにアメリカへと拡がり、間に第2次世界大戦という激動期もあったもののデューク・エリントンやデイジー・ガレスピーといったジャズ界の大物たちとも共演するほどになったのだった。その作品も数多く手軽に聴けるが、一聴しただけで〝フィンガー・ビブラート〟と呼ばれる独特な音色とギターが跳ねているようなリズム感はこの人だけのものとわかる。

主旋律や展開の流れは人差し指と中指で素早く行き来させるが、当然ながら4本の指で弾くのとは違ってくるし、薬指と小指はコードを押さえる程度だが、それが独特のコード進行を生んだりもした。レス・ポールやジェフ・ベックらが交通事故を契機に、ギターのプレイに何らかの影響があったようにジャンゴも、より大きなハンデを負いながら、結果的にそれをどこにもない個性へと昇華し無二の存在になったわけだ。ジェフがかなわない存在としてジャンゴの名前も挙げるときに具体的にどういうプレイのことをさすのかはわからないが、ストレートに影響をむき出しにすることはないにしても軽快なナンバーのフレーズの随所にその影を見ることもあるし、素早く思いがけないような動きを左手がするのを目の当たりにするとジャンゴが乗り移ったイメージを受けるときもある。

またジェフ自身の中にも「グリーンスリーヴス」や「恋はみずいろ」といった曲も受け入れる要素があり、それはロマの音楽やクレズマーのようなメロディアスで哀愁感がたっぷりと染み込まれた音楽との親和性を潜在的に持っていたりすることを示している。今でもときどき驚くようなメランコリックなフレーズが飛び出してきたりもするのは、そこらにも起因するのだろう。事故の後遺症で変則的にならざるを得なくなったジャンゴの奏法だが、だからこそ生まれるフレーズやトーン、展開に新鮮な刺激を受け、自らのスタイルの中を通過させることでジェフもまた自分の奥底にある美学や嗜好を改めて顕在化させていったのかもしれない。

ヴォリューム奏法やピッキング・ハーモニクスを始めテクニカルな部分は言うまでもないにしても、ジェフのギタリストとしてのユニークさの源泉を探っていくと、どうしてもそうした先人との関係性が大きく輝き出してくるのだ。

並みのプレイヤーだったら憧れ、必死にコピーしアイドル化した人の影から抜け出すことは非常に難しいわけだが、ジェフの発想はそういうところにはない。自分に刺激を与えてくれたものの根っこの部分に向かい合い、それを自分の個性と照らし合わせ通過、異化させていくことで独自の音楽性を築き上げた。だからこそ他者と比べようもないほど特別な存在になることが出来たのだ。

単に奏法やトーン、スタイルの影響ということで言えば、しばしば口にしているのはエルヴィス・プレスリーのバッキングで知られる名手スコッティ・ムーアであり、「ビー・バップ・ア・ルーラ」の大ヒットを持つジーン・ヴィンセント（話は逸れるがジェフと同世代のブリティッシュ・ミュージシャンたちに与えたこの人の影響力の大きさはもっともっと認識されるべき）のバンド、ブルー・キャップスのギタリストで、フィンガー・ピッキングの一つ、ギャロッピング奏法のクリフ・ギャラップなどの名前はよく出てくる。

またブルーズであれば最新作『ラウド・ヘイラー』のきっかけになったエピソードが、パーティで出会った若い女性ギタリスト、カーメン・ヴァンデンバーグが好きなギタリストとしてアルバート・コリンズやバディ・ガイの名前を挙げたことで、そんな若い、しかも女性ギタリストが自分と同じような刺激をブルーズ・ギタリストに受けていたことが新作アルバムへの意欲をかき立て、出来たアルバムはその若いエネルギーとジェフのキャリアがうまく融合して高い評価を得た。ライヴではさらに鋭角的な部分もむき出しになってきて、ジェフの狙いがよく見えたし、新鮮な連中とのステージでは彼自身の若々しさも一層際だってもいた。

そのときに名の出たバディ・ガイとは先頃も一緒にツアーし

ていたし、古くから見直せば一緒にセッションをやったりしていた仲であったジミ・ヘンドリックスやジョン・マクラフリン、ロイ・ブキャナンといったロック、ジャズのギタリストたちのプレイからも多くの刺激を受けてきたが、それらをあくまでも一つの要素として消化し、自身のスタイルにすべて飲み込んで吐き出すところにこの人の非凡さがある。

ジェフ・ベックには「ハイ・ホー・シルヴァー・ライニング」という歌もののシングル・ヒット曲がある。強く固辞したにも関わらず、当時のマネージャー／プロデューサー、ミッキー・モストに指示され、いやいや歌った曲で、それは彼にとってあまり良い思い出ではなくヴォーカルに対するトラウマにもなったわけだが、自分のヴォーカルを磨くことではなく〈ギターに歌わせる〉という方向を追求することに落ち着き、これが決定的に他の同時代のギタリストたちと違ったプレイやトーンを生み出す原動力にもなった。それは60年代後半、クリームやジミ・ヘンドリックスらによってロックの中でのインスト・パートの意味が変わっていったのとも呼応した。

間奏での決まり切ったソロだけじゃなく、もっと自由な枠を広げることでギターを始め各楽器の可能性は広がったし、それはジェフのようなギタリストが願い、狙っていた方向性でもあった。だからこそベック・ボガート＆アピスではハードな各パートが力強くせめぎ合う世界を創り得たし、そんな経験があったからこそ次のステップである『ブロウ・バイ・ブロウ』以降のジャズ・ロック、フュージョンといったスタイルも多様な要素をバックグラウンドに味わい深く完成した。ヘヴィ・ロックからスウィートでメロディアスなナンバー、そして多様な音楽性がクロスオーバーする中で自在にギターの表現域の限界を拡大していく音が出来たのである。そうした本質的な志向性と経験を踏まえたうえでの冒険心という基本構造は、以後変わっていない。

バックのメンバーやプロジェクトによってはかなり印象が違ったり、戸惑わせられたりしたこともあったものの、根底は変わることはないのだ。ジェフ自身が多くの要素を受け入れ、強力に濾過することで作り上げてきたスタイルには、彼の多くのギタリストへの深い思いとリスペクトが込められているからこそ、他にはない音がいまも鳴り響いている。

（おおたか・としかず　音楽批評）

超人ベックはロックンローラー
ジェフ・ベックのロカビリー愛、あるいは男涙の「スリープウォーク」仁義

川崎大助

1985年の米加合作映画『ポーキーズ　最後の反撃』から話を始めよう——と書くと、いったいお前はなにを言っているのか?と、いぶかしむ人もいるかもしれない。当然だ。同作は、82年に公開されたB級艶笑青春コメディ映画『ポーキーズ』の続々編にして、しかし興行的にも批評的にも失敗し、シークエルの不名誉な最終幕となってしまったものだからだ。あまり頻繁に人の口にのぼるような映画ではない。

しかしこの映画のサウンドトラックに、ジェフ・ベックが参加していたのだ。彼は録り下ろしのナンバーを提供していた。

その曲は「スリープウォーク（Sleepwalk）」と題された、2分すこしのインストゥルメンタル・ナンバーだ。ロックと言うよりも、もっと広く、エレクトリック・ギターをフィーチャーしたポピュラー音楽のスタンダードとして、世界中の多くの人々の記憶に残っている名曲のカヴァーだった。これが、とてつもなく、問答無用に、素晴らしかった。僕の個人史における「ジェフ・ベックの決定的な一曲」の第一位は、この「スリープウォーク」だ。

この一曲と出会うことによって、僕は、ジェフ・ベックがまぎれもないロックンローラーであることを確信することができた。70年代、パンク・ロック少年だった自分が、なぜ『ワイアード』を愛聴していたのか、その意味を理解することができた。だから、ジェフ・ベックによる「スリープウォーク」について、まずは解説をしてみたい。

オリジナル版の「スリープ・ウォーク」は、59年に発表された（当初はSleep Walkと2ワードで表記されていた）。曲を書き、演奏したのはニューヨークはブルックリン在住のファリーナ兄弟。

彼らがサント&ジョニー（Santo & Johnny）名義でリリースしたこの曲は、得意とするスティール・ギターを主旋律に置いた、なごやかな三連ミッド・テンポのナンバーだった。きらめくような音色、抜けがよく、伸びがいい高域といった、スティール・ギターならではの特性が見事に生かされた、キャッチーな一曲だ。「夢中遊行」と題されたとおりの、夢見心地のリラックスした感覚を表現したかわいらしい曲として、大ヒットした。同年9月にビルボード一位を獲り、そのまま11月までトップ40内に居続けた。

そんな曲だから、カヴァー・ヴァージョンは数多い。そして僕が知るかぎり、ジェフ・ベックのそれは、第二位にカウントすべき名演だった。なによりすごいのは、ほぼ「オリジナルどおり」にジェフが弾いていることだ。採譜してみると、カヴァーと言うよりコピーに近いのではないか。テンポが微妙に速いところ以外は、サント&ジョニー版と「ほぼ同じ」に、弾いているはず――なのに、これが「まったく違う」のだ。なぜだ？なにがどうなったら「これほど違う音が鳴る」のか⁇　ジェフ・ベック版の「スリープウォーク」を初めて聴いたときの衝撃は、忘れがたい。

まず、ギターのトーンが違う。密度が高く、マッシヴな重さが光る中域も躍動感いっぱいなのだが、なによりも素晴らしいのが、高域だ。すーっと無制限に銀河の彼方までストレスなく伸びていくような、クリスタル・クリアなトーンはまさに極上。サント&ジョニーより、全然格上の「音」だと言わざるを得ない。「なんでそんな音が鳴るのか？」僕は混乱した。ストラトキャスターで、なぜ「そうできる」のか⁇

つまりジェフ・ベックは、史上稀なる「スティール・ギターの名演」の典型である「スリープ・ウォーク」をほぼ完全コピーしながらも、「スティール・ギターなしで」それを上回る音を出してみせた、ということになる、からだ……僕の頭のなかには、このとき「超人ベック」という言葉が浮かんだ。聖悠紀作のSFマンガのキャラクターのような人物が、なんらかの超能力によってギターを弾いているかのような――そんなイメージだった、のかもしれない。

近年僕は、ジェフがステージ上で「スリープウォーク」を弾く姿を観る機会を得た。これは2010年6月、ニューヨークのクラブにておこなわれた、先駆的ギター・ヒーローでありエレクトリック・ギターの開発者でもあったレス・ポール追悼のためのライヴ・ショウの映像だった。『ライヴ・アット・イリディウム〜レスポール・トリビュート（Rock 'n' Roll Party: Honoring Les Paul）』と題されて、DVDなどで発売されている。原題どおり、ロックンロールとロカビリーに満ち満ちたジェフ・ベックのステージが収録されている。

そしてやはり「スリープウォーク」では、ストラトキャスターが使用されていた。ほかの場面では、追悼という意味もあってか、ジェフ・ベックとしてはめずらしくレスポール率が高かったのだが、この曲はストラトでなければならない。トレモロが必要だからだ。そしてジェフ・ベックは僕の想像どおり、右手でトレモロ・アームとマスター・ヴォリュームをこまめに操作しつつ「スティール・ギターの音色の減衰感」を表現していたのだが……その様はありていに言って、ちょっと変態的な曲芸めいていた。だがそれ以上に目を奪われたのは「曲の最後の最後まで」スライド・バーを一切使用していない！という事実だった。

つまりジェフ・ベックは、ごく普通のスライド・ギター奏法も、スティール・ギター「ならでは」の音も、いや「それ以上のもの」ですらも、ただストラトキャスターのみを手に軽々と表現してしまったわけで、そのとき僕は、彼に対して与えられた幾多の「神懸かった」形容の一端を、あらためてこの目で確認したような気分になった。

表現力の鬼、と言おうか。涸れることのない、溌溂とした若々しいアイデアの尽きぬ源泉を心中に抱いたマエストロ、と言うべきか。「そこにギターが一本ありさえすれば」かならずや心が沸き立つ音楽を立ちのぼらせてくれる、史上最強の「ギター小僧」――それが僕にとっての、ジェフ・ベックだ。そして、彼のこれらの特性は「ロックンロール」の原初的な面白さ、わくわくさせられるヴァイタルな脈動とほぼ同義のものだ。

どんな音楽をプレイしようが、ジェフ・ベックはまず第一義的にロックンローラーなのだ、と僕が考えるのは、そのせいだ。そして彼は「ロックンローラーだから」、『ポーキーズ　最後の反撃』のサントラに参加したのだ、とも思う。

同作のサウンドトラックをプロデュースしたのはデイヴ・エドモンズだ。日本では「パブ・ロックの人」という認識が主かもしれないが、広きロックンロール界全体に名を轟かせる巨星ととらえるのが正しい。ウェールズ出身で60年代から活動、シ

ンガー・ソングライターとして、ギタリストとして、プロデューサーとして、幾多の名作を残している。彼のプロデュース・ワークのなかで、最も大きな刻印をロック史の上に刻んだのは、ネオ・ロカビリー勃興期に国際的スターとなったストレイ・キャッツを手掛けたことだろう。彼らのデビュー・ヒットは、エドモンズなしにはあり得なかった。

そんなエドモンズがプロデュースしたがゆえに、この映画のサントラ盤には面白い顔ぶれが並んだ。ブルース・スプリングスティーンの盟友、クラレンス・クレモンズの「ピーター・ガンのテーマ」カヴァーもあれば、ウィリー・ネルソンが歌う「ラヴ・ミー・テンダー」もあった。ジョージ・ハリスンによるディランの「アイ・ドント・ワナ・トゥ・ドゥ・イット」カヴァーは、長らくここでしか聴けなかった。なぜジョージが参加したのか？というと、ラインナップにカール・パーキンスがいたせいだと僕は考える。

サン・スタジオのオリジナル・ロカビリアンのひとりであるカール・パーキンスは、ジョージのヒーローだった。そして１９８５年、パーキンスはイギリスのＴＶ局が企画したライヴ番組で、ジョージやエドモンズ、リンゴ・スターやエリック・クラプトン、ブライアン・セッツァーを除くストレイ・キャッツの二人（スリム・ジム・ファントムとリー・ロッカー。つまりリズム隊）らと共演していた。カール・パーキンス作の「ブルー・スウェード・シューズ」誕生30周年を祝して企画された番組がこれだ。そして番組の音楽監督を務めていたのが、だれあろう、デイヴ・エドモンズだった。

映画『ポーキーズ』三部作の舞台は、米フロリダ州はエヴァーグレーズ大湿地帯近辺にあるとされる、架空の町「エンジェル・ビーチ」だ。その地の男子高校生たちの性への興味と衝動尽きぬありさまを、笑いをもって描いたもの、だった。つまり一見、ジェフ・ベックとはまったく関係なさそうな内容の映画だったわけだ。ただひとつ、時代設定が１９５０年代だったことを除けば。

50年代の若者を描く映画だから、サウンドトラックには、フレッシュな――あるいは、50年代当時においてはフレッシュだった――ロックンロール音楽こそが最もふさわしい、と製作陣は考えた。かくして、その第三弾においてついに、当代随一の「その道」のプロとしてデイヴ・エドモンズが起用された。そして、ロックンロール・アルバムを作るかのごときエドモンズのコンセプトに惹かれ、ジェフ・ベックはサントラに参加した……というのが僕の読みだ。彼の「スリープウォーク」は、このサントラ盤以外では、アンソロジー・ボックスセット『ベッコロジー』にも収録されている。

ジェフ・ベックが、もろにロカビリーに挑戦したアルバムもある。93年発表の『クレイジー・レッグス』がそれで、ビッグ・タウン・プレイボーイズをバックに、50年代から60年代に活躍したロカビリー・スター、ジーン・ヴィンセントの持ち歌だけをカヴァーした一枚だ。ヴィンセントのバンド、ブルー・キャップスのギタリスト、クリフ・ギャロップから「最大の影響を受けた」と語るジェフ・ベックらしい、愛情こもったプレイの数々が収録されていて、彼流のロカビリーを堪能することができる。「スリープウォーク」同様、オーソドックスなアレンジながら、パッキパキに艶光りするギター・サウンドは、たとえばストレイ・キャッツのブライアン・セッツァーが、突如『ドラゴンボール』のスーパーサイヤ人化したような感じ、とでも言おうか。そもそものセッツァー当人からして、きわめて腕がいいロカビリー・ギタリストなのだが、彼のリーゼントが2倍の大きさになったような図を、本作のギター・サウンドから僕は想像した。

ロカビリー・アルバムを制作することを、ジェフ・ベックは85年ごろから考えていたようで、幾度もその旨の発言をしていた。その動機の背景には、前述の「サントラ参加」体験の反映があったに違いない。加えて言うとしたら、ロバート・プラント主導の不定形バンド、ハニー・ドリッパーズに参加したことも影響したのかもしれない。84年に発表された同バンドのEP、そのうち二曲のレコーディングで、ジェフ・ベックがギターを弾いている。ロカビリーが1曲、ジャンプ・ブルースが一曲だ。そして、ハニー・ドリッパーズのライヴ・ステージ用のラインナップでは、先ほどからずっと名前が出ている、ストレイ・キャッツのブライアン・セッツァーが、なぜか奇遇にもギターを弾いていた。

余談になるけれども、「スリープウォーク」がらみの話をここまで書いてしまった以上、ブライアン・セッツァーのそれに触れないわけにはいかないだろう。おそらく、これは世界中で僕しか言っていない学説だと思うのだが、「ジェフ・ベックへの対抗意識のせいで」キャリアを立て直すことができた人物が、セッツァーだと思うのだ。もちろんそんな事情を一切、ジェフ・ベックが知るわけはない。ただただ一方的にセッツァーの側に「遺恨」が残ってしまっていた。『ポーキーズ　最後の反撃』のサントラのせいで。

不思議なことに、「そこにいて然るべき」エドモンズ門下生筆頭だったのに、セッツァーは同作のサントラに参加していなかった。ファビュラス・サンダーバーズまで（失礼）いるのに、なぜかいなかった。理由はわからない。ただ85年当時のストレイ・キャッツは解散状態で、ソロ指向のセッツァーと残り二人のあいだの確執がその原因とも言われていた。それゆえ、この時期の重要な出番をセッツァーは「取りこぼして」しまったのかもしれない。そして、それがためにジェフ・ベックに「弾かれてしまった」のかもしれない。俺（セッツァー）の、大事な「スリープウォーク」を！

そんなセッツァーがカヴァーする「スリープウォーク」は、再結成後のストレイ・キャッツのアルバム『チュー・チュー・ホット・フィッシュ』（92年）で聴くことができる。プロデュースはもちろん「恩師」デイヴ・エドモンズ、これが4度目の顔合わせだ。ここでの「スリープウォーク」は、リラックスしたタッチながら、パッセージの手数も多い、セッツァーらしいギター・プレイが聴ける小品だった。ジェフ・ベックほどではないにせよ、比較的オリジナルに近いアレンジでもあった。まあ、あまり面白味がある、とは言えないものの、たがしかし「実直だけが取り柄」とは言えるかもしれない――そんなヴァージョンだった、かもしれない。

話はこれだけで終わらない。セッツァーは「さらにもう一度」カヴァーする。ふたたび「俺のスリープウォーク」を録音しようとする。なぜならば「しなければならない」理由が「また」できてしまったからだ。だって俺（セッツァー）の大事なジーン・ヴィンセント・レパートリーの数々を、ジェフ・ベックの野郎が「勝手に」カヴァーしやがったから！――たぶんそんな憤りから、漢のプライド的なものを賭けて、ふたたび彼は「スリープウォーク」に挑む。こんどは、自らのロカビリー人生の集大成とも言えるバンド「ブラアン・セッツァー・オーケストラ」を従えて――。

これが、すごかった。これぞ人類が手にした至高の「スリープウォーク」、現在までのところ順当に考えて「第一位」に違いない逸品だろう。ジェフ・ベックという天才の所業を、キリギリスとアリ的なセッツァーの営為が抜き去ったその証拠は、ブラアン・セッツァー・オーケストラのアルバム『ザ・ダーティ・ブギー』(98年)に収録されている。

アタックの強い、ジャキジャキに角がとんがったギターの音は、生粋のロカビリアンの気合いのあらわれだ。リッチなホーン・セクションを借景に、ゆったりとタメながらも、自由自在にエモーションの波を引き回していく、そのフレジーングの見事さと言ったら！　そもそもが「小さくも、かわいらしい」曲だったはずの「スリープウォーク」が、ここではまるで、50年代のミュージカル映画巨編のクロージング・ナンバーもかくやと言うほどの、威風堂々たるダイナミックな一曲へと昇華させられている。その仕上がりの意外性、飛距離のありようを、厚みのある感動へと結実させることに彼は成功していた。

果たせるかな、この「スリープウォーク」は、同年度の米グラミー賞の「ベスト・ポップ・インストゥルメンタル録音」賞を獲得する。アルバムもヒットして、ブラアン・セッツァーの新しい黄金期がここから始まることになった。といったところから、ジェフ・ベックを向こうにまわした「スリープウォーク」仁義から、セッツァーの人生が再展開していった、というのが僕の見立てだ。

そんなブライアン・セッツァーが、ジェフ・ベックとステージ上で共演したことがある。前述の『ライヴ・アット・イリディウム』のなかに、その映像も収録されている。セッツァーが参加したのは二曲、オーラスの「シェイク、ラトル&ロール」での二人の弾きまくり合戦もいいが、最大の見どころはもう一曲のほうだ。ストレイ・キャッツ時代からの持ち歌でもある「トウェンティ・フライト・ロック」(オリジナルは56年のエディ・コクラン)では、セッツァーはリード・ヴォーカルも担当させてもらって、もう顔中が歓喜でいっぱいだ。言葉にすると「どうや！　どうや！」といった感じで、飛ばしまくる、弾きまくる。その目はずっとジェフ・ベックのほうを見ている。片やジェフは、真面目な表情で淡々とサイド・ギターに務めながらも、ときにわけのわからない速さの指が走り、またはバスッと強靭なストロークが入って、瞬間的にその場をさらう。そんな味わいぶかいシーン多数の、いい演奏だった。

そういえばヤードバーズでもただひとりロカビリーだったのがジェフだった。本書を手にとった人のなかには、よもや未見の人はひとりもいないと思うのだが、映画『欲望（Blow Up)』

（67年）のヤードバーズ演奏シーンもきわめて「ロカビリー」だった。リズム・アレンジとしては60年代らしいビート感だったのだが、この曲「トレイン・ケプト・ア・ローリン」（映画のなかでは歌詞を変え「ストロール・オン」と改題されていた）は、大元は51年に初出のジャンプ・ブルース・ナンバーだった。しかし、これをレコーディングするスタジオに、ジェフが一枚のシングル・レコードを持ってきたのだという。それがロカビリー・アーティストのジョニー・バーネット・トリオのヴァージョンの「トレイン〜」だった。このバーネットのアレンジをベースに、「シングルの裏面」でカップリングとして収録されていた曲「ハニー・ハッシュ」の印象的なギター・リフをほぼそのままいただいて、ヤードバーズ版の同曲がまとまった（さらにこれら全部を「いただいた」上で歌詞だけ変えたのが日本のサンハウス、シーナ&ロケッツの「レモンティー」だ）。ヤードバーズ版の「トレイン〜」の最高の演奏は「欲望」のなかにある。アンプの不調に腹を立てる（という演技）のジェフがギターを破壊する姿が意外に様になっているところも、彼のロッカーたる証拠のひとつなのかもしれない。

ロックンローラーとしてのジェフ・ベックの原点は、彼がギターを始めた当時の体験が大きかったのだと僕は考える。たとえば、全世界の音楽シーンを一変させたエルヴィス・プレスリーのメジャー・デビューが56年、このときジェフは12歳。つまり影響を受けてしかるべき年代に、ポピュラー音楽史上に残る一大事件が直撃してしまったわけだ。

とはいえこれも、人によっては、「そんなこと」もあったなあ、なんてやり過ごせてしまえる類のものだった、かもしれない。その逆に、衝撃が一生涯残ってしまう人もいる。ジェフ・ベックはきっと後者だったのだと僕は考える。

ジェフ・ベックのギターの背後には、50年代のロックンロールに特有の「アトミック感」が、いつも脈々と流れている気がするのだ。原子爆弾の実戦使用によって戦争を「終わらせた」アメリカが、その威力の強大さに恐れおののきつつも、同時に恍惚となったあげくに「決してあるはずもない」光輝く未来世界を夢想してしまい、この時代のポピュラー文化すべての原型を形づくった。これが「アトミック感」だ。

なにかと流線型のデザインや、最新鋭の科学や「パワー」そのものへの無邪気なる憧憬、さらには「明日は明るい日に違いない」と信じるに足る、圧倒的な物質的充実が、地球上で少なくともこの当時のアメリカにだけはあった。

そこから生まれた音楽が、ロックンロールだ。共産主義以外にはまったく敵がいない（かのような）無垢なる幸福な帝国の繁栄――その残照が、ジェフ・ベックのギターにも如実にあるのだと僕は感じる。彼のギターの、天真爛漫にまで明るく抜けがいい、あの感じ。さらには、超人的なテクニックや意外性きわまるアイデアだって、50年代のパルプSF小説に出てくるミュータントや宇宙人の仕業みたいじゃないか？

僕が12歳だった夏、エルヴィス・プレスリーが急死した。1977年、ロンドン郊外の寄宿学校にいた僕は、セックス・ピストルズが猛威をふるっている街の片隅で、同じ空気を吸っていた。そのせいで感化された。ロックンロールというものは、どのように聴けばいいのか、そのことを僕が理解できたのは（つまり「開眼」したのは）、パンク・ロックの登場ゆえだった。そのときまではずっと、映画音楽のレコードばかりを聴いていた。だから「パンクにやられてしまった」者の典型と言える症状に罹患した。

プログレッシヴ・ロックや（レッド・ツェッペリン以外の）ハード・ロックやメタルは「敵」だと考える。ジャズ・フュージョンなど、「ギター・ソロ」など、冗談じゃない！――それらすべては、のちにヒップホップ音楽のサンプリング・ソースとして再生されるときまで、その美質にまったく僕は気づかなかった。短くて逆立った髪とタイトフィットの洋服、短い曲タイムに「リフとストロークしかない」ロックのみが純粋で正しいと信じて疑わない、カルト教団の信者のようなところから僕のティーン時代は始まった。

しかしそんななか、前述のとおり、『ワイアード』はよく聴いていた。次点が『ブロウ・バイ・ブロウ』だ。なぜ「ジェフ・ベックだけは」別格なのか。なぜ、彼のギター・インストだけは、まるでストラングラーズを聴いているときのように興奮を持って受け止められるのか……。

きっとそれは、あのとき以来ずっと僕のなかに居座り続ける「12歳の僕」が、ほぼ同様の形態にてジェフ・ベックのなかにいるはずの「12歳の彼」と感応した結果だったに違いない、と85年以降の僕は考えている。そんなSFみたいなことだって、ジェフ・ベックの音楽になら可能だと思うからだ。

（かわさき・だいすけ　作家）

革命児ではなく唯一無二

——ジェフ・ベックという「ヘン」なギタリスト

聞き手＝**編集部**

野村義男 インタビュー

――野村さんはあるインタビューで、「世界三大ギタリストのなかで、クラプトンよりも先にジェフ・ベックを聴いた」とおっしゃっています。

新譜紹介だったのか特集だったのか忘れましたけど、ギターの専門誌にジェフ・ベックの『ブロウ・バイ・ブロウ』が、「これがロックの教科書だ」みたいに載っていたんです。幾人かのミュージシャンのレコードが並んでいるなかで、一番大きく紹介されていて。しかもあのジャケットがまたカッコいいじゃないですか。黒いレスポールを持って、油彩みたいな感じで。僕はギターを持っている写真のジャケットはとりあえず大好きなので、これは聴かなきゃとレコード屋に行って買いましたね。

――しかしすぐにそのレコードを押し入れにしまってしまったとか。

家に帰ってすぐ聴いたんですよ。早く聴きたくて、あわててB面をかけちゃってね。「哀しみの恋人達」は、いまとなっては相当コピーさせてもらいましたけど、当時の僕にはとても地味な、どこにロックがあるの？　という感じでね。と言うのも……待てど暮らせど「歌」が出てこないんですよ。その頃、僕にはインストという概念がなかったんです。歌がない音楽はクラシックくらいしか知らなかったので、いつ歌が始まるんだろうと思ったら、歌がなくてイントロだけで終わっちゃったという感じだったんですよね。一曲だけ、「シーズ・ア・ウーマン」はジェフ・ベック本人がボコーダーで歌っていますけど、それを歌と受け取るか否かというと、ちょっと違うしね。

――アルバム構成という点からも、まったく新鮮というかびっくりさせられたんですね。

そうですね。これ何？　何がどうなっちゃったの？　って、全然わからなかったです（笑）。

――その後、人生の一曲に「ユー・ノウ・ホワット・アイ・ミーン」を挙げていらっしゃいます。どのように聴き方が変化していったのでしょうか。

レッド・ツェッペリンを知ったことが大きいですね。ツェッペリンが大好きで、ジミー・ペイジにはまればはまるほど、ジェフ・ベックの名前が出てくるわけですよ。「ミュージック・ライフ」や「ヤングギター」、「プレイヤー」とかの雑誌で、ツェッペリンの初期やニュー・ヤードバーズでジミー・ペイジが弾いていたテレキャスターはもともとジェフ・ベックのギターで譲り受けたものだという話を読んだりするじゃない？　そうやってロックを聴いていって歌がないことへの抵抗感もなくなった頃、ちょうど『ワイアード』が出て。聴いたらすごいかっこいいなと思っちゃってね。その次に聴いたのが『ライヴ・ワイアー』ですよ。相当はまりましたね。それで『ブロウ・バイ・ブロウ』を聴き直してみたと。僕はジェフ・ベックというとこの三枚が決定盤ですね。

——ライブ盤を聴いてはまっていった感じですか。

『ワイアード』ではまったんだと思う。『ワイアード』の曲をライブ盤で聴いたからこそ、なおはまったんじゃないかな。

ライブ盤って、古い曲と新しい曲が混在しているけど、新しい状態で演奏しているでしょ？　新譜は作りたての音で、鮮度はあるし勢いもあるかもしれないけど、プレイヤーの体に一番入っていないはずなんですよ。ライブをやっていくうちに、人の演奏はどんどん進化するんですよね。だから、ライブ盤を聴いたときに、ちょっと弾き方が違ってたり、曲のちょっとした間にリフが増えていたりとかする。本当はこういうふうにしたかったのかなとか、いまレコーディングするとこういうふうにするんだろうなとか、そういうのも全部ふまえて、ライブ盤を聴く面白さ、良さがあるなっていう。

——ジェフ・ベックのライブ盤では、アドリブの面白さも堪能できますよね。

頭のなかがジャズ。アドリブというより行き当たりばったりなんですよ（笑）。実話かどうかわからないですけど、『ブロウ・バイ・ブロウ』のプロデューサーであるジョージ・マーティンに、練習してこい！　って怒られてトイレで泣いてたという話があるじゃないですか。それから練習の鬼になったらしい。あの天才が、体からネックが生えているような男がね。

——ジャズ的というと、『ブロウ・バイ・ブロウ』も『ワイアード』も、凄腕ドラマーとの駆け引きみたいな演奏を思い出します。

『ワイアード』はリチャード・ベイリーやエド・グリーンといったドラマーのほかに、キーボードのナラダ・マイケル・ウォルデン、ヤン・ハマーがドラムを叩いてたりするし、ドラマーがどうこうというよりも、面白ければ誰でもいいと考えてるんじゃないかな。ヤン・ハマーのキーボードはギターみたいで、どっちがギターかわからないときがあるんです。たぶん、ジェフ・ベックは、上手いというよりも面白いと思う人をメンバーにしている。器用な人が好きなんだろうな。

——２０１６年に出た『ラウド・ヘイラー』では23歳の女性ギタリスト、ボーカリストを起用していました。

僕、いまは逆にジェフ・ベックに歌があっちゃいけない、ってなっちゃってて、あれはついて行けずでしたね。クラブ・ミュージックみたいだなって。かっこいいんだけど、せめて「スター・サイクル」くらいギターにメロディーが活きてるのが好きですね。いまのジェフ・ベックは感性の人というか、どんどんジャズになっている。ロックのなかのジャズ。メロディーがなくなったのは、ピックを使わなくなったことと関連していると思うんです。指で弾き始めてから、ギターがもっと自由自在になっちゃった。ギターに声帯がついているんだと思います。あんなにピッチのいいトレモロは、世界にないですね。異常です。

――その異常さとはなんですか。

あらゆる人たちが真似したけれども、誰もできなかったということですね。フローティングというセッティングの仕方があるんですが、普通、ストラトキャスターのブリッジはボディにくっついているんですけど、ジェフ・ベックのは浮いている。トレモロ効果というのは、普通、これを動かしてゴワァンゴワァンと音を下げるわけですけど、ジェフ・ベックは浮かせることで上にコワーンと上がるようにもしている。アームを持ちながらそこで音程をとれないとできないことなんです。浮かせることは誰でもできる。でも、それでチューニングを確実に会わせるのがまず至難の業なので。

指弾きの話に戻ると、ピックを持っていると右手はたとえば小指と薬指とか大抵二つしか使えないんですよ。でも、指で弾くとピックを持っていないわけだから五本の指全部が使える。だから指先に声帯があるんですね。

――機材という面から、ギターを開拓していった?

違う違う。ジェフ・ベックはまったく触らないと思います。エレキギターを開拓した最初の人はジミ・ヘンドリックスなんですよ。さっき話したトレモロが重要ですね。普通はトレモロを優しく音程を揺らす程度に使うのに、ジミ・ヘンドリックスはビャアーと大胆な音で、壊れちゃうんじゃないのっていうようなストラトキャスターの使い方をした。うわ、あれかっこいいじゃん！ って、いろんな人が影響を受けて同じことをする。それでストラトキャスターが急に売れたりとかして。革命児ですよね。

その次はエディ・ヴァン・ヘイレンですね。ヴァン・ヘイレンはライトハンド奏法を生み出した。どうやってあんなに速く弾いているんだろう！ って、みんなが真似する。そうすると、ヴァン・ヘイレンが使っているギターが欲しくなる。

ところがジェフベックの場合はさっき話したように、すごい！ やってみよう！ と思っても、彼しかできない。革命児じゃないんです。同じように弾く人たちはたくさんいます。だけど、極め過ぎちゃっていて、俺だったらこう使うのに！　というように次に出てこれない。

僕がジェフ・ベックの指弾きを初めて聴いたのは、ロッド・スチュワートと「ピープル・ゲット・レディ」をやったときです。プロモーション・ビデオでテレキャスターを使っていたんですけど、ピックの音と全然違って喋っているというかね。人差し指と親指の腹で弾くんだけど、すごく不思議な音。真似したんですけど、それを広げられなかったですね。そこに倣って、何かをするということがない。

――ジェフ・ベックはどのように特異な存在なのでしょうか。

ジェフ・ベックはもう自分でジェフ・ベックを作れちゃったんですよ。たとえば、90年代にギターシンセを使っているけど、僕にはそれで何がやりたいのかわからなかった。クリフ・ギャラップへのトリビュートアルバムもそう。最近、ラジオで耳にした女性シンガーのダンスミュージックで、間奏のギターがちょっと変態だったんですよ。「ギターはジェフ・ベック」という解説が流れて、やっぱりなと。こんなところでも弾いちゃうんだなと思いつつ、らしさが嬉しかったですね。

1986年の軽井沢（サウンドマーケット'86）で、スティーヴ・ルカサーとジェフ・ベックとサンタナがセッションしたとき、スティーヴ・ルカサーが、ジェフ・ベックと俺は同じステージに立ってるんだぜ！と喜んで、ジェフ・ベックを見ながらあまり弾かなかったという話があって。

――そういう意味では、やはりギターヒーローですね。

エレキの神様。アコギはそうそう弾いているのを僕は聴いたことがない。

――どのギターを弾いているジェフ・ベックに魅かれますか。

白いストラトキャスターで、黒いピックガード、そのピックガードのなかにミニスイッチが三つついていたのがあるんですよ。『ワイアード』のジャケットで弾いてたギターを真似して作ってね。持っていたギターを白く塗って、黒いピックガードを買ってきて、スイッチの意味がわからないけど、とりあえず同じようにスイッチをつけて、ということをやっていましたね。アルバムが出た後、いろんなメーカーがこぞってジェフ・ベックモデルが発売されてましたけど、買えなかったから自分で白くギターを塗るしかなかったんですよね（笑）。ジェフ・ベックはいろんな種類のギターを使っているので、昔の映像や画像を見たりすると、これかっこいいな！　と思うものがいっぱいあります。

――『野村義男の〝思わず検索したくなる〟ギター・コレクション』（リットーミュージック）にそのギターは入っていますか。

入ってないです。もう手放しちゃいましたね。『ブロウ・バイ・ブロウ』のジャケットで持ってる黒いレスポール、あれは本当はオックスフォード・グリーンという名前の黒にすごく近いグリーンらしいんです。ネックも黒いでしょ？　ネック折れで数百ドルで売っていたものを買ってリペアして使っているそうです。高いギターへのこだわりは意外とないのかもしれないよね。

――いろんなギターを触りたいという好奇心は野村さんと共通していますね。

唯一の共通点かもしれない（笑）。テレギブという、フェンダーのテレキャスターとギブソンのレスポールの両方いいところを詰め込んだギターがあるんです。ハムバッキングのピックアップに、大きいのと細いのを二個入れて。それで「哀しみの恋人達」を弾くんですけど、でもギター自体はテレキャスターではなくてエスクワイヤーなんですよ。わかってないんじゃないかなって（笑）。そういうところも好き。面白いですよ、ひとつひとつ紐解いていくと。

――50年にわたっていろんなジャンルを取り込みながら、トップギタリストとしてアルバムを出し続けているジェフ・ベックは、ロックのひとつの歴史のようにも思えるんですが。

どうなんでしょうね。1986年だったと思うんですが、武道館でライブを観たんです。そのとき、感動したんですけど衝撃がなかったんですよ。「そうやって弾いているんだ！」という衝撃がなかった。「全然わからないや！」でした。たとえばポール・マッカートニーのライブはショーアップされているわけですよ。お客さんがここのポイントで楽しむというのを踏まえている。ジェフ・ベックは、「どうも！」「はい弾いた」「じゃあね！」という、自分が楽しんじゃっている感じだったんですね。でも、みんなに支持されている。「ヘン」なんだよね。影響は受けているけど、誰も真似できない存在。エアロ・スミスとレッド・ツェッペリンがいなかったら、ガンズ・アンド・ローゼズは生まれなかったと言えるけど、ジェフ・ベックがいなくてもガンズ・アンド・ローゼズは生まれていたと思うし、でも彼らはみなジェフ・ベックを知っている……。不思議な存在ですよ。唯一無二だから。

（のむら・よしお　ギタリスト）

2017・9・29　河出書房新社にて収録

野村義男Official Website
http://www.pegmania.com

ジェフ・ベックとギターヒーローの文化史、あるいはギターというメディア

長澤唯史

私がジェフ・ベックと出会ったのは1976年、『ワイアード』を紹介するFMの番組だった。ビートルズとジョン・レノンを小学5年生頃から聞き始め、ラジオで最新のヒット曲をチェックする、そんな洋楽初心者の中学一年生にとって「レッド・ブーツ」や「蒼き風」は異次元のカッコよさだった。そして同時にエレクトリック・ギター（以下ギター）という楽器の虜となった。

その後ご多分に漏れずギター少年となった私が小遣いを貯めて買ったのは、もちろんジェフ・ベック・モデルのレスポール。そう、『ブロウ・バイ・ブロウ』のジャケットでベックが抱える通称「オックスブラッド」の日本製コピーだった。そのギターで『ワイアード』や『ブロウ・バイ・ブロウ』（1975年）でのベックのプレイをひたすらコピーする時間、それが何より楽しかった。

あれから約40年たった今は、私の部屋には本家ギブソンのオックスブラッド・レスポールが鎮座している（と言っても2009年に発表されたレプリカではなく、2006年まで生産されていたハムバッカーを搭載した54年型レスポールだが）。ベックに憧れベックのようにギターを弾きたいと願った中学生の頃からあまり成長していないことがよく分かってしまうが、私と同じような人は日本中、いや世界中にたくさんいるはずだ（と信じている）。

ベックに限らず、ジミ・ヘンドリックス、エリック・クラプトン、ジミー・ペイジなどは「ギターヒーロー」と呼ばれる憧れの対象だった。60年代後半から70年代、空前の人気を誇るアーティストやバンドが次々とミリオンセラーを記録するいわゆる「スーパースターの時代」は同時にギターヒーローの時代で

もあった。BBCが95年に制作したドキュメンタリーシリーズ『ヒストリー・オブ・ロックンロール』も、全十回のうち丸ごと一回を「ギリシア神話の神々のように超人的で神格化された存在」（ジェフ・バクスター談）であるギターヒーローに捧げ、クラプトン、ペイジ、ジミヘン、さらにはキース・リチャーズやピート・タウンゼントなどのギタリストがロックの歴史で果たしてきた役割を高く評価している。

ところでこの95年の番組でギターヒーローとして採り上げられているのはスラッシュ（ガンズ・アンド・ローゼズ他）までだが、それ以降にギターヒーローと呼べるギタリストはいるのだろうか。もちろん数多のスーパー・ギタリスト、現代のヴィルトゥオーソ（達人、名手）と呼ぶべきギタリストたち（スティーブ・ヴァイ、エリック・ジョンソン、ジョー・サトリアーニ、その他諸々）がその後も続々と登場し、革新的なギターサウンドを世に問うている。だが残念ながらいずれも、ソロであろうとグループに属していようと、かつてのギターヒーローに匹敵する人気と知名度、影響力を備えているとは言いがたい（とあえて言い切ってしまおう）。現代のロック／ポップミュージックでは、ギターという楽器の地位は相対的に低下している。あるいは、ギターに限らず楽器演奏のスキルそのものに対する関心が下がっているのかもしれない。いずれにせよ、ギタリストやギターは現在のロック／ポップミュージック言説の中で周縁化している。この状況は一体いつから、そしてなぜなのか。

またもう一つ気になることがある。奇妙な（そして私的には許しがたい）ことに、上記の番組ではベックについてほとんど言及していないのだ。紹介されているのは映画『欲望』（ミケランジェロ・アントニオーニ監督、１９６７年）にヤードバーズが出演している場面のほんの一部と、同じくヤードバーズのロックの殿堂入り（１９９３年）の際のスピーチのみ。クラプトンやペイジが大きくフィーチャーされているのに比べ、ベックに対する扱いは冷淡と感じるほどだ。

一つには、ベックをロック／ポップミュージック史の中で語ることが難しいからだろう。もちろんこう書いたからと言って、ベックのロックに対する貢献を軽んじているわけでは断じてない。第一期ジェフ・ベック・グループ（ＪＢＧ）はＨＲ／ＨＭの文法と語彙を生み出し、第二期ＪＢＧはソウル／ファンクとロックの有機的融合という革新的サウンドを残した。『ブロウ・バイ・ブロウ』や『ワイアード』なくしてあれほどのフージョンブームは起こりえなかっただろう。『フー・エルス！』（1999年）と『ユー・ハド・イット・カミング』（2000年）はエレクトロニカ／テクノロックに対するベテランアーティストからの見事な回答であった。

だがこれらが一つのコンテクストを形成しないのが、ベックの音楽的キャリアだ。それぞれのグループあるいはアルバムに連続性が見られるのはせいぜい2枚まで。『フラッシュ』（1985年）以降はほぼ一作ごとにサウンドを大きく変化させている。この音楽的変化を既存のロック史の文脈に位置づけるのは至難の業だろう。クラプトンやペイジがブルースを介在したロックンロールからロックへの歴史的展開の中に見事におさまるのとは対照的である。ベックを語るにはギターあるいはギタリストという観点が不可欠だし、もしかするとそれがほぼ唯一可能なアプローチかもしれない。

ということで、ここからはいわゆる「ギターヒーロー」の時代がなぜ到来したのか。なぜ各種楽器奏者の中でギタリストがあれほど特権化されたのか。そして、なぜ今の時代、ギタリストはかつてのようなヒーローたりえないのか。これらの問いを通じてジェフ・ベックというギタリストを改めて見直すヒントを見出したい。

イギリスから生まれたギターヒーロー

いったいギタリストはいつからヒーローとなったのか。ギターという楽器そのものに注目が集まるようになったのはいつ頃なのか。中山康樹はエルヴィス・プレスリーとスコッティ・ムーアを引き合いに出し「エルヴィスの背後でギターを弾いているスコッティ・ムーアに気をとめるようなマニアックな人間は数えるほどしかいなかった。また、そのような視点で聞く「耳」はまだ育っていなかった」（『ロックの歴史』、講談社現代新書、2014年、37頁）と断言しているが、ベックの伝記作者アネット・カーソンによれば、ロックンロールの誕生とほぼ同時にイギリスではギターに対する関心が急激に高まり、エルヴィスやジーン・ヴィンセントの声だけでなくムーアやクリフ・ギャラップのギターに耳を傾ける若者が急増していた事実がある。「ギター上を駆け巡る指が生みだす陶酔が、ロックンロールの魔法には不可欠だった。ギターはただの伴奏楽器ではなく、ボーカルに対抗する、同じくらい重要な構成要素となった」（Annette

Carson, *Jeff Beck: Crazy Fingers,* Backbeat Books, 2001, p.6)。

この時期にギターの魅力に目覚めたイギリスの若者たちは、その後様々な音楽を経由し経験を積みながら、60年代に次々とプロデビューを果たす。いわゆるヤードバーズ三大ギタリストはもちろん、タウンゼント、ピーター・グリーンらのR&B／ブルース系ギタリスト、そして少し時代が下ればトニー・アイオミ、リッチー・ブラックモアらのHR／HM系ギタリストなど。ジミヘンを最初に評価したのは本国ではなくイギリスの聴衆だった。その逆にジョン・マクラフリンはイギリスからアメリカに渡った。また隣国アイルランドからもロリー・ギャラガーやゲイリー・ムーアが登場してくる。

それに対しこの時期のアメリカでギターヒーローと呼べるのは、カルロス・サンタナ、それにマイク・ブルームフィールドくらいだろうか（デュエイン・オールマンをギターヒーローと呼ぶかどうか、個人的には迷うところだ）。70年代後半にエドワード・ヴァン・ヘイレンが登場するまで、ギターヒーローについてはイギリス優位の状況だったと言ってよい。

ブリティッシュ・インヴェイジョン期にイギリス人ギタリストに注目が偏った結果、同時期の優れたアメリカ人ギタリストたちが歴史に埋もれてしまった可能性はある。またイギリスではアメリカよりもブルース人気が高く、マディ・ウォーターズのエレクトリック・セットなどを通じてギター演奏に対する関心が持続していたという指摘もある。だがボーカリスト以上に「リードギタリストに人気が集まってしまう」（マーティン・パワー、『ジェフ・ベック　孤高のギタリスト』上巻、ヤマハミュージックメディア、64頁）という新たな状況を生み出したのは、いわゆるヤードバーズ三大ギタリストであったのは間違いないし、70年代以降の次世代ギタリストがこぞって上記のイギリス人ギタリストを先駆者として挙げているのも確かだ。

このギタリスト大量発生の背景には、何らかのイギリス独自の社会的背景があったのだろうか。ポール・ウィリスは『ハマータウンの野郎ども』（1977年）でイギリスの労働階級独自の文化を分析しているが、それがロック／ギターを受容する若者たちの在り様に重なってくる。学校という「権威」にことさら反抗的であること、社会のルールを出し抜くことに自尊心を求める若者たちは同時に、ロックやソウル、レゲエなどを好んで聞き、知識よりは経験、精神労働よりは身体労働に価値を置く。「手労働こそが、それ自体の無意味さにもかかわらず、この社会で自分たちの自由を謳歌し、ある特別な力を発揮する形式」（ウィリス、『ハマータウンの野郎ども』、熊沢誠・山田潤訳、ちくま学芸文庫、1996年、257頁）と考えるのだ。社会や学校に反発する中産階級の若者たちの間にも「労働階級の価値観」への同調、共感が見られると、この価値観は階級を超えて若者たちの間で広く共有されている状況が指摘されている（同、149頁）。

こうした身体性に重きを置く文化の中で、自分の持てる技能を存分に発揮して表現するギタリストが崇め奉られるのは、ある意味自然かもしれない。またロバート・ワルサー（『悪魔とドライブ：ヘヴィーメタルにおける権力、ジェンダー、狂気』、ウェズリアン大学出版局、1993年、未訳）やメイヴィス・ベイトン（「いかに女性はミュージシャンとなるか」、1988年、未訳）が指摘するように、楽器習得や演奏技術が男性性の誇示と深く結びついているならば、男尊女卑が強く根付く労働階級文化との親和性はさらに高まる。

だがそれだけではギタリストだけが特権化される理由としては弱い。なぜならドラムだってベースだってボーカルだって、みんな自分の身体で音楽を奏でていることには変わりないからだ。となるとやはり、ギターという楽器そのものをもう少し掘り下げて考える必要があるだろう。

レス・ポールによるギター革命

ギターは他の多くの楽器とは異なる道を歩んで進化し、その物質的な限界を超えたトーンを手に入れた楽器だと言える。バイオリンやアコースティック・ギターのような弦楽器、ピアノやチェンバロのような鍵盤楽器、各種打楽器、そして金管、木管などの吹奏楽器、そのいずれも基本的には一種類のトーンしか持たない。例えばピアノは、打鍵の速度や強弱、ペダルコントロール等によって微妙に音色の変化を付けることはできる。だがフェルトを巻いたハンマーで鉄弦を叩いて得られる音以外を出すことは物理的に不可能だ（ジョン・ケージが考案した、金属や木片でミュートさせる「プリペアド・ピアノ」は、その物理的特性の外に出るための工夫だった）。

アコースティック・ギターも同様に、内部に空洞を持つ木製のボディにナイロンまたは鉄の弦を張り、その弦を指またはピックで弾いた音以外は基本的に出せない。エレクトリック・ギターもともとは、その音を電気的に増幅するために作られたものだ。ジャズバンドのアンサンブルの中で埋もれないよう、ギターにマイクを装着してアンプに接続する。それでようやくサックスやトラペット、ピアノなどに負けない音量を獲得し、ソロ楽器として自立可能となったのだ。このソロ楽器としてギターを確立したのがチャーリー・クリスチャンであることは周知の歴史だが、当時のギター（ギブソンES‐150）はピックアップ一基にボリュームとトーンコントロールのみのシンプルな構成。アンプ（ギブソンEH‐150）と併せ、単純に音量を拡大するための装置である。

そのギターのあり方を根本的に変えたのが、ギタリストのレス・ポールだった。自作の機材に様々な仕掛けを施してディレイやフェイザー、スピード・シフターなどのエフェクトを考案し、ギターの音色を電気的に変化させたのだ。ギターはその物質的な条件を超えたトーンを自由自在に繰り出すことが可能になった。当時の聴衆はその聞いたこともないギターサウンドに驚き、レス・ポールはラジオ（「ザ・レス・ポール・ショー」、1950年）やテレビ（「レス・ポール＆メアリー・フォード・ショー」、1954〜55年）でレギュラー番組を持つほどの人気となった。

またレス・ポールはいわゆる特殊奏法によってギターの奏法にも革命をもたらした。先に挙げた「レス・ポール＆メアリー・

フォード・ショー」の何本かの映像を、今はYouTubeで見ることができる。そこにある「世界は日の出を待っている」などの演奏を見ると、誰しも唖然とするだろう。三連続プリングオフや開放弦を絡めたプリングオフの下降フレーズ（いずれもベックの十八番でもある）を次々と決め、さらにハイポジションからローポジションへの瞬間的な移動、高速グリッサンド、ミュートを利かせたスウィープ奏法など、アクロバティックな演奏がこれでもかと繰り広げられる。まさにベックがレス・ポールをお手本としていることがよく分かる映像だ（ちなみにパワーのベック伝によれば、この番組が放映されていた当時ベック家にはテレビがなかったそうなので、こうした特殊奏法をベックは聴覚情報のみで会得したことになる）。

レス・ポール以降、ギタリストたちはジャンルを問わず、新たなサウンドや奏法を求めて様々な挑戦を続けることとなった。激しい歪みによる暴力性。クリーン・トーンによる繊細さ。円やかに膨らむ中音域の官能性。そしてそれらの多彩なトーンを作り出すギタリストのニーズに応えるために、新たなアンプやエフェクターが次々と発明され、改良が重ねられていく。演奏法としては、指やピックによる撥弦、左手指やスライドバーによる押弦、チョーキング／スライド／ハンマリングオン／プリングオフなどの左手テクニック、スウィープやタッピングなどの特殊奏法。これらの組み合わせで驚くほど多彩な表現が可能だ。

こうしたサウンドメイクと奏法の革新を経て、ギターはそれ自体の文法や語彙を備えた表現手段となった。ギターはインストゥルメント（楽器／道具）であることを超えたメディアとなったのである。

メディアとしてのギターの誕生

メディアとは本来、人間同士で情報交換を行うための手段、媒介物（medium）を意味する。だがいつしか人間はメディアを前提として社会を作り上げると同時に、メディアは人間自身を拡張する手段ともなった。これがマーシャル・マクルーハンのメディア論の骨子である。あまりにも有名な「メディアはメッセージである」というテーゼは、メディアの形式や方法によって伝達すべき内容（コンテンツ）が規定されることを示す。メディアが現実を構成する現代社会を的確に示した言葉だ。「自動車が生まれるまで、だれも自動車を欲しがりはしないし、テレビの番組ができるまで、だれもテレビに関心をもちはしない」(マクルーハン、『メディア論　人間の拡張の諸相』、栗原裕・河本仲聖訳、みすず書房、1987年、71頁)。つまり、新たな技術やメディアが先に誕生し、それにふさわしいコンテンツは後からついてくる、とマクルーハンは言う。

クラシック音楽の演奏は、作曲者が楽譜に書き留めた音楽を再現するプロセスである。その場合の楽器は、イデアとしての音楽(楽譜)と再現された音(演奏)の間で、できるだけ「透明」であることが求められる。楽器の物質性(個体差など)によって再現の質に影響が出ることは極力避けたい。こうした場では楽器はメディアたりえないのだ。それに対してギターは、その物質性、非透明性が際立つ楽器だ。様々な条件で音が異なり、演奏者もそれを前提とし時にはそれを楽しむ。奏でられる音楽(コンテンツ)に対し、奏でる楽器(メディア)の方が先行するものと言ってもよい。

ギターにおいてメディアがコンテンツに先行するとはどういうことか。それをよく示すのがブルース・ブレイカーズにおけるエリック・クラプトンだろう。60年製のギブソン・レスポール・スタンダードをマーシャル1962アンプに繋ぎ、ボリュームをフルアップしてオーバードライブさせることで生まれたサウンドは、その後の全てのロックギターの規範であり出発点となった。だがそれは、何らかの主題やアーティストの内面を表現するために意図して作り出されたものというより、市場に流通している商品の組み合わせによる偶然の産物だった。要するに、クラプトンがたまたま選んだ組み合わせが、それ以前にはありえなかった太く甘い雄渾な調べを奏でたのだ。

だがその結果として、ギターサウンドに新たな意味が付け加えられ、受容する側の感性も変容していく。ファズの暴力性(例えば「サティスファクション」)とは異なる質の歪みを作り、それを「美」や「爽快感」として感受する感性なくして「哀しみの恋人たち」や「レッド・ブーツ」、さらにはゲイリー・ムーアの「パリの散歩道」やヴァン・ヘイレンの「暗闇の爆撃」などは生まれ得なかったはずだ。19世紀の聴衆がカルロス・サンタナのギタートーンを聴いたら、どのような感想を漏らすだろう。少なくともそこに「官能性」を見出すとは思えない。「官能的なギターサウンド」というイメージ(イデア)が先に存在し、そのイメージを再現するためにカルロスがヤマハSGをブギーのアンプに繋いだわけではない。それを聞いた私たちが、なぜかその音にエロティックなイメージを喚起させられてしまった。それは私たちの感性がメディアによって変容させられた例と言えよう。

メディアの発達や都市環境が聴覚と感受性に変容をもたらしてきた歴史は、エミリー・トンプソン『現代のサウンドスケープ』（MIT出版局、2004年、未訳）やジョナサン・スターン『聞こえくる過去』（中川克志他訳、インスクリプト、2015年）などに詳しいが、ギターも60年代以降にそうした感受性の変容を促したメディアの一つなのだ。そしてこのギターのメディア化において、ジェフ・ベックが果たした役割は極めて大きい。メディア＝人間を拡張する装置としてのギターの可能性を最大限に引き出したのがベックだからだ。

ギターを一種のメディアとして捉えることができるのは、それが単体の楽器として存在するのではなく、ギター／エフェクター／アンプという組み合わせによって初めて成立するからである。ギタリストはこの各種装置を一つの有機的に結合し、システムとしてコントロールする存在であり、このシステムをどれだけ効果的に機能させるかによってギタリストの優劣が決まると言ってよい。ギターの演奏技術はその中の一部である。かなり大きな部分ではあるが、全てではない。

その一方で、シンセサイザーのようにコントロール部（キーボード）と音源がはっきりと分かれているものに比べ、ギターはこのシステム全体の連携度が高い。したがってギター本体の演奏のニュアンスがこのシステム全体の出音に大きく影響する。このギター／エフェクター／アンプというシステムに、ベックはきわめて意識的にアプローチしているのだ（詳細は後述する）。ベックは一時期ギターシンセサイザーを積極的に使用しながらもすぐに放棄してしまった。シンセサイザーは上記のように音源部と楽器部分が分離したシステムであり、ギターシンセもギター部分のコントロールにそれほど依存しない。それはベックにとって、演奏自体の楽しみを殺ぐものだったのだろう。

エンコーディングとしてのギタープレイ

情報をメディアに乗せるためそのスタイルに合わせて加工するプロセスをエンコーディングと言う。そして聴衆の側でメディアの限られた情報から全体像を再構成する作業はデコーディングと呼ばれる。ギターに即して言えば、種々の表現技法や既知のフレーズを組み合わせてソロや伴奏を行うプロセスがエンコーディングに当たり、聴衆がヴィブラート・チョーキングや激しいアーミング、フルピッキングによる速弾きなどを何らかの感情表現として読み解くのがデコーディング、ということだ。

われわれはこうしてメディア上のコンテンツを享受しているわけだが、社会学者のスチュアート・ホールはエンコーディングのプロセスこそが情報／現実を構成していることを喝破した。ギターというメディアは、ギターという楽器本体、各種エフェクター、アンプなどの機材が有機的に連携して成立するものだ。歪みやサスティーンなどをコントロールしてトーンを作り、ディレイなどのエフェクトでその音をさらに加工して、楽曲の魅力を引き立てるためのプレイを構築する。これがギターのエンコーディング・プロセスだ。そしてそのエンコーディングにおいては、作り手のオリジナリティと、そのメディア自体の作法や約束事、この両方が作用している。これまたギターに即して言えば、独自のギタープレイやサウンドを生み出すための新奇な試みと、ジャンルの約束事や既存のテクニック、サウンドの援用、このどちらかが欠けても成立しないということだ。独自性だけを追い求めれば独りよがりになり、一方ジャンルや過去の歴史に囚われていては二番煎じになる。

ジェフ・ベックというギタリストは、このエンコーディングのプロセスにおいて余人の追随を許さない。ギターの特性を知悉しその可能性を最大限に発揮できるという点で、ベックに匹敵するのはジミヘンくらいだろう。「ホエア・ワー・ユー」の驚異的なアーミング・プレイは言うに及ばず、「アンヴィシャス」のビデオ（ベックの数少ないPVの一つだ）で、ジャクソン・ソロイストを文字通り縦横無尽に弾きまくるオブリガートやソロパート、古いところではヤードバーズ「トレイン・ケプト・ア・ローリン」での列車の汽笛や「フリーウェイ・ジャム」のライブバージョン（『ライブ・ワイアー』、1977年）でのクラクションの音、鳥の声のようなスライドプレイ、そしてもちろん「ジェフズ・ブギー」でのハーモニクスなど、ギターのどこをどう弾けばどういう音が出るかを知り尽くしている。また先のPVでも分かるが、ギタープレイを「見せる」ことにも長けている（この点もレス・ポールに通じるところだ）。

一方サウンドメイクにおいても、ピックアップ・チェンジやピッキング・ニュアンスによる幅広いトーンコントロール（「グッドパイ・ポーク・パイ・ハット」のソロは、とてもワン・テイクとは思えない）やギターの特性を生かした音作り（「哀しみの恋人たち」の美しさや「カム・ダンシング」の切れ味の鋭さ）、リング・モデュレーターやトーキング・ボックスなどによる大胆な音変化や変則的なプレイなど、ベックのオリジナリティを挙げていけばきりがない（この点については、本書で他の方たちがもっと詳しく論じてくださっているだろう）。

ジェフ・ベックとギターヒーローの時代

ボーカルはもちろん、ソングライティング、バンドマネージメント、プロデュース、いずれも苦手だというベックは、ただギターを弾くこと、ギターの可能性を極限まで追求することのみを、50年以上に及ぶ音楽キャリアで追い求めてきた。ベックのギターは「何か」を表現するための手段ではない。逆にギターに徹底的にこだわりその魅力を引き出そうというベックの意志こそが、結果として既存のジャンルやスタイルを超えた音楽を生み出す第一動因となったのだ。

ギターヒーローとは、ギターの奏法やサウンドの革命を通じて、ロックや現代ポピュラー音楽そのものを変革する存在なのだ。リッチー・ブラックモアが西洋古典音楽（クラシック）、とりわけバロック音楽の様式やスケールをロックギターに導入したところから、HR／HMの様式美が確立していく。エディ・ヴァン・ヘイレンはライトハンド奏法（タッピング）で、通常の奏法ではとうてい不可能な幅広い音域をカバーするフレーズを繰り出し、このダイナミズムがイギリスとは異なるアメリカ独自のHR／HMを生み出す原動力となった。スティーヴィー・レイ・ヴォーンが半音下げチューニングと極太弦の組み合わせで生み出した切れと粘りを併せ持ったトーンは、現代的なブルースにおける必須のイディオムだ。

現代におけるギターヒーローの不在とは、このギターと音楽の同期が失われてしまった状況を示しているのだ。ギタリストは既存のジャンルやスタイルの中で自閉的にギターテクニックの誇示、名人芸の拡大再生産に明け暮れている。そうでなければひたすらコードをかき鳴らすバッキングに徹する。それはそれで意味はあるのだが、そこでのギターはもはや、新たなコンテンツやメッセージを生み出すメディアとしての機能を失ってしまった。

それに対して還暦どころか喜寿も過ぎたベックは、今でも新たな音楽スタイルにチャレンジし続けている。『フーエルス！』以降しばらくはテクノやハウスを大胆に導入した現代的なヘヴィー・ロックを追求していたのに、久しぶりにリリースした『エモーション&コモーション』（2010年）ではオーケストラとの共演（「ハマーヘッド」など）やオペラ『トゥーランドット』のアリア「誰も寝てはならぬ」のカバーなどの意表を突いた選曲とアレンジで驚かせる。と思えば、最新作『ラウド・ヘイラー』（2016年）では女性ボーカリストロージー・ボーンズを迎えて、11曲中9曲がボーカル入りという、『フラッシュ』以来ほぼ30年ぶりの歌ものロックに回帰してみせた。長年のファンでも予想がつかない新たな展開を次々と繰り出してくるベックだが、その根底にあるのはつねに新たなギターサウンドの追求だ。

スティーヴー・レイ・ヴォーンと

ギターサウンドの革新とその結果としての新たな音楽の誕生。これが60年代後半以降のギターヒーローの時代を作り上げたものだった。その象徴的存在であるベックは、人間の経験や感覚を拡張するメディアとしてのギターの可能性を追求し続けている。「ギター・サイボーグ」と呼びたくなるほどギターと一体化せんばかりのその姿と音楽は、社会への反抗とか反権力とか、そんなロックやギターに対する社会的通念を脱構築してしまう。「SFは人間が見たこともない風景を作り出すジャンルであり、プログレは未体験の聴覚体験を与えてくれるジャンル」（増田まもる氏談）であるが、ベックも同様だ。だれも聞いたことがないギターの音を奏で続け、私たちを新たな音楽世界に導き続ける。

（ながさわ・ただし　米文学）

保守と革新のフュージョン或いはそのどちらからも自由なギタリスト

松井 巧

日本人が好んで言うところの〝三大ギタリスト〟、すなわちエリック・クラプトン、ジミー・ペイジ、ジェフ・ベックが並び立ったライヴの公式映像として有名な『アームズ・コンサート』は、故ロニー・レーン（元フェイセズ、スリム・チャンス）の多発性硬化症が悪化したのを機に開催され、音楽仲間たちが協力・参加したチャリティ・コンサートの模様を収めた映像集である。1983年9月20日ロンドン・アルバート・ホールで行われたそのライヴを久しぶりに観ていたら、以前と少し違う印象を持ったので、まずはそのことから書いてみたい。

クラプトンも自伝で述べているように、このときのコンサートは、個性あふれる主役級のミュージシャンたちが大挙参加している一方で、共通の友人のためのチャリティゆえに互いのエゴを抑えながら和気あいあいとした競演を繰り広げている。〝三大ギタリスト夢の競演〟の副題は日本のメーカーがつけたものだから、あまり当てにはならないかといえばそうでもなく、厳密にはこの三人の他にスティーヴ・ウィンウッドもスター級の扱いがなされているものの、本当の主役はやはりクラプトン、ペイジ、ベックで、しかも彼ら三人が一堂に会した終盤のセットが一番盛り上がっている様子が見て取れる。洋の東西を問わず、いやロックを生んだ英米でこそ、ギターはバンドの花形なのだ。

しかし、ここでまたぞろ〝三大ギタリスト夢の競演〟を礼賛してもしょうがない。私が着目したのは、その直前に置かれたペイジのセット、彼が80年まで活動の拠点にしていたレッド・ツェッペリンの代表曲「天国への階段」を演奏するくだり、正確には、その後、同イベントが好評だったのを受けて同年12月に追加されたアメリカ公演と合わせての「天国への階段」である。

周知のとおりこの曲は、ツェッペリンの中でもとりわけ多彩な音色を活かしたアレンジを特徴としており、アコースティック6弦ギターのアルペジオと素朴な短音のリコーダーから始まる。そして、そこに抑制されたヴォーカルが加わった後は、順にエレクトリック12弦ギター、電気ピアノ、ベース、ドラムスと厚みを増しながら進行、ギター・ソロでは6弦エレクトリックがブルージーに、ヘヴィなサビでは同じくエレクトリックのコード・ストロークとロバート・プラントの高音シャウトがドラマティックな盛り上がりを見せる。ライヴ・ヴァージョンならば、リコーダーがメロトロンに代わり、アコースティックとエレクトリックを使い分けたギターのパートはギブソン・エレクトリックのダブル・ネック・ギターですべてをカヴァーすることにより、これも印象的な音空間を現出させてきた。

ロイヤル・アルバート・ホールでの同曲ライヴ・テイクを初めて観た（聴いた）とき、私は、亡くなったジョン・ボーナムの不在はもちろんのこと、プラントもジョン・ポール・ジョーンズもいない中でペイジが孤軍奮闘するならあのアレンジしかあり得ないと思っていた。すなわち、ペイジがギブソン・ダブル・ネック・ギターで表現できるパートはできる限り再現し、それ以外のパート、とくにプラントのヴォーカル部分は聴衆が想像で補えばよい、と。しかし、その後、ニューヨーク・マジソン・スクエア・ガーデンにおけるステージ映像（83年12月8日）や、ジェフ・ベックが2009年、ロックの殿堂入りを果たした際、先に殿堂入りしていた（95年）プレゼンター役のペイジと共演という形での記念ライヴで、同じくツェッペリンの代表曲「移民の歌」を演奏している映像を観ていたせいだろう。せっかく、同じバンドから飛び立ちながらも異なる個性を伸ばし続けた天才肌同士の〝夢の競演〟なのだから、もっとそれぞれの個性を活かした絡みがあってもよかったのではないかと考えるようになったのだ。マジソン公演では、いかにもノリがよさげなペイジの立ち居振る舞いとは裏腹に、肝心の音があまりに構成感と緊張を欠いていたせいか、演奏の終わり近くでたまりかねたクラプトンとベックが助太刀に駆けつけたものの、わずかにリードらしきギターを薄めに乗せるだけで実に中途半端なものとなってしまった。それと比べたら、ロックの殿堂入り記念ライヴの方は、むろんベックが主役ゆえではあるだろうが、ペイジがフェンダーのエレクトリック12弦による歪んだトーンのコード・リフ、ベックがトレードマークのストラトキャスターを用いてのリード・パートを受け持つという按配のよさで、しかもベックのリードはただギターのリード・パートのみをなぞるのではなく、原曲ではプラントのハイトーン・シャウトだった部分を金属的な響きのロング・トーンに置き換えて演奏していた。そして私にはそれが、同曲を挟むようにして演奏されていたもう一曲が、ペイジ作によるベックのファースト・シングルA面曲「ベックズ・ボレロ」（原曲でもペイジは12弦ギターを弾いている）であることとも相俟って、ベックの個性を非常に魅力的な形で的確に表現していると感じられたのである。

世に、天才と呼ばれるギタリストは多い。指が滑らかに動くことに関して、それが天才の所業なのか努力の賜物なのかはそれぞれだろうが、そこに革新性を帯びないかぎりいくら上手に弾きこなせても天才と認められることはあるまい。では、ここでいう革新性とは何か？　さしあたりロックやジャズ、ポップスと呼ばれる音楽において有効なことのひとつは、自分がもともと依って立つジャンル以外にも目配りを利かせ、それらからアイディアを取り入れて新しいスタイルを柔軟に作り出し続けることであろう。むろんメロディや和音の構成に他の音楽家とは違うすぐれたセンスを有するのも天才の条件であろう。しかしそれも、こうした幅広い視野と取捨選択の作業に負うところが大きいはずだ。

これをフュージョンとかクロスオーヴァーとかいえばジャズの専売特許のようだが、事実フュージョンとかクロスオーヴァーとか呼ばれる音楽のスタイルが確固として存在するのは事実だが、その本質部分だけに目を向ければ、ビートルズだってローリング・ストーンズだって、ヤードバーズだってレッド・ツェッペリンだって、フュージョンである。ビートルズは、英国におけるトラッド・ジャズのリヴァイヴァリストでもあるクリス・バーバーやロニー・ドネガンがアメリカから持ち帰り、独自の発展を遂げたスキッフルと、ロックンロール、さらには現代音楽やインド音楽との融合という形で。ローリング・ストーンズは、バーバーのグループから先陣を切ってエレクトリック・ブルースに移行したアレクシス・コーナーが、ジャズ・ミュージシャンとブルースに憧れるセミプロの若者たちとが混然となったセッションの場を提供する、ブルース・インコーポレイテッドの出身として。そのローリング・ストーンズがメジャー・デヴューを果たすと、その後釜としてロンドンの人気クラブであるクロウダディとハウス・バンド契約を結んだヤードバーズは、R&Bにブリティッシュ・フォークやポップス、クラシック、インド音楽などを融合させる手法で。そのヤードバーズの最終ラインナップから発展したレッド・ツェッペリンは、ハード・ロックという形式を確立した後さらにファンクや中近東音楽、レゲエ、プログレッシヴ・ロックの要素を取り入れることによって。といった具合に、それぞれが独自の出発点と着眼点とをもって〝フュージョン〟していたといえるだろう。

ヤードバーズの三代目ギタリストとして世に出、レッド・ツェッペリンの構想にも大きな影響を与えたと言われているジェフ・ベック・グループを経て、ジョン・マクラフリン率いるマハヴィシュヌ・オーケストラに刺激を受けたバンド編成やアルバム作りを目指したジェフ・ベックもまた、もとよりロック・サイドから、本質的な意味でも一般的な意味でもフュージョンに傾倒した第一人者であると言って間違いない。いったんはティム・ボガートとカーマイン・アピスを迎えてハード・ロック路線に進むものの、ポール・ロジャースの招集には失敗するなどして短期のうちにその活動を終えると、75年にはマハヴィシュヌ・オーケストラのプロデューサーだったジョージ・マーティンを起用してのインストゥルメンタル・アルバム『ブロウ・バイ・ブロウ』を録音。続く『ワイアード』では同バンドのメンバーでもあるヤン・ハマー（キーボード）、ナラダ・マイケル・ウォルデン（ドラムス）を起用して同様の路線を推し進めている。

しかし、ここでまた急いで付け加えなければならないのは、彼がそうしたいわゆるフュージョン系の音楽に傾倒するにおいて、かならずしもギターにだけ着目しているわけではないということだ。

むろん、同じギタリストとして、ジャズの側からビートルズやヤードバーズ、クリーム、ジミ・ヘンドリックス等に傾倒し、後にエリック・クラプトンとクリームでトリオを編成するジャック・ブルースやジンジャー・ベイカーとはグレアム・ボンドのオーガニゼーションで同僚関係にあった元長髪のヒッピー青年マクラフリンに対しては、関心があったどころではあるまい。そもそもの出発点からして、母親にピアノの手ほどきを受けながらも50年代の半ばにはすでにロックンロールに心奪われ、友人から借り受けたガット・ギターでは飽き足らずに有り合わせの材料でギターを自作するほどのベックである。マクラフリンにかぎらず、ギターは常に彼の関心対象であった。

２０１０年6月9、10日に行なわれたレス・ポールのトリビュート・コンサートを映像作品化した『ライヴ・アット・イリディウム～レス・ポール・トリビュート』を観ても、たしかにベックのギター・ミュージックに対する愛情の深さがしみじみとうかがえる。レス・ポールといえば、50年代に当時の妻で歌手のメリー・フォードと組み「ハウ・ハイ・ザ・ムーン」をヒットさせたギタリスト。また、ギブソン社初のエレクトリック・ソリッド・ギター、レス・ポール・モデルを開発した人物であり、48年に彼が発表したシングル「ラヴァー／ブラジル」は世

(Photo by David Redfern/Redferns)

界初のオーバーダビング、さらに一部のトラックの回転数を上げるなど当時の録音技術の粋を極めたギター主体のインストゥルメンタル曲として知られている。

実はジミー・ペイジなどもかなりの影響を受けた一人だが、彼の場合は主としてオーバーダビングの手法にその影響が表われているのに対し、ベックのそれは、まず〝再現度の高さ〟となって現われる。先述の『ライヴ・アット・イリディウム』の中から、「スリープウォーク」という曲に注目してみよう。原曲はスティール・ギターとエレクトリック・ギターの兄弟デュオ、サント&ジョニーによるもので、59年に全米1位まで上り詰めているが、ベックはこれをレス・ポールのヴァージョンに寄せて、ジャジィな雰囲気のアレンジとやや強めのピッキングで演奏している。

ところが、ベックはそれだけにも終わらない。アーミングとチョーキングを多用し、スティール・ギターなしで滑らかな音程の変化を表現としているところはレス・ポールと一緒だが、アーミングのやり方自体はレス・ポールとかならずしも似ていなくて、アームを握りっぱなしにしながらピッキングの度に微妙な音程変化をつける奏法が似ているのはむしろハンク・マーヴィンである。さらに、エンディングの余韻溢れるヴィブラート音は、ガラス製のスライドバーをフレットの部分で上下させることにより、オリジナルのサント&ジョニー・ヴァージョンをも連想させる仕掛けとなっている。クリフ・リチャードのバック・バンドから独立したシャドウズのリード・ギタリスト、ハンク・マーヴィンがレス・ポールに劣らずベックを触発してきたことは、フェンダー・ストラトキャスターという共通のトレードマークと相俟って、広く知られるところだろう。

と、書けば、多くの先達が作り上げた多くのスタイルに向けてリスペクトを欠かさぬギター偏愛者ベックの姿が浮かび上がるが、そこでもまだ終わらないのがベックである。ギター・ミュージックが好きなのは再三言うように間違いない。だが、たぶん、それと同じくらい彼は、ヴォーカルも好きなはずだ。もっと言えば、ギターで歌うのが好きだ。誰それのギターには歌心がある、とはギタリストを誉める際の常套句だが、ベックの場合は本当にヴォーカル・パートをカヴァーしてしまう。その一例が先述したロックの殿堂における「移民の歌」だが、彼にはそれ以前にもっと印象的な〝ヴォーカル・ギター・ナンバー〟がある。『ブロウ・バイ・ブロウ』に収録されている「哀しみの恋人達」だ。スティーヴィー・ワンダー作曲のこのトラックは、テレキャスター・マスターの異名を取るロイ・ブキャナンに捧げられており、ピッキング・ハーモニクスやチョーキング、ヴォリューム奏法を複合的に駆使したプレイからは明らかな影響がうかがえる一方で、作曲者の元妻で原曲を歌ったモータウン歌手シリータ・ライトの透明感溢れる歌声を連想させるものともなっている。これが一般的な演奏者なら、人の声はどんな楽器も太刀打ちできないほど豊かな情報量を持っているから、楽器を使ってヴォーカル・パートをインストゥルメンタル化する際には、どうしてもある種の割り切りが必要になり、その楽器の特性に引き寄せなくてはならないと考えるのが普通だろう。一見ベックがやっていることもギターの特性に引き寄せているようだが、各種ギター奏法を総動員し、それで表現しきれないところがあれば既存の奏法を改良したり今までなかった奏法を編み出したりしてでも人声に近づける、そんな矛盾を矛盾とも思わないところがベックのギターの特異な点である。念のために言うと、シリータ版「哀しみの恋人達」で聴けるギターはアルペジオ主体のアコースティックで、ベック版のギターにはほとんど参考になっていない。

こうして、ベックは、ギターを使って正統的なギター・プレイを〝再現〟すると同時に、ヴォーカル・パートをもギターで再現するという手法を通じ、革新的なプレイを開拓する希代のギター奏者としての地位を確立することになる。２００９年に発表されたライヴ・アルバム『ライヴ・アット・ロニー・スコッツ・クラブ』他で聴けるビートルズ・カヴァー「ア・デイ・イン・ザ・ライフ」は、ヴォーカル・パートとさらにエンディングに配された不協和音のオーケストラ・サウンドまでもギターで表現しているという意味において、「哀しみの恋人達」や同じく『ブロウ・バイ・ブロウ』に収録されていた「シーズ・ア・ウーマン」の発展形と考えてよいだろう。

ここで我々は、ベックがギター・インストゥルメンタルに力を注ぐようになった動機のもうひとつに、ある時期から組みたいヴォーカリストがいなくなってしまったというのを思い出してみてもいい。そういうときに自ら歌えれば、クラプトンのようにヴォーカル込みでギターの味わいを熟成させる方向に進むことも考えられたかもしれないが、いかんせんベックのヴォーカルはといえば、せいぜい「ベックズ・ボレロ」のB面曲「ハイ・ホー・シルヴァー・ライニング」で聴けるレヴェル――後には自らライヴでそれをネタにするようなところもあったが――。85年に発表されたソロ・アルバム『フラッシュ』収録の「ゲット・ワーキン」「ナイト・アフター・ナイト」がナイル・ロジャースのプロデュースをもってしても、円熟には程遠かった。同じアルバムの「ピープル・ゲット・レディ」で聴けるロッド・スチュアートのヴォーカルが素晴らしかっただけに、その志向はますます強まるほかなかったのだろう。

しかし、それにしても不可解なのが、『フラッシュ』というアルバムだ。すでに『ブロウ・バイ・ブロウ』や『ワイアード』といった傑作インストゥルメンタル・アルバムを完成させていたベックが、そもそも何故、中途半端なヴォーカル主体のアルバムを作ってしまったのか。ナイル・ロジャースのプロデュースは構わない。バーナード・エドワーズとのコンビでデボラ・ハリーからマドンナ、デヴィッド・ボウイ、デュラン・デュランまで、80年代流の斬新なファンク／ディスコ・サウンドを作り上げたロジャースとの共同作業は、ベックのギターに新しい〝フュージョン〟の機会を与える絶好の場だったはずだ。それは、『ブロウ・バイ・ブロウ』に匹敵する画期的な〝ロック・ギター・アルバム〟となる可能性を秘めていたかもしれないのである。もちろん、ヴォーカル入りだからすべてが駄目ということもない。げんに、「ピープル・ゲット・レディ」はベックのギターもひときわ情感豊かに響いている。しかし、むしろこの曲の方がアルバムの中で異色の存在で、あとのほとんどはファンキーなダンス・ビートやデジタル音源のキーボード群、コーラス等を特徴とするきらびやかなサウンドに合わせ、ベックのギターが多種多様な奏法を使って強烈な演奏を繰り広げているだけに、かえって全体のアレンジから浮き上がっているように聴こえる点が問題だ。皮肉なのは、あのアルバムが、今やすっかりベックの代名詞ともなっているフィンガー・ピッキングを本格的に始めて以降の最初のスタジオ・アルバムというところだろう（補足すると先述のアームズ・コンサートの時点で、すでに指弾きに転じている）。ピックを手放して以降のベックのプレイが、タッピング、ヴォリューム奏法、アーミング、ストラトキャスターのフローティング・ブリッジを掌の付け根辺りで押し下げる彼特有の奏法など、あらゆるテクニックにさらなる自由と鋭さを増したことは、多くのギター愛好家が指摘するところだ。

ベック本人がこのアルバムを気に入らない理由として、レコード会社の判断のしくじりを挙げていることからすると、ナイル・ロジャースのプロデュース自体に疑問を感じていた可能性が高い。それはそれで、ベックの見解であるから何の文句も言う筋合いはないが、しかしデジタル・サウンドやダンス・ビートそのものを嫌っているのなら、後年、『フー・エルス！』（99年）や『ユー・ハド・イット・カミング』（2000年）、『ジェフ』（2003年）といったアルバムで大胆な打ち込みサウンドを導入したり、デジタル・オーディオ・ワークステーションの代名詞的な機種（あるいはシステム）であるプロトゥールスを駆使して過激なカットアップ、音色の加工等をここまで徹底して行なったりはしなかったろう。個人的には、急激な音色の転換やディレイ効果、高速フィンガリング、SE（鳥のさえずりなど）とのコール＆レスポンス等々が、どれくらいの割合でベックの実演からそのまま生み出されたものなのかが気になるのだが、『ユー・ハド・イット〜』辺りではデジタル・ビートを基盤にしたトラック群の中に記名性に富んだプレイが深く食い込む形で融合するなど、しっかりとこの種の形式にも進化の足跡を留めているのはさすがである。あるいは、デジタル・オーディオ・ワークステーションというハードの使用の中に、敬愛するレス・ポールのレコーディング手法に対する、ここは再現度の高さならぬ進歩的なアプローチを読み取るべきであろうか。

といったような次第で、ジェフ・ベックというギタリストを称賛したり落としたりする本稿であるが、かならずしも筆者の偏った聴き方のせいばかりではなく、天才の所業があまりにも独自性に富んでいて、現実との折り合いがつかなかったり周囲の理解が足りなかったりすれば、ときにとんでもない駄作に終わる危険があるのは事実だろう。しかし、危険を顧みないところそれ自体が魅力になっているのは否定できない。ようするに彼は、何ものからも自由なのであって、形式的には保守と革新の〝フュージョン〟だが、逆説的にそれは、ギターはギターらしくあらねばならない——世にベックのエピゴーネンが多いのは無理からぬとしても、そのほとんどがギターをギターでコピーする域にとどまっている点に、私は物足りなさを覚えずにいられない——という保守的な考え方からも、革新的な音楽家が既存のジャンルに囚われてはならない、などという生硬な考え方からも自由である、ということだ。60〜70年代のロック・ミュージックという枠を越えてジェフ・ベックに着目し、聴く価値もまた、そこにあると思っている。

（まつい・たくみ　音楽批評）

また新しい彼に出会ったという嬉しさ

インタビュー

聞き手＝編集部

――Reiさんは1993年生まれですね。ジェフ・ベックを初めて聴いたのはいつですか？

色んな音楽のルーツを辿っていくなかで、ジェフ・ベックに出会いました。わたしが初めて音楽そのものに触れたのは4歳の頃にクラシック・ギターを始めたときでした。当時ニューヨークに住んでいたこともあって、5歳の頃にジャズやブルースを演奏したんですが、ロックには触れていなかったんです。帰国後、小学校3〜4年生ぐらいでロックバンドを組んでロックを初めて聴きました。バンドでは60年代のロック、ビートルズ、レッド・ツェッペリン、ディープ・パープルとかをカバーしていて、そこからビートルズと関係の深かったエリック・クラプトンを聴くようになったんです。クラプトンの所属していたクリーム、そしてヤードバーズを聴いたのがきっかけで、ジェフ・ベックを聴くようになりました。

――ソロ作品はどれからお聴きになりましたか。

最初に聴いたのは『ジェフ』ですね。そこから深掘りしていって、特に好きなのは『ブロウ・バイ・ブロウ』『ワイアード』です。たくさん聴きましたし、コピーもしました。「スキャッター・ブレイン」は定番だと思うんですけど、クラシック・ギター出身の自分にとっては、基礎練習的な、器械体操のような要素があって、ロックミュージックとしては新鮮だなと思いました。こうした音運びがロックにもあるんだ、という驚きがありました。

――クラシック・ギター的な要素をどんなところに見つけたのでしょう？

時代によってさまざまなんですけど、クラシックの曲はひとつのメロディーをもとにして、違ったパートで構成されているんですね。たとえば、同じメロディーをアルペジオや二音の和音で変奏しているんです。ジェフ・ベックも同じモチーフを発展させているようなフレージングを用いていて、シンパシーを感じながら練習曲のように弾いていました。

――Reiさんはクラプトン、ジョニー・ウィンターをはじめ、ブルースをルーツ・ミュージックとしています。ジェフをコピーしたりするなかで、どのような個性を感じたのでしょうか。

彼の個性というのは、柔軟にいろいろなジャンルのギター奏法を取り入れているところだと思います。ブルーグラス、フュージョン、ロック……さまざまです。チェット・アトキンスなど、彼が影響を受けたギタリストはひとつのジャンルに徹していますが、ジェフ・ベックはそうした高い技術を持ったギタリストとは多様性という意味で、ひと味違うと思います。

確固たるなにかがない人がいろいろなジャンルに手を出すと、とっちらかってしまう可能性はあると思うんですけど、彼の場合、彼の音楽になっている。こだわりの強い音作り、ギター本体についての愛情とか、研究熱心なところで培われているのかなと思いますね。いろんなスタイルの音楽をやっても、彼らしさがなくならないところに感激します。

ジェフはヤードバーズのときにエスクワイアというギターを使っていて、ひとつしかピックアップがついていない。テレキャスターではあるんですけど、それをあえて使っていて、すごくお洒落だなと思いました。バンドの中心に自分の音を置きたいという意思があると、ハムバッカーみたいなパワーのあるギターをついつい使いがちなんですが、シングルピックアップを使っているというのが潔くて。そういうチョイスを若い頃からしているというのが、彼ならではだと思います。

目立つためというより、自分のプレイを一番尊重してくれるギターを選ぶという点で、影響を受けました。わたしは以前から、リッケンバッカー330とかデュオソニック2など、王道からはずれたギターを使うことが多いんですけど、個性重視で、自分らしい音を出したいという想いがあるからです。長いセットリストになるとストラトやテレキャスターは幅が広いし彩りがあって便利なんですけど。

――『ワイアード』をはじめとするいくつかのジェフの作品においては、ドラムの存在感も見逃せません。Reiさんは今年（2017年）にフランスの大型フェスEurockéennesでは、ドラムとのデュオで出演していらっしゃいました。

ドラムとギターだけというのは、いま一番好きな編成かもしれません。わたしはアドリブ性の高い演奏をするので、音程楽器が別にあるときよりも自由度が増すんですね。音程とリズムって対称的な要素なので、たとえばフレーズをなげかけたとき、呼応するフレーズがリズムで返ってくるのは、ギター同士でやるより異言語で会話できているような不思議な感覚になります。

――アドリブの面白さを感じたライブアルバムを教えてください。

1983年のアームズ・コンサートで、エリック・クラプトン、ジミー・ペイジとともに出演してますが、このときちょうど指弾きを披露していて。導入部がたしかシンセサイザーの導入から始まって、そこへジェフはストラトキャスターで乗っていくんですけど、そのアレンジメントに彼の音楽セオリーが映っているなと思いました。偉大なギタリストなのだから、いきなりギターで始めることだってできるのに、ジェフ・ベックはショー全体を俯瞰してギターを入れていくんですよね。料理にたとえると、辛さ、甘さ、苦さとか、トータルバランスをみてそれぞれ味付けしていくのが、すごいなと思います。

2017年10月6日「Reiny Friday -Rei & Friends- Vol.7」@duo MUSIC EXCHANGE
撮影：ハヤシサトル

——アドリブのタイミング、間合いをどう聴き取っていらっしゃいますか。

ここ数年で自分も、ライブでの間合いの大切さに気づきました。ギターの音作りや、速く弾けるかといった、技術的に不可欠なことはたくさんあると思うんですけど、テンポやリズム感が上手な人って、音楽だけでなく会場のお客さんとのコミュニケーションも上手いんですよね。

——ジェフ・ベックのキャリアは50年以上にわたりますが、そのアーカイヴをReiさんのような世代が聴くとき、もしジェフがこのジャンルを探究していたらというような可能性を考えたりしますか。

ロックの歴史を渡り歩いている

人ですよね。50~70年代のロンドンのロックシーンは、想像もつかないくらいゴージャスで、名だたるロックレジェンドがいるコミュニティがあって、ジェフ・ベックがこのバンドにいたらと想像したりもするんですけど、ジェフの魅力は一匹狼であるからいいんだよな、とも思います。ヤードバーズ、自分の名前を冠したジェフ・ベック・グループ、ベック・ボガート&アピスというバンドをやりつつ、つねに孤高のギターヒーローです。

――バンド以外にも実に多くのミュージシャンの作品に参加していますね。

よりよい作品をつくるためにバンドのピースとして参加することもできれば、自分の作品ではちゃんと自分を前に出して、自分にしかできない世界観の音楽ができる。それは彼にしかない特別さなのかなと思います。エリック・クラプトン、ジョニー・ウィンター、ブライアン・セッツァーとか、大好きなギタリストはたくさんいるんですが、存在感としてわたしが目指している理想のギタリストはジェフ・ベックなんです。

2017年10月6日「Reiny Friday -Rei & Friends- Vol.7」@duo MUSIC EXCHANGE
撮影：ハヤシサトル

――ご自身の音作りに影響を受けたアルバム、楽曲というと？

一番好きなアルバムは『フラッシュ』です。エレクトロニカとか、打ち込み要素の強いアルバムで、他のオーセンティックなギタープレイが聴けるアルバムではないのですが、70年代後半からピック弾きから指弾きに移行してますよね。完全に指弾きで作ったアルバムということもあって、ロッド・スチュワートと共演した曲でもやっているし、PVでも披露しています。30代を過ぎてからでも自分のプレイスタイルをひっくり返すような勇気に感動して、わたしにとって尻込みしているときに励ましてくれるような作品です。

――つねに現役であり続けることの驚きがある。『ラウド・ヘイラー』ではReiさんと同世代のミュージシャンと共演しています。

『ラウド・ヘイラー』はジェフのオリジナル・アルバムのなかで、わたしのトップ・ランキングに入るくらい大好きなアルバムです。ジェフ・ベック・グループでの大ぶりなリフとか、過去の名作との共通点をたくさん見つけたりもしたのですが、また新しい彼に出会ったという嬉しさもありました。

　ボーンズというバンドのヴォーカルであるロージー・ボーンズ、ギターのカーメン・ヴァンデンバーグと共作していますが、新しいことに触れる、チャレンジすることは、ある意味恐怖ですよね。自分もミュージシャンとして思うことなんですが、特に自分の後輩にあたるような素晴らしい才能あるミュージシャンと共演するというのは、くやしいとか負けたくないとか、そうした感情が生じないといったら嘘になると思うんですね。音楽以前に、プライドもありつつそうした姿勢、初心に戻るような心意気を尊敬してしまいます。何度も脱皮して大きくなっていく大蛇みたい。70代になっても筋肉質の体型を保っているところも美意識が高いですし。

——『ラウド・ヘイラー』で特に印象に残った曲はありますか。

　うーん、そうですね……どの曲も好きなんですけど、選びづらいですね。『ブロウ・バイ・ブロウ』や『ワイアード』ではリード曲的なものがあるじゃないですか。『ラウド・ヘイラー』は共作だからなのかもしれないですけど、コンセプトアルバム的なところがありますよね。ロックオペラというか。世界観が統一されているので、全体をゆっくり聴きたいなと思うアルバムです。

——過去のインタビューでジェフ・ベックは「俺がボスであるならそれでいい」と言っていました。もし共演したら、ぶつかり合って大変かもしれませんね。

　ジェフ・ベックのバンドに入ることは、夢のひとつです！　彼はいつも輝くような才能の持ち主を目ざとく見つけて、女性ミュージシャンも多く起用しています。ボーンズのふたりがあるインタビューで「ジェフの高度な音楽性を目の当たりにして、自分にはまだまだたくさんやることがたくさんあると感じた」と話していたんですけど、わたしがいつか、自分のシグネチャーサウンドを手に入れたときに、正々堂々、共演できるようになりたいです。そのときは対等な音楽家としてバトルしてみたいですね！

（れい　シンガー・ソングライター、ギタリスト）

２０１７・９・28　渋谷Li-poにて収録

Rei Official Website
http://guitarei.com/

ギターの肉声

後藤幸浩

のっけから私事で恐縮だが、こうやって音楽の原稿を書いてはいるものの、ぼくの本業は薩摩琵琶の演奏家だ。薩摩琵琶ってインストゥルメンタルですか、歌はないんですか、とよく聞かれるが、語りや歌はあって、それを弾き語るのが基本。語りや歌を受けつつ、それと琵琶を対峙させて音楽が進んでいく。語りの内容と声色・節廻し、琵琶の音色・相の手（ギターのフレイズみたいなものです）が密接にかかわっての音楽でもある。もちろん、サイレント映画・朗読・芝居などの伴奏でのインストゥルメンタル的仕事もあり、この場合は歌・語り、すなわち自分の声は持てないので、琵琶の音色、相の手ほか、楽器の技術中心のアプローチをすることになる。相対するジャンルも物語があることが多いので、声は出せないが、物語に応じた琵琶の工夫をあれこれ探求でき、これはこれで面白い。

和楽器、とくに弦楽器は三味線にしろ琴にしろ、地唄、義太夫、長唄、新内、浪曲……もともとは歌・語りと密接なかかわりをもっていたものが多い。しかし、最近は和楽器インストゥルメンタルというか、楽器演奏だけで仕事をする演奏家の方が（地唄、義太夫他、そのジャンル内で演奏している人はのぞく）増えているようで、ジャズとのセッション、インプロヴィゼイションなどなどの他、津軽三味線などは〝ロック〟的演奏も多々ある。歌を持たない演奏家が増えているわけで、そうした演奏家のアプローチは歌・語りを持った演奏家とずいぶんちがうのだろうな、と思う。

ジェフ・ベックとはまったく関係ない話で始まってしまったが、和弦楽器奏者の弾き語り系、インストゥルメンタル系など、漠然と考えていたら、ロックのギターリストにもさまざまなタイプがあるな、と改めて考えた。

ジミ・ヘンドリックス、エリック・クラプトン、ロリー・ギャラガー、チャック・ベリー、ジョージ・ベンスン、B・B・キング他、数多くのブルーズ系ミュージシャン…などの自ら歌う、弾き語り系。フランク・ザッパ、カルロス・サンタナ、ロバート・フリップ、ジミー・ペイジ、ピート・タウンジェント、ロビー・ロバートスン……などのバンド・リーダー兼ギターリスト。キース・リチャーズ、ジョージ・ハリスン、ロン・ウッド、フィル・マンザネラ、スティーヴ・ハウ…などバンドのリード・ギターリスト系。ロイ・ブキャナン、ロビン・トロワー……などソロ・ミュージシャン扱いでほぼ歌も歌わない系。かなり大ざっぱな分け方で、リード・ギターリスト系のミュージシャンはソロになった人も多く、一概に言えないとは思うし、歌を歌う・歌わないになると微妙な立ち位置になる人も多いので、そのあたりはイメージで補足していただき、あの人は?というミュージシャンにかんしては読者の皆様で付け加えていただければ幸いだ(笑)。

さて、ジェフ・ベックの場合、分類がむつかしく、どのタイプにもあてはまらないような気がする。当然、弾き語りの人ではないし、バンドのリード・ギターリストでもない。自己名義のグループを率いてもいるが、フランク・ザッパ、カルロス・サンタナ、ジミー・ペイジやロバート・フリップのようにグループ全体の音楽性を管理、常ににらみを効かせていたわけでもない。いちばん近いのはロイ・ブキャナン系列だろうが、そこまで素朴ではなく、自分のギター・プレイの中でもろもろの音楽事象が渦巻いており、その実現のためにグループもあると言ってよいかもしれない。また、つねに、頭はギター・インストゥルメンタル、ではなかろうかとも思う。

第1期、第2期ジェフ・ベック・グループ、ベック・ボガート&アピスはヴォーカリストもいる。ふつうのロック・バンドの形式で、ヴォーカリストとギターリストが丁々発止のやりとりをする場面は当然あり重要だが、それがすべてではなく、ベックのギターのパートはそれはそれで独立したもののように制作されていたりして、そこが面白いところだ。

初リーダー・アルバムの『トゥルース』。ヴォーカリストはロッド・スチュアート。歌も上質、安定感抜群なので、ギターも安心していろんなアイデアをつぎ込んでいる趣。冒頭の「シェイプス・オブ・シングズ」から全開で、スライド・ギター、通常のギター、リズム・ギターがチャンネルで振り分けられ、どれもベックらしいエキセントリックさにあふれていて強烈。「モーニング・デュー」は攻撃的なワウの扱いが左右チャンネルから聞こえ空間を埋め尽くすが、イントロと途中のバグ・パイプの音がじつに不思議（このアイデアを展開する気はなかったのだろうか）。

そのバグ・パイプのアイデアにも通じそうな「グリーン・スリーヴズ」。イングランドのおなじみ古い民謡の、いわゆる旋法（モード）系の楽曲。アクースティック・ギター1本のアルペジオ演奏（日本の六文銭とかもこれに影響受けてそう？）で、ベックの懐の深さを感じさせると同時に、このままレッド・ツェッペリン「天国への階段」へ続いて行きそうなのが興味津々。この時期のジェフ・ベック・グループのレッド・ツェッペリンへの影響は、こうしたアイデアも含めてのことかもしれないし、トラッド的なセンスは、当時のある部分のイギリスのミュージシャンには共有されていたということだろう。ジミー・ペイジ、ジョン・ポール・ジョーンズ、キース・ムーンらが参加した有名な「ベックズ・ボレーロ」。ほぼ全面、ギターで埋め尽くされ、ギターの音の壁と言ってもよいくらいで、すでにのちのギター・インストゥルメンタルへの方向性だけは出来上がっていた感じだ。

次作『ベック・オラ』も同じ路線で、「オール・シュック・アップ」あたりはロッド・スチュアートとのかけ合いの部分と、コアにギターを重ねる部分とのバランスがじつに良い感じで共存している。初期2作の集大成的演奏だ。また、曲調（エルヴィス・プレスリーの曲）、スライド・ギター使用でサザン・ロック的雰囲気もあり、のちのデレク&ザ・ドミノズの多重ギター・パートを1人でやったようにも聞こえじつに面白い。同じプレスリーの曲「ジェイルハウス・ロック」はニッキー・ホプキンズのピアノも強烈、各曲、ホプキンズ参加のおかげでベックも余裕を持ってギターのアイデアを展開できている様子だ。クリームの「クロスロード」に似た「プリンス」は間奏の、リフに特化して攻め込んでいくギター・ソロがベックらしい。ラストの長尺「ライス・プディング」はヴォーカル無し。ほぼニッキー・ホプキンズとのかけ合いのジャム・バンド演奏で、さまざまなギターのアイデアが展開される。

デビュー・シングル、あるいはのちの『フラッシュ』でも歌を披露したベックだが、基本、歌を歌わないギターリストだ。

その代わり、イフェクター使用、トレモロ・アーム、フィンガリング他のエレクトリック・ギターのさまざまな技術、あるいは多重録音などを駆使して獲得した、〝ジェフ・ベックのギターの肉声〟がある。その肉声で、ヴォーカリスト（ここまでは主にロッド・スチュアート）とも対峙している。さきにふれたように、ふつうのリード・ギターリストとはまったく立ち位置が違うと言ってよいだろう。

イフェクター類は、ギターの音色を変えて雑味を付ける、あるいは〝肉声〟に近づけるためのものでもあるから、その使用法はまっとうだし、〝肉声〟とはいっても、ベックの場合、歌心のあるフレイズが云々、というより、ギターの音色が軸だということでもある。50年代あたりまでの、シンプルなバンド感覚だったら考えられないアプローチだろうが、ベックのようなギターリストが出てきたことが60年代のロック的だとあらためて思う。また、ベックはレス・ポールが好きらしく、レス・ポールの単体ギターリストとしての多重録音感覚をロックに活かしたのも面白いところだ。

第2期ジェフ・ベック・グループは70年代に入ってからの結成だし、メンバーも大きく替わっているので当然、音楽性も変化しているが、その中でもベックのアプローチは不変だ。『ジェフ・ベック・グループ』はスティーヴ・クロッパーのプロデュースでじつにファンキーでタイト、ミックスもギターとマックス・ミドルトンのキイボード類の棲み分けができていて、スッキリとした音場になっている。そんな中、「アイ・キャント・ギヴ・バック・ザ・アイ・フィール・フォー・ユー」はリズム・ギター、スライド・ギター、シタール・ギターが重ねられ、多重録音の面白さ全開という感じ。ベック作「ハイウェイズ」はソウル風の佳曲で、歌と並列して進む左チャンネルのギターが、コード、アルペジオ、リード……と音色の変化もともなって繊細で多彩に拡がり、右チャンネルの伸びやかなリードとの対比も効いていてじつによい。バラードでインストゥルメンタルの「デファニトリ・メイビ」は、ワウ中心の多重録音で、〝ギターの肉声〟感は充分。

ベック・ボガート&アピスは、ある意味、第1期ジェフ・ベック・グループのアプローチに戻った印象もあり、3人編成になったぶん、スタジオ録音の『ベック、ボガート&アピス』ではギターの多重録音が冴え渡っている。「ブラックキャット・モーン」などギターの音の割り振りは、リズム・ギター、スライド・ギターのリードとふつうのバンドでも聞かれるものだが、リズム・ギターリスト、リード・ギターリストと違う人間がやるのではなく、ベックが何人もいるという部分から狂気が生まれ出てきている様相だ。ラストに至る複数ベックの破壊力はすごい。「レイディ」も左右チャンネルのあちこちからヴォーカルを囲い込むように通常のトーン、チョーキング、ハーモニクス、ハンマリング・オン、掻きむしるようなカッティング他、いろんなベックの技が立ち現れてじつにスリリングだ。

70年代には当たり前だが、60年代とはロックもジャズも大きく変わった。ベックも60年代の音楽経験と、70年代に入ってからの音楽経験を総括したような『ブロウ・バイ・ブロウ』を75年にリリースする。ジョージ・マーティンのプロデュースで、当時のクロスオーヴァー的サウンド、そしてこれまで参加のあったヴォーカリストはおらず、完全なギター・インストゥルメン

(Photo by Robert Knight Archive/Redferns)

タルという内容。つねに頭にあったギター・インストゥルメンタルのイメージを、時代性を充分吸収しつつ具体化したアルバムであるかもしれない。

切れのいい、ファンキーかつレゲエのニュアンスも入ってそうなグルーヴで始まる「ユー・ノウ・ホワット・アイ・ミーン」は、テーマのモード的な部分、ブルージーな部分の組み合わせがよく、ギターはそれに沿ってのアドリブ展開で、これまでほぼ無かったパターン。ビートルズの「シーズ・ア・ウーマン」はレゲエ系のトロピカルな曲調で、どことなく南アフリカのジャズにつうじる雰囲気も（トーキング・モジュレイターで〝シーズ・ア・ウーマン〟と言っているのが可笑しい）。この2曲、細かいギターのテクニックも聞こえてくるが、呼吸感が大きくゆったりしているのもこれまではほぼ無かったニュアンスだ。「コンスティペイテッド・ダック」もクラビネットがじつにファンキー。ギターの音色がときどきサーフ系ギターの響きに近くなるのが面白いし、そうしたジャンルのギターも頭に入ってそうなのがいいところだ。

「エアー・ブロウワー」はロック的側面とバラード的側面の両方で聞かせる。「スキャッター・ブレイン」は9拍子（テーマは16分音符4つ×4に16分音符2つ足したニュアンス）の曲で、かなりプログレッシヴ・ロック的、のちのUKを連想させるような演奏だ。ジョージ・マーティンによるストリングズも被せられている。録音の方向性は違うが、このあたり、CTIのクロスオーヴァ系インストゥルメンタルものを、ブリティッシュ・ロック的に展開しているようにも思える。これは「ダイアモンド・ダスト」にも言えるかもしれない。

ロイ・ブキャナンに捧げたという「哀しみの恋人たち」。ギターのピッキングひとつひとつが生々しく伝わる演奏で、数あるギター・インストゥルメンタルの中でも、とくにバラード系を代表する曲のひとつだろう。ロックでいうと、サンタナの「君に捧げるサンバ」の系統とも思える。サンタナのリーダー、カルロス・サンタナというと、ベックが『ブロウ・バイ・ブロウ』に至るきっかけともなったといわれるジョン・マクラフリンとも、『魂の兄弟たち』（73年）を制作しているし、『フェスティヴァル』（77年）では「哀しみの恋人たち」とひじょうによく似た雰囲気のギター・インストゥルメンタル「哀愁のボレロ」を録音している（ボレーロというのも……）。カルロスにはラテンという強烈なバック・グラウンドがあるし、サンタナという大所帯グループをつねに動かしているので、わかりづらいかもしれないが基本、歌を歌わないギターリストで、そのギターの肉声感は唯一無二。さらにジャズとの交流も独自のアプローチでやってのけてきている。あんがい、ベックとセンスが共通する部分は多いのではないだろうか。

続く『ワイアード』ではさらに『ブロウ・バイ・ブロウ』の路線は研ぎ澄まされる。ナラダ・マイクル・ウォーデン、ヤン・ハマーらも参加、プロデュースは1曲をのぞいて再びジョージ・マーティン。今回はベックの曲はひとつもなく、すべて参加メンバーの曲だ。ベックはギターリストとして、メンバーが制作したタイト、ファンキーな曲・演奏空間の中で自在に弾きまくるという趣。これまで培ってきたロック・ギターリストとしての存在感が、ジャズ出身のギターリストが演奏するこうしたクロスオーヴァーとは、まったく違った音楽に昇華させている。ベックはフレイズは多い方ではあると思うが、ジャズ系のギターリストに比べると、だらだらフレイズを繰り延べない分少ない。ここ2作では空間の使い方もじつにうまい。また、ジャズ系のギターリストは音色の幅は狭いが、ベックの場合はイフェクターともさんざん向き合ってきているので、音色がノン・イフェクトの場合も含め豊かだ。〝ギターの肉声〟を追求してきたゆえんだろう。チャールズ・ミンガス作の「グッドバイ・ポークパイ・ハット」など好例だ。

ロッド・スチュアートを始めとしたヴォーカリストと最初は共存しつつ、みずからの〝ギターの肉声〟を追求してきたというのが、ここ2作のインストゥルメンタル・アルバムを成功させた大きな要因だろう。人間の肉声が隣にあるのと無いのとでは、弦楽器の肉声化には大きな違いが出てくる。よく歌うフレイズ、というライン・線的なものではなく、肉声化はもっと立体的で奥行きのある、音色の範疇だからだ。冒頭で和の弦楽器のインストゥルメンタル化のことに触れたが、本来、歌・語りと伴にあった楽器が、本来の部分をまるまるすっ飛ばしてインストゥルメンタル化してしまうと、無機的な演奏になりがちで、それは最近の和楽器の反省点にもなっている。

今回はジェフ・ベックの68〜76年までの音源を中心に聞いてみたが、わずか10年弱での〝ギターの肉声〟追求の成果は、目を見張るものがある。ジャンルは違えど、弦楽器奏者としてあらためて刺激的に思えた。

（ごとう・ゆきひろ　音楽批評、琵琶奏者）

若さが生む艶やかなギターサウンド

林 浩平

1

エリック・クラプトン、ジェフ・ベック、ジミー・ペイジ。周知のように、彼らは「三大ギタリスト」と称される。三人ともにヤードバーズの出身であり、七十年代のロックの全盛期にそれぞれ大活躍したギターの名手、ということから命名されたわけだ。名前がこの順番なのは、ヤードバーズのギタリストを引き継いだ順による。だがいま、三人の生年月日を比べてみると、意外な事実が確認できる。

クラプトンは一九四五年三月三十日、ベックは一九四四年六月二十四日、ペイジは一九四四年一月九日である。ほぼ同年齢なのだが、年嵩の順でいけば、ペイジ・ベック・クラプトンなのだ。クラプトンが一番の弟分、というのが、わたしには特に意外だった。

ただそうは言っても、現在、ペイジとベックは七十三歳、クラプトンももうすぐだ。もう「初老」とも呼べまい。日本の医療制度で悪名の高い、元来は人口学で七十五歳以上を指す名称だが、「後期高齢者」にもうすぐなろうか、という年齢である。なるほど外見からいけば、総白髪となったペイジは、確かに高齢者然としている。あれは二〇〇八年の八月だったが、北京オリンピックの閉会式イベントでのことだ。次回開催はロンドンというので、レスポールギターを持ったペイジが登場して、「胸いっぱいの愛を」を演奏したのだが、そのペイジを見て、「うわあ、すっかりお婆さんだ(笑)」と驚いたことがあった。またクラプトンの近影は、相変わらずの渋いダンディぶりだが、眼鏡をかけて短い髭を生やしたルックスは、明らかに高齢者であ

る。「老けたなあ」という印象だ。

それに対して、本稿の主役のジェフ・ベックである。若いのだ。明らかにハードな筋トレを続けているに違いない。からだつきが締まっている。それに最近のトレードマークともなった白いノースリーブのジャケットを着たステージでは、ストラトキャスターをフィンガーピッキングで弾く時は、二の腕の筋肉を誇示するかのようである。七十歳前後にはまるで見えない。まあ一回りは若く見られることは間違いない。

若いなあ、ジェフ・ベック。YouTube動画で見たステージ姿と、そこで聴くことのできたギターサウンドに興味を持って、という経緯だったと思うが、二〇一〇年に出たアルバム『エモーション&コモーション』はすぐに買い求めた。また去年（二〇一六年）の新作『ラウド・ヘイラー』も購入した。

アマチュアのロックバンドでギターを弾いていた学生時代、わたしは、率直に言って、ジェフ・ベックのギタースタイルにはあまり惹かれなかった。独特のチョーキング・ヴィブラート奏法で「泣き節」のメロディーを聴かせたフリーのポール・コソフは別格としても、好きでよくコピーをしたのは、ハンブル・パイやコロシアムのクレム・クレムソン、クライマックス・シカゴのピート・ヘイコックなど、いわゆるブルース色の濃いスタイルのギタリストだったからだ。ジェフ・ベックのギターをコピーしようなんて考えられなかった。それがギターを手放してもうかなりの年月がたち（ベースはいまも時々弾いているが）、ギタリストの立場で聴くということもなくなったせいかもしれない。近年のジェフ・ベックを聴くと、そのギターサウンドが純粋に若くて官能的なのである。かなりのお気に入り、と言える。このたび本稿執筆の機会を得たので、そのギターサウンドについてしばらく考察してみよう。

2

ジェフ・ベックを生で聴いたことが一度だけある。一九七三年の五月十四日だった。日本武道館でのベック・ボガート＆アピス、通称BBAのライヴ公演に行ったのである。先述したように、特にファンというわけではなかったが、当時の親しい友人だった西成彦（現在は立命館で教鞭をとる比較文学者である）から強く誘われて、一緒にチケットをとってもらった。ただ当時は、ちょうどハードロックのバンドを組もうとしていて、カクタスの活動などに関心があったので、ベースのボガートとドラムスのアピスとのリズムコンビを聴いてみたいなとは思っただろう。

ちなみに、ボガートとアピスのコンビはヴァニラ・ファッジを経て、アメリカ最強のハードロックバンドであるカクタス時代も行動をともにしてきた。楽曲の屋台骨を構築するというロックベースの役割を跳び越えて、時には歪んだ大音量で細かなメロディラインを打ち出すボガートの奏法は、Mr.Bigのビリー・シーンや日本人ベーシストの鳴瀬喜博らはじめ多くの信奉者を生んでいる。またツイン・バスドラで大音響を叩き出すアピスは、レッド・ツェッペリンのジョン・ボーナムとともにハードロックのドラムスの双璧である。実際このときのBBAのライヴ経験で、わたしはアピスのドラミングがすっかり気に入り、その後も彼の足取りを追った。アピスは、二〇一二年の十二月には、復活したカクタスを率いて来日し、下北沢のGardenでライヴを行った。残念ながらベースはボガートではなかったものの、オリジナルメンバーでギタリストのジム・マッカーティーは健在で黒いレスポールを弾きまくった。このライヴの様子はデジカメでたくさん撮って、わたしのブログ「饒舌三昧」でレポートしている。このステージでのアピスは衰えぬ迫力でドラムソロなども披露したが、とにかくサービス精神満点、そのキャラクターにも好感が持てた。

さて武道館でのBBAである。なにしろ四十四年も昔のステージなので、記憶もあまりないのだが、いまだに印象鮮明なのが、「ブラック・キャット・モーン（黒猫の叫び）」である。BBAでのリードヴォーカルはアピスで、ボガートもしばしばコーラスに加わったが、この一曲だけ、珍しくジェフ・ベックがリードヴォーカルをとったのである。さらにここでベックは、ギター用のトーキングモジュレーターを使用した。小さな袋のような装置を肩にかけて、口には管を咥えている。これを使うと、エレキギターの音色がヒトの声とミックスされて、なんだかギターがしゃべりだしたような、そんなケッタイなサウンドとなる。このとき、「ふーん、ベックというひとは、色んなギターの音を出したがるんだな」とつくづく感心？したものだ。それもはっきりと覚えている。

3

思えば、一九七〇年あたりはロックシーンそのものに活気がみなぎり、バンドの解散や結成という動きも活発だった。武道館でBBAのライヴを体験した少し前だが、ジェフ・ベックはボガートとアピスのいない、第二期のジェフ・ベック・グループで一九七一年にアルバム『ラフ・アンド・レディ』を、七二年には『ジェフ・ベック・グループ』（そのジャケットデザインから『オレンジ・アルバム』と呼ばれた）をリリースしている。この二枚のアルバムは、ジェフ・ベックが黒人音楽のなかでも、ソウルやR&B、いやもっと厳密に言えばモータウン系のサウンドに接近した仕上がりとなっていて、ギターフリークのみならず、幅広い聴衆からの支持があったものだ。わたしも、BBAのライヴの後だったが、この二枚を聴いて気に入り、『オレンジ・アルバム』のほうはLPで買っていまも持っている。

メンバーは、ドラムスにコージー・パウエル、キーボードにマックス・ミドルトン、ヴォーカルにボブ・テンチ、ベースにクライヴ・チャーマンというラインナップだが、テンチとチャーマンは黒人系である。またその後はブラックモアズ・レインボーなどでハードなドラミングで鳴らすこととなったコージー・パウエルだが、このバンドではもっと横ノリで軽快なグルーヴ感を出したドラミングに徹している。マックス・ミドルトンのピアノも、どこかスゥイング感のある、モータウン系らしいタッチの演奏で、全体のアンサンブルに巧みに貢献していよう。

この二枚を久しぶりに聴き返してみた。『ラフ・アンド・レディ』の「ガット・ザ・フィーリング」、「シチュエイション」、『オレンジ・アルバム』の「アイスクリーム・ケーキ」、「ゴーイング・ダウン」あたりは名作ではないか。「ゴーイング・ダウン」はドン・ニックスのオリジナルで、様々なアーティストがカヴァーする名曲だが（ギターがトミー・ボーリン時代のディープ・パープルまでがステージで演奏しているのには驚かされた）、それ以外の三曲は、どれもジェフ・ベックの作詞作曲によるものだ。これらは見事にモータウン系のテイストになっているのである。三大ギタリストのなかでは、一番ブルース色が薄いと思っていたジェフ・ベックが、これほどまで黒人音楽のエッセンスを吸収できていた、というのも面白い。なるほど、後に『エモーション&コモーション』のなかで、白人ソウルシンガーのジョス・ストーンをゲストに迎えて、スクリーミン・ジェイ・ホーキンスの名曲「アイ・プット・ア・スペル・オン・ユー」をカヴァーした楽曲には感動したが、ベックのなかに黒人音楽への深いリスペクトがあってのことだろう。それはこの二枚のアルバムでも理解できる。それに『オレンジ・アルバム』ではプロデューサーに、ブッカー・T&ザ・MG'sのギタリストのスティーヴ・クロッパーを起用したことも、モータウンサウンドに近くなった要因でもあろう。

ここでのジェフ・ベックのギターは、全体的に地味なトーンに抑えているが、ソロパートではボトルネック奏法を用いたり、ところどころは次に入りこむフュージョン系のモダンなフレーズも聴くことができて、ひとひねりした達者なテクニックを示してくれる。この時代を経て、BBAとなったわけだが、BBAはスタジオアルバム一枚だけで解散してしまった。その後に俄然フュージョン志向を強めて、当時ジョン・マクラフリンのマハヴィシュヌ・オーケストラのアルバムのプロデュースをしたばかりのジョージ・マーティンをプロデューサーに迎えて、一九七五年には『ブロウ・バイ・ブロウ』、一九七六年には『ワイアード』と立て続けにフュージョン系のアルバムを出したのである。とりわけ『ブロウ・バイ・ブロウ』は一世を風靡するほどの人気を博して、アメリカのビルボードのアルバムチャートでは四位まで上り、ゴールドディスクを獲得した。ヴォーカル曲のない、インストルメンタル・アルバムとしては稀有なこととされる。

確かに、たとえば『ワイアード』の一曲目の「レッド・ブーツ」などは、こうしたジャズ・ロックやフュージョン系の分野での名曲であり名演奏であるに違いない。ただ当時漫然と思ったのは、ジェフ・ベックもこうやって楽器演奏の名人芸の道を、ヴィルトゥオーゾの道をひたすら歩んでゆくのだろうな、ということだった。だがそうなると、ロック魂は消えてしまうのだろうと考え、その後しばらくはジェフ・ベックの姿はわたしの視界からは消えていた。だがどっこい、一九八五年に出したアルバム『フラッシュ』では、プロデューサーにナイル・ロジャーズを迎えて、ヴォーカル曲が中心のポップス・アルバムを生んでいたのだった。このなかに収められた、カーティス・メイフィールドのオリジナル曲「ピープル・ゲット・レディ」は、第一次のジェフ・ベック・グループのメンバーだった旧友のロッド・スチュワートがヴォーカルを担当し、味のあるしわがれ声でいい雰囲気を出している。ギターソロもよく歌って見事である。メイフィールドの原曲は現代のゴスペルだとも評価されたそうだが、これを採りあげたところにも黒人音楽への深い愛情がうかがえよう。

さらにジェフ・ベックは、ポピュラー音楽界全体の動きにもアクチュアルに対応したと言える。ロック界にもデジタル化の波が押し寄せて、あちこちで打ち込み系のサウンドがあふれるようになった一九九九年のアルバム『フー・エルス!』は、まさにテクノふうのアレンジが随所で聴けるのだ。二〇〇三年の『ジェフ』などでは、ドラムンベースのサウンドを巧みに取り入れていた。ジェフ・ベックのサウンドセンスは、単なるギター小僧、ギター職人のそれではない。さてその後、還暦を迎えたあたりから、ジェフ・ベックはますます若返ってきた、と言えよう。一九八六年生まれだから孫娘であってもおかしくはない、オーストラリア出身の若い女性ベース奏者タル・ウィルケンフエルドとの共演も始まった。

4

白頭鷲がストラトキャスターのシルエットのギターをつかんで飛んでいる、という印象的な図像のCDジャケットが、アルバム『エモーション&コモーション』である。このなかの多くの曲で、タルは腕っこきのドラムスやキーボード奏者に混じってベースを弾いている。近年はロックの世界でも、若い女性のプレーヤーで腕達者なひとも輩出されていて、ロック界のレジェンドのステージで大ベテランがまさに孫ほど年齢の開きのあ

る女性と共演する、という場面にお目にかかることも多い。これは楽器奏者ではなく歌手の例だが、ローリング・ストーンズのステージにレディ・ガガがゲストで招かれ、ミック・ジャガーとデュエットで「ギミ・ア・シェルター」を熱唱する動画を見たことがある。若い女性の持つ瑞々しいエネルギーが大きな刺激となるのだろう、無論実年齢よりうんと若々しいミックが、さらに若返ったようにパワーを全開にしていたのが愉快だった。

同じことが、タルと一緒にステージに立つジェフ・ベックにも言えるだろう。このアルバムに参加したメンバーで、ロンドンにあるロニー・スコッツ・クラブという小さなステージでのアットホームな雰囲気のライヴがDVDに収められていて、それを見る機会を得たが、演奏中にタルと眼を見かわすジェフ・ベックは嬉しそうだ。このライヴには先ほども触れた女性ソウルシンガーのジョス・ストーンも出演していて、ここではロッド・スチュワートの歌った「ピープル・ゲット・レディ」を披露するのだが、このパフォーマンスもまた素晴らしい。ジョス・ストーンは、タルよりもさらに一歳若い一九八七年生れのイギリス人だ。実はわたしは、このソウルフルな歌声の持ち主でスタイルも抜群、うんとチャーミングな女性シンガーには十七歳のデビューのころから注目している。すでに何枚ものアルバムのキャリアがあるが、とりわけ『LP1』のなかに収められた名曲「カルマ」は絶品だ。これは元ユーリズミックスのデイヴ・スチュワートのプロデュースだが、女性ヴォーカルを生かす術を心得たスチュワートの手腕が光るだろう。とも

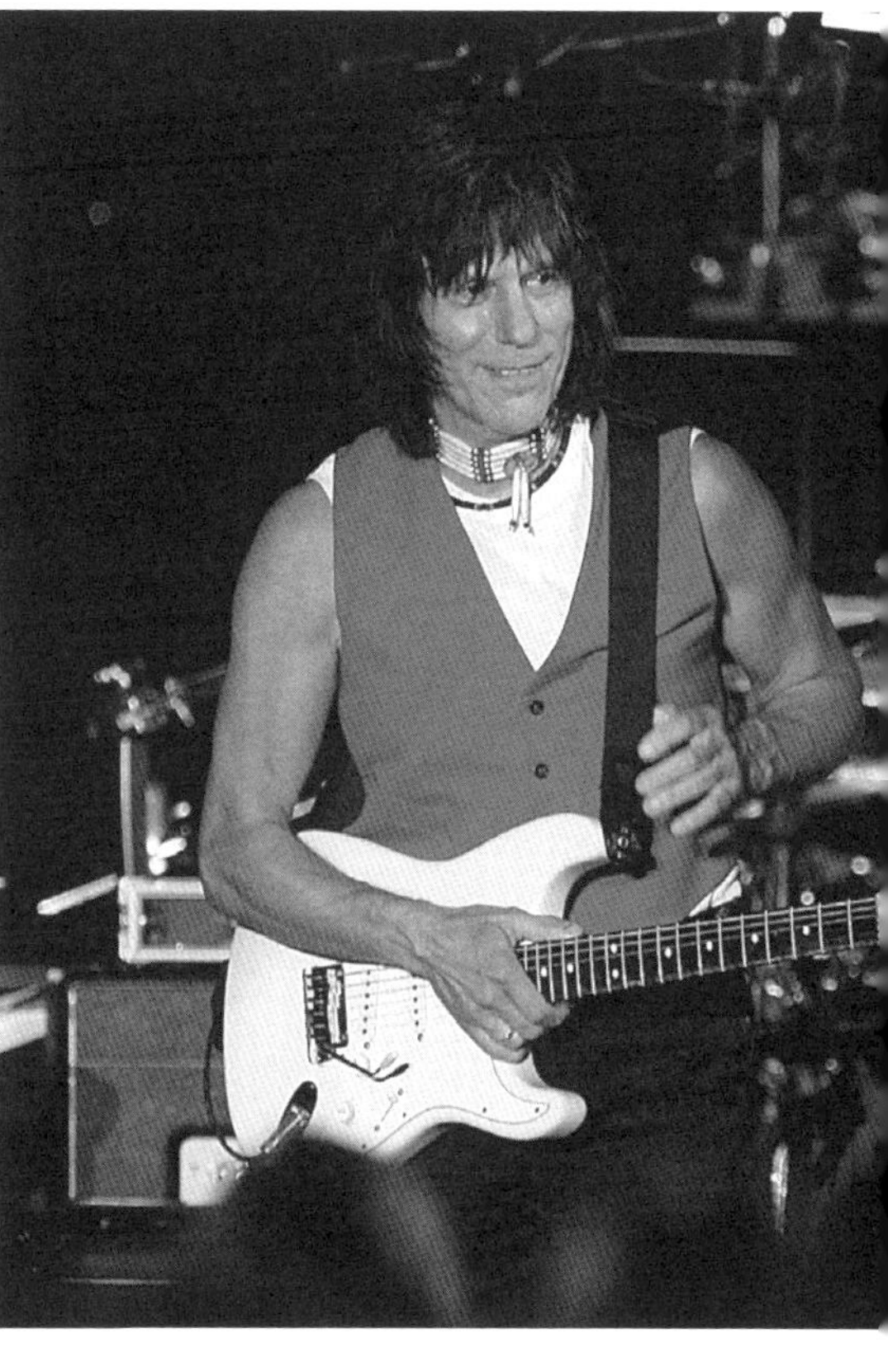

あれ、この若い女性シンガーにはジェフ・ベックもご執心のようである。それにもちろん、ジョス・ストーンが黒人音楽のスピリットを全身で表現できるという点にも惹かれるからに違いない。

とにかく若い共演者の女性たちからインスパイアされて、ジェフ・ベックのギターの音色もますます若々しく艶やかに響きだしているのが、本アルバムである。ベストの一曲を選ぶとすれば、インストルメンタル曲である「ハマーヘッド」だろう。フュージョン界のキーボード奏者として名高いヤン・ハマーに捧げた曲である。

わたしは某大学で「ロック・ミュージック・シーン」という科目を非常勤講師として担当している。そのなかで個性的なギタリストを選び彼らのプレースタイルについてレクチャーする回があって、ジミ・ヘンドリックス、元UFOのマイケル・シェンカー、スティーヴ・ヴァイらとともに、三大ギタリストからはジェフ・ベックに登場願っている。その際の音源教材の一曲が、この「ハマーヘッド」なのだ。ヤン・ハマーのプレーをイメージしてキーボードのジェイソン・レベロが書いたというスピーディーなリフがカッコいいが、そこにかぶさるジェフ・ベックのギターの強くて太い音色が耳に残る。金属的な艶があるのだ。音が若い、とも言えよう。まさに、「若いなあ、ジェフ・ベック」である。講義終了後に受講生らが提出するコメントペーパーでも毎回一定の支持があったはずだ。

2008年7月12日、ロサンゼルス。ジェフ・ベックとタル・ウィルケンフェルド。(Photo by Vince Bucci/Getty Images)

5

最新アルバム『ラウド・ヘイラー』は拡声器という意味である。メガフォンとも呼ばれた。いまはあまりお目にかかる機会もない印象のローテク家電？　だが、ちゃんとジャケットに写っている。前作が良かったので、発売と同時に購入し聴いてみた。おや、またガラリとサウンドが変わっている。パブ・ロック？　ガレージ・ロック？　グランジ？　さすがにパンクかとまではゆかないが、ラフでワイルドなギターがタイトなリズムに乗って、芯の強い女性ヴォーカルがシャウトする。楽曲がいいではないか、ちゃんとロックしている。特に、「ライト・ナウ」、「ジャージーの妻たちのバラード」、「O・I・L」がいい。ジェフ・ベック、「若いロック」をやっているのだ。

ソングライターとしてベック以外にふたりの女性名が挙がっている。ロージー・ボーンズがヴォーカル、カーメン・ヴァンデンバーグがリズムギターである。ベックは、ロンドンで活動しているふたりと知り合って気に入り、彼女らのロックをサポートするという恰好でこのアルバムを作ったようだ。YouTubeで最近のステージを見ることができるが、ヴォーカルのロージー・ボーンズ、かなりとんがったキャラクターである。三枚目、というか、それこそラウド・ヘイラー、メガフォンを手にしてステージでわめいていたり、相当のじゃじゃ馬娘ぶりだ。もちろんパンチの効いた歌唱力があって、ジェフ・ベックのギターと十分に張り合っている。

なるほどジェフ・ベック、ここでも若い女の子から大きなパワーをもらっているわけだろう。アルバム『ラウド・ヘイラー』は、しかしガッチリと作りこんだギターサウンドが魅力であって、やっぱり主役はジェフ・ベックのギターなのだ。いやいや、『ワイアード』の時代、フュージョン志向が強かったころは、スタンリー・クラークなどと共演したりでジャズのほうに行ってしまうのかなと思ったが、それは杞憂だった。こうやってロックの原点に戻っている。だからこそいつまでもジェフ・ベックは若々しいのだ、とも言える。実年齢ではもうすぐ「後期高齢者」となるジェフ・ベックだが、さて次はどんな展開を見せてくれるのだろう。まだまだフォローしてゆきたい。

（はやし・こうへい　詩人）

まだヘヴィ・メタルが嫌いなのか

武田砂鉄

ヘヴィ・メタルを軽視してきた

昨年秋、両国国技館で行われたイベント「CLASSIC ROCK AWARDS 2016」が物議を醸した。雑誌「CLASSIC ROCK」主催のイベントが初めて日本で開催されたのだが、ラインナップのトップに名前のあったジミー・ペイジの演奏はなく、プレゼンターを務めただけだった。チケットの最高値は30万円、最低価格でも1万8000円という高額チケットを購入したファンの多くが、ジミーの演奏を主たる目的としていたことは明らか。当初からプレゼンターのみの出演との断りがあったならば客の認識不足ということにもなるだろうが、イベントの公式アナウンスには、「ジミー・ペイジの来日公演は、1996年、東京・名古屋・福岡で行われた『ジミー・ペイジ／ロバート・プラントワールドツアー』以来20年ぶり」とあり、続いて「ロック・レジェンド達が一堂に会して、入れ替わり立ち替わり、一夜限りのジャムセッションを繰り広げます。中でも『世界3大ギタリスト』の2人、ジミー・ペイジとジェフ・ベックは日本初共演を果たす」（傍点筆者・以下同様）と書かれていたのだから、ファンの怒りがおさまるはずはない。

イベント終了後に発表された主催3社の謝罪コメントが、ファンの気持ちを更に逆撫でさせることになる。そこには「CRA2016開催にあたり、誰がプレゼンターで誰が演奏するのかということについて認識の相違があったことを確認しました。この認識相違により一部のご来場者様のご期待に応えられなかったため、CRA2016へご来場されたすべてのお客様には、次年度開催予定の『CLASSIC ROCK AWARDS 2017』チケッ

2014年アイヴァー・ノヴェロ賞受賞式にて、ジミー・ペイジと。(Photo by Dave J Hogan/Getty Images)

トの先行販売を行い、かつ割引価格でご提供致します。一方で、CRA2016に失望されたご来場者様には、チケット代金をご返金させて頂きます」とあった。これではまるで、ジミーがプレイするって勝手に期待しちゃってた奴らの勘違いには困っちゃいますよ、と言わんばかり。このイベントの告知ポスターには、最も大きな字で「JEFF BECK」「JIMMY PAGE」の文字が並び、「今年最大の衝撃！　ロック・レジェンドたちによる夢の響演。」とある。これを「認識の相違」とするのは、購入した客を舐めきっている。主催したKLab Entertainment株式会社は音楽プロモーターというよりジャンルを問わないイベント企画会社で、音楽好きにとって「響演」という文字がどういう意味を持つのかまったく理解していなかったようなのだ（しかも、2017年3月にイベント事業から撤退した）。ジミー・ペイジは、数分間だけステージにあがり、挨拶をして立ち去った。オフの時間には……というかほとんどオフだったわけだが、恒例のレコードショップ巡りに出かけたというのだから、どちらが主たる来日目的だったのかは定かではない。

主催者の姿勢が問題視され、イベントの価値が暴落したが、割を食う恰好になったのが、しっかりとステージ上でプレイしたジェフ・ベックである。ジェフといえば、2006年、ウドー音楽事務所が主催し、あまりの客入りの乏しさに1回きりで打ち切りになった「UDO MUSIC FESTIVAL」にも参加しており、正直、日本での「フェス運」が悪い。

CRA2016に向けて、ジェフ・ベックはスペシャルバンドを組んできた。プレゼンター、ジミー・ペイジから「これから私にとって特別な存在の人に今回の賞を渡すよ。彼とはおよそ60年の付き合いなんだ」との前振りで招かれたジェフ、そのバンド編成に驚いた。1990年代にオルタナティヴ・ロックバンドとして人気を博し、2013年には日本で開催されているメタルフェスティバル「ラウドパーク」でもトリを務めたストーン・テンプル・パイロッツからギタリストのディーン・ディレオ、ベーシストにロバート・ディレオ。ドラマーには、ヘヴィ・ロックバンドのコーンに在籍するレイ・ルジアーを抜擢していたのだ。ジェフはこれまでいわゆる「ヘヴィ」な人脈とはさほど付き合いを持ってこなかった。後述するが、とりわけヘヴィ・メタルという音楽を嫌い、軽視してきた。レイが所属するコーンは、90年代以降、ヘヴィ・メタルから派生したヘヴィ・ロックバンドの中核となるバンドだが、いずれにせよ、徹底的に音を歪ませて重厚にぶつけていくスタイルのバンドメンバーと共演することに驚いたのだ。

“ヘビメタ”に耳を壊された

当方、中学時代からかれこれ20年ほどヘヴィ・メタルを聴き続けているのだが、ジェフ・ベックとヘヴィ・メタルにはいつだって距離がある。距離がある、というか、あちらが残酷なまでに距離をとってきた。マーティン・パワーが記した評伝『ジェフ・ベック　孤高のギタリスト』(ヤマハミュージックメディア)を通読すれば、いくらでもジェフのメタル嫌いコメントが見つかる。

「耐えられないんだ。アンプが多すぎる、音が大きすぎる。純粋に耳に対する攻撃でしかない。多分、耳の遠い人たちが多いんだよ」

「ヘヴィ・メタル、つまり『トゥルース』と『ベック・オラ』の後に出てきたあのどうしようもないバンドの数々についた呼び名のことね。あれのせいで、一時期ロックンロールに嫌気がさしてたよ。俺に言わせれば、あれは真のロック精神に対する完全なる冒とくだったね」

と、完全なる誹謗中傷コメントを残している。

1984年、アメリカを中心にヘヴィ・メタルが一大ムーブメントとなり始めたタイミングで公開された映画に『スパイナル・タップ』がある。これはヘヴィ・メタルバンドにありがちなハチャメチャな群像を茶化したパロディ映画で、ド派手なボーカリスト、ギターソロにやたらとこだわるギタリストなど、いかにも〝ヘビメタ〟な描写が続く。この映画のギタリスト役ナイジェル・タフネルの風貌が、明らかにジェフ・ベックを意識していたのだが、この映画を見たジェフは、

「髪の色は違ってたけど、まあけっこう近かったしね。明らかに俺のことを研究したな。ただ、大部分はブラック・サバスみたいなバンドのパロディなんだと思うよ。だって俺はメイクしたことないし、スパッツなんてはかないからね。でも、涙が出るほどおかしくてさ。周りから『シーッ』なんて言われちゃったよ！」

と笑い飛ばす。メタルバンドの生態を茶化す映画は、これまでヘヴィ・メタルを毛嫌いしてきた彼には胸がすくエンタメ作品だったに違いない。しかし、面白いもので、このパロディ映画が縁となり、92年、ジェフは当時のハードロックシーンを牽引していたガンズ＆ローゼズのギタリスト、スラッシュと共演を果たすことになる。それが映画『スパイナル・タップ』から実際に飛び出したバンド、スパイナル・タップが制作したアルバム『ブレイク・ライク・ザ・ウィンド』（屁をこく、を意味するスラング）だ。本作がきっかけとなり、同年のガンズのパリ公演に、「トレイン・ケプト・ア・ローリン」でゲスト参加することになった。ここで事件が発生する。最終リハーサルで、ジェフはメタル特有のアレに痛めつけられることとなる。

「控え室で一緒にリハをして、サウンドチェックに行ったんだ。マット（・ソーラム、ガンズのドラマー）がバスドラを一発蹴った瞬間に4000ワットの電流に打たれた感触を覚えてね。その場にいられなくなったよ」（前出書）

90年代頭から耳鳴りに悩まされていたジェフは、まさに以前「耳の遠い人たちが多いんだよ」と皮肉っていた音楽に耳を壊されてしまったことになる。結果、ゲスト出演をキャンセルし

てしまう。ジェフはとりわけ、しきりに打ち付けられるシンバル音を不快に思うそうだが、昨年の来日メンバーに含まれていたレイ・ルジアーといえば、ヘヴィ・ロックバンドのドラマーの中でもシンバルを多用するドラマーである。ジェフのメタル嫌いは解消された、ということなのか。

メタルシーンへの影響力

ジェフがメタルを嫌う一方、ハード・ロック&ヘヴィ・メタル界のギタリストはジェフからの影響をしきりに口にしてきた。ガンズだけではなくエアロスミスも「トレイン・ケプト・ア・ローリン」をカヴァーし続けてきたが、ギタリストのジョー・ペリーはエアロスミス結成の前からレパートリーに加えていたという。2009年、ジェフが「ロックの殿堂入り」を果たした時には、ジミー・ペイジ、メタリカらと一緒にジョーとジェフが共演、ここでも「トレイン・ケプト・ア・ローリン」を披露している。メタル界のギタリストの中で最も後続に影響を与えたリッチー・ブラックモアも、ジェフから影響を受けてきたエピソードを時折語っている。

なぜメタル界隈でジェフが愛でられるのか。理由はいくらでもあるのだが、2つほどに絞ってみる。まずは、68年に発売されたアルバム『トゥルース』の存在。わずか4日間でレコーディングされた第一期ジェフ・ベック・グループのデビュー作は、ヤードバーズ期にはなかったヘヴィなギタープレイと「ベックス・ボレロ」に代表されるインスト作が併合されており、彼が嫌う「音が大きすぎる」バンドたちに多大な影響を与えることになる。容易にジャンルを越境して多彩なプレイを続ける彼だが、『トゥルース』が持つ音圧、テクニカルなだけではなくエモーショナルに迫るプレイは、多くのメタルバンドの手法と合致している。その後のベック・ボガート&アピスのスタジオ作&ライヴ作で見せたパワーのぶつかり合いにしても、ハード・ロックの基本形を提示し強化するインパクトを持っていた。

もうひとつは、75年にリリースされた全篇インストゥルメンタル作品『ブロウ・バイ・ブロウ』。ギターインスト作の可能性を広げたこの作品は、80年代前半、メタル界にギターインストブームを巻き起こすきっかけとなる影響力を持っていた。この時代、スピードだけではなく奇想天外な特殊奏法を模索するプレイヤーが続出する。ムーブメントの仕掛人が、アメリカでシ

ユラプネル・レコーズを立ち上げたマイク・ヴァーニーである。イングヴェイ・マルムスティーンを筆頭に、ヴィニー・ムーア、ジエイソン・ベッカー、ポール・ギルバート、トニー・マカパイン、マーティ・フリードマン、リッチー・コッツェンといった面々を輩出する。

超絶テクニックだけではなく、ギター一本で表情を作る時、どうしたって先人のプレイを意識したものになる。ここにジョー・サトリアーニ、スティーヴ・ヴァイ、ジョン・ペトルーシといった面々が並ぶと、ギターインスト作の始点としてジェフの存在が改めて明確にそびえ立つことになる。96年からはジョー・サトリアーニが、ギタリスト3名でインスト曲をプレイし続ける「G3」ツアーを敢行し始めたが、そういう興業自体が成り立つのも、源流を辿れば『ブロウ・バイ・ブロウ』に行き着くと言っても過言ではない。この作品の日本盤タイトルは『ギター殺人者の凱旋』で、なんともメタルバンドちっく。日本市場に限れば、そのタイトルのインパクトも大きかった。ジェフが「真のロック精神に対する完全なる冒とく」とまで言い切ったメタルの世界の面々は、ジェフを思い焦がれてきたのである。

2006年のG3ツアーの様子。（左より）ジョー・サトリアーニ、スティーヴ・ヴァイ、ジョン・ペトルーシ。

どうも怪しそうな興業だし値段も高いからと、CLASSIC ROCK AWARDSには足を運ばなかったのだけれど、後になって映像で確認する限り、この日の為に組まれたジェフのバンドは、いかにもメタルな人選による、メタルなプレイに思えた。あれほど嫌ったうるさいドラミングを、それを最たる特徴にしているレイ・ルジアーに任せたジェフ。「耳の遠い人たちが多いんだよ」としていたメタル嫌いが少しは改善したのだろうか。CLASSIC ROCK AWARDSばりに認識の相違という気もするのだが、一方的に希望的観測を投げておきたい。

（たけだ・さてつ　ライター）

JEFF BECK Discography 1963–2017

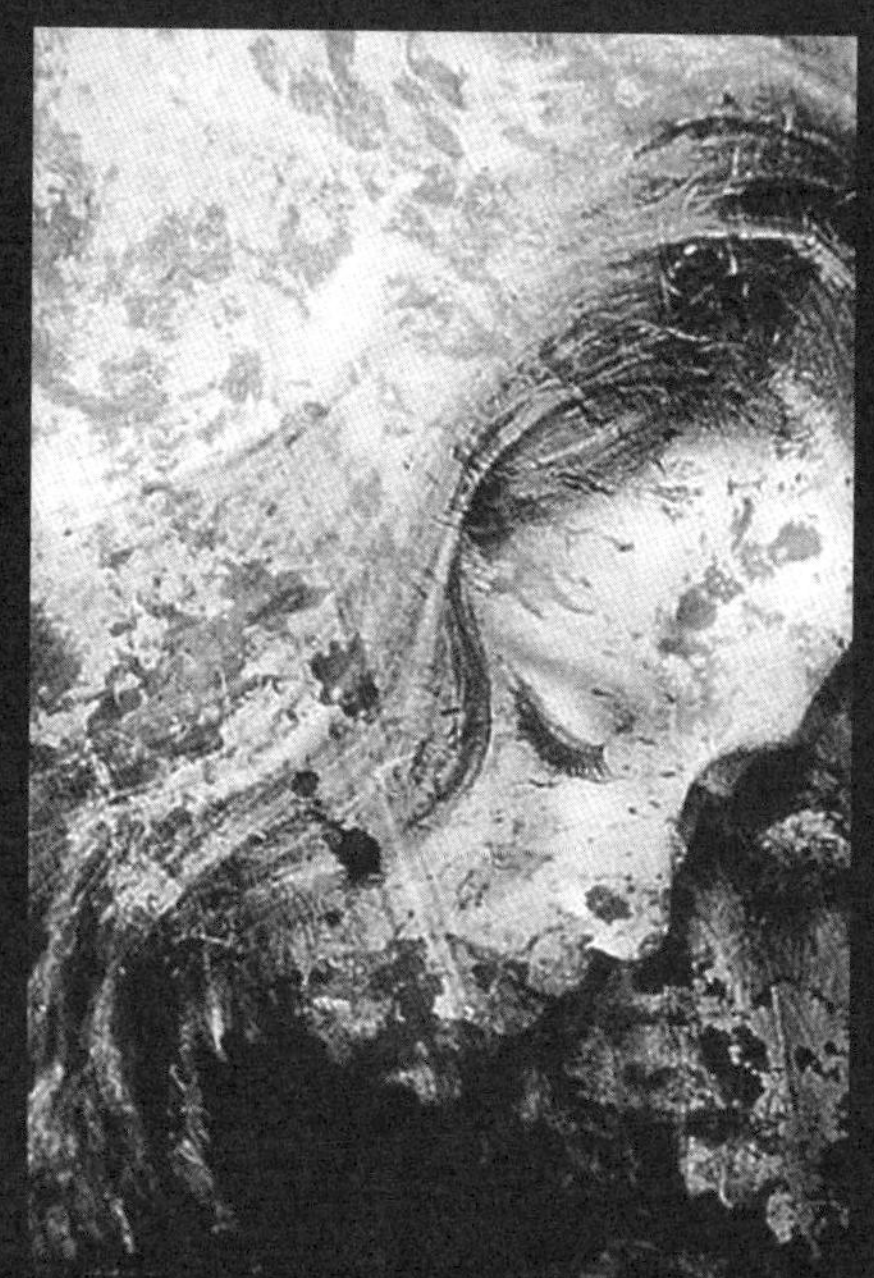

Text by **佐藤晃彦 Jeff Sato**

1963年にセミ・プロフェッショナル・バンド、ナイト・シフトやトライデンツを結成し、一部の音源が陽の目を見ているが、その後 '66年ヤードバーズに加入し正式デビュー、ジェフ・ベックは自己の音楽への探究のためにメンバー・チェンジや、バンドの解散を繰り返してきた。ジェフのレコーディングの歴史も50年が経過し、リリースされたリーダー・アルバムは第一線で50年活動しただけあって、かなりの数の作品を残している。ここではジェフが加入していたグループやリーダー・アルバムをご紹介したい。

尚、アイテム番号は、オリジナル本国のLPもしくはCDの番号を掲載しておりますが、リマスター盤やハイ・クオリティ盤、紙ジャケット、レーベル移籍等、次々再発され変わっているものが多いので、ご購入の際はアイテムをチェックしてから入手して頂きたい。

THE YARDBIRDS (ROGER THE ENGINEER)
サイケデリックのエース (ロジャー・ジ・エンジニア)

1. Lost Women / 2. Over Under Sideways Down / 3. The Nazz Are Blue / 4. I Can't Make Your Way 5. Rack My Mind / 6. Farewell / 7. Hot House Of Omagararshid / 8. Jeff's Boogie / 9. He's Always There / 10. Turn Into Earth / 11. What Do You Want / 12. Ever Since World Began
[CD Bonus Track] 13–26. Mono Version (All Songs) / 27. Happenings Ten Years Time Ago / 28. Psycho Daisies

●Personal : Jeff Beck (g/vo), Rod Stewart (vo), Jimmy Hall (vo), Karen Lawrence (vo), Jan Hammer (key), Tony Hymas (key), Doug Wimbish (b), Duane

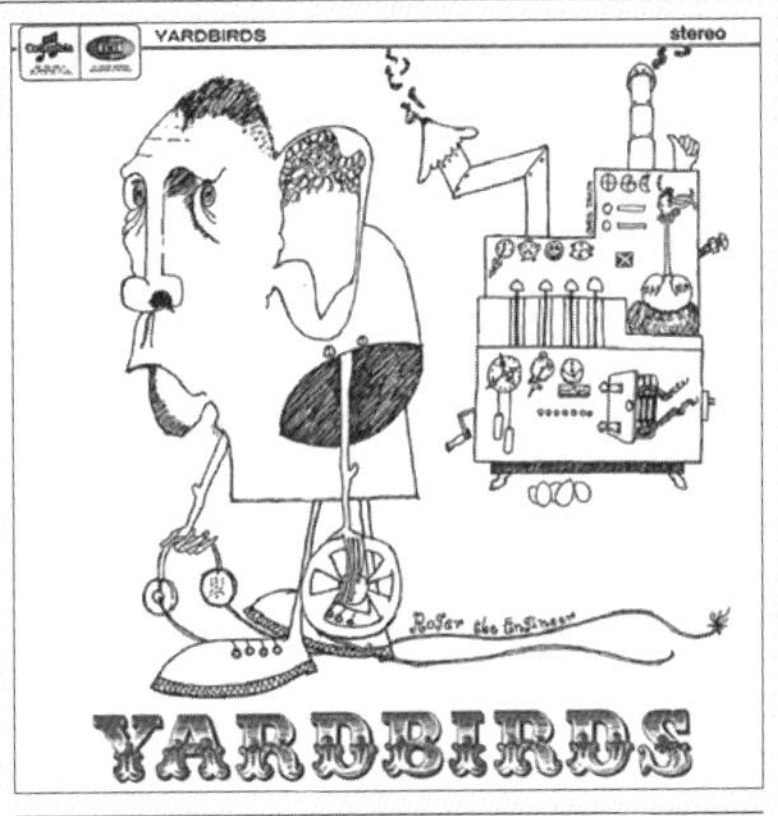

1966年
●LP EMI/Columbia SCX6063 (stereo) SX6063 (mono)

ジェフ在籍時のヤードバーズ唯一の完全なフル・アルバムで、アメリカでは2曲少ない『OVER UNDER SIDEWAYS DOWN』というタイトルで発売された。オリジナル・タイトルは『THE YARDBIRDS』であるが、わかりづらいこともありドラムのジム・マッカーティーがイラストを担当したジャケットに表記されていた『ROGER THE ENGINEER』が通称として使われ、現在はほぼこのタイトルが一般に使われることが多くなった。エリックやジミー・ペイジ時代も名演は多いが、時代性と画期的なサウンドを考え、ヤードバーズ史上最高傑作アルバムと呼んで良いだろう。ジェフが加入しファズを多用した斬新なギターは話題を呼んだ。アルバムではバランスがとられているが、当時の機材事情を考えればギターの生音が大きいのはサウンドを聴けばわかる。ライヴではヴォーカルとハープのキース・レルフが「ギターの音がでかすぎる」と言っていたらしい。「Nazz Are Blue」でのフィードバックによるロング・トーンは画期的で、ブルース、R&Bの曲はもちろん、ポップな楽曲でもエリックの時代とはムードががらりと変わっている。発売当時の邦題は「サイケデリックのエース」はまさにこのサウンドを象徴しており、ジェフのギターが入っただけで、魔法のように変わったヤードバーズ・サウンドが堪能出来る。また「Jeff's Boogie」はチャック・ベリーの「Guitar Boogie」の改作と言えるものであるが、ロカビリーで鍛えたジェフの斬新な奏法によるフレーズの応酬は、当時のギタリストを驚愕させたもので、BBA以来ライヴで演奏することはないが、ジェフの人気・代表楽曲のひとつである。尚、このアルバムはモノラル・ミックスでも発売されており、ギター・ソロが3曲で別テイクが使用されている。近年では多くの各国レーベルからステレオとモノを両方収録したCDが発売されており、ジミー・ペイジ加入後のツイン・ギターのシングル「Happenings Ten Years Time Ago / Psycho Daisies」がボーナス・トラックとして収録されているもの、そして当時のキース・レルフのソロ・シングルまでもが収録されているCDもある。エリック・クラプトンとジェフ在籍時の本作収録曲以外のシングル曲やアウトテイクは、契約の関係で様々な編集アルバムとして発売されているので要チェックである。

TRUTH
トゥルース

1. Shapes Of Things / 2. Let Me Love You / 3. Morning Dew / 4. You Shook Me / 5. Ol' Man River / 6. Greensleeves / 7. Rock My Plimsoul / 8. Beck's Bolero / 9. Blues De Luxe / 10. I Ain't Superstitious
[CD Bonus Track] 11. I've Been Drinking (New Stereo Mix) / 12. You Shook Me (Take 1) / 13. Rock My Plimsoul(Stereo Mix) / 14. Beck's Bolero (Mono Single Version With Backwards Guitar) / 15. Blues Deluxe (Take 1) / 16. Tally Man / 17. Love Is Blue / 18. Hi Ho Silver Lining (First Stereo Mix)

●Personal : Jeff Beck (g), Rod Stewart (vo), Ron Wood (b), Mick Waller (ds), Nicky Hopkins (key)
●Produced by Mickie Most & Jeff Beck

1968年
●LP EMI/Columbia SCX 6293 (stereo) / SX 6293 (mono)

ジェフのソロ名義のアルバムであるが、実質は第一期ジェフ・ベック・グループ（以下、JBG）の記念すべきファースト・アルバムである。プロデューサーのミッキー・モストは明らかにジェフをポップ・スターに仕立て上げようとし、アルバム発売前に3枚のシングルを発売、本人は汚点と思っているであろう3曲であった。しかしながら「Hi Ho Silver Lining」は英国で大ヒット。英国のロックを聴かない人達には、ずっと一発屋のシンガーと思われている程だとか。しかしシングルのB面3曲ではロッド・スチュワート等と、次の構想に向かって着実に自身のサウンドを構築していた。ミッキーはシングルA面のヒットにしか興味がなく、B面とアルバムのレコーディングは好きなようにやらせていたという。それが幸いしてジェフの思い通りにアルバムが制作された。ジェフvsロッド、この二人の対決&コラボが本グループの最大の魅力。ジェフはこの後何人ものヴォーカリストとバンドを結成したり共演したりするものの、このコラボに勝るものはなかったと言っても過言ではなく、本作直後にデビューしたレッド・ツェッペリンに多大な影響を与えたことは言うまでもない。更に、ヤードバーズ末期に入手したレスポールのサウンドが凄まじい。ヤードバーズ時代ソリッドだったサウンドも、マーシャル・アンプとレス・ポールとのコンビネーションよるヘヴィーでファットなサウンド、そして絶妙なフィードバックがアルバムの緊張感を高めている。たった4日間で収録されたらしく、実質的にプロデューサーも不在であったこともあり、ややトータル・コンセプトやミックスに不満も残るが、ジミー・ペイジ、ジョン・ポール・ジョーンズ、キース・ムーン等が参加した「Beck's Borelo」は大傑作、パワフルでテンションの高い演奏と斬新なアレンジは時代を超えても、ヘヴィーかつ新鮮に聴くことが出来る。尚、2004年にリマスターされたCDでは8曲のシングル曲と未発表ヴァージョンが収録されており、デラックス・エディションの少ないジェフのアルバムとしては珍しく、嬉しい誤算である。また、モノラル・ヴァージョンは全曲ミックスが異なっており、LPでしか発売になっていないが、ステレオ盤よりも音圧感のあるパワフルなサウンドは一聴の価値あり。

COSA NOSTRA BECK-OLA
ベック・オラ

1. All Shook Up / 2. Spanish Boots / 3. Girl From Mill Valley / 4. Jailhouse Rock / 5. Plynth (Water Down The Drain) / 6. The Hangman's Knee / 7. Rice Pudding
[CD Bonus Track] 8. Sweet Little Angel / 9. Throw Down A Line / 10. All Shook Up (Early Version) / 11. Jailhouse Rock (Early Version)

●Personal : Jeff Beck (g), Rod Stewart (vo), Ron Wood (b), Tony Newman (ds), Nicky Hopkins (key)
●Produced by Mickie Most

1968年
●LP EMI/Columbia SCX6351(stereo)　SX6351(mono)

第二期ＪＢＧのセカンド・アルバムで、ドラムスがトニー・ニューマンに代わり、セッション参加だったピアノにニッキー・ホプキンスを正式メンバーに迎えて制作された作品。イタリアのギャングの総称をもじって付けられた変わったタイトルで、前作同様、クラシック・アルバムのようなジャケットである。前作のハードなブルースから一歩前進し、典型的なブルース・ハード・ロックといったヘヴィな作品で、ジェフのリーダー・アルバムというより、ロック・バンドとしてのサウンドが構築された作品となっている。サウンドやミックスは前作より格段に上回り、ロッドを中心としたバンド・アンサンブルの完成度が高い。ジェフとロッドとの絡みは前作以上にスリリングで、ロン・ウッドのベースとニッキー・ホプキンスの個性も十分発揮されており、スタジオ録音ながら緊張感とテンションの高さにぞくぞくする、やはり現代のようなレコーディングとは違い一発録音に近い演奏には魔法が起きているようだ。パワフルなリズム・セクションで自由奔放に暴れまくるジェフのギターであるが、本作から運命のギター、ストラトキャスターを使用し始めているので、前作に比べるとサウンドはソリッドで、前作の独特なレスポール・サウンドのようなファットなサウンドで存在感はやや薄れている。このアルバム後にポスターに載っていながら『ウッドストック』に出演の予定をキャンセルし、解散に向かってしまう。もし出演して映画にも収録されていたら、ジミ・ヘンドリックスやテン・イヤーズ・アフターのように、間違いなく注目されていたと思うと残念。せめて当時のライヴの映像が見たかった。尚、２００４年のリマスターＣＤが発売された際に追加収録されたボーナス・トラックは、ライヴのような生々しさで迫って来る興味深いヴァージョンばかりで、当時ライヴで演奏されていた曲の正規リリースに当時からのファンは思いがけない音源に歓喜した。またＬＰではモノラル盤も発売されているが、あまり違いが感じられず、ステレオ・ミックスをそのままモノにトランスレートしただけであるかもしれない。またボーナス・トラックを追加したデジタル・マスタリング後のＬＰも収録時間が短いせいか、１枚もので発売されている。

ROUGH AND READY
ラフ・アンド・レディ

1. Got The Feeling / 2. Situation / 3. Short Business / 4. Max's Tune (Raynes Park Blues) 5. I've Been Used / 6. New Ways - Train Train 7. Jody

●Personal : Jeff Beck (g), Bob Tench (vo), Max Middleton (key), Clive Chaman (b), Cozy Powell (ds)
●Produced by Jeff Beck

1971年
●LP : Epic EPC64169 (stereo) EQ30973 (quadrophonic)

第一期ジェフ・ベック・グループからロッド・スチュワートを残し、後のBBAとなるヴァニラ・ファッジのティム・ボガートとカーマイン・アピスを加えてニュー・メンバーを目論んだジェフであったが、ロッドとロン・ウッドはスモール・フェイセズに合流、そしてジェフは交通事故のため長い期間活動を休止、ティムとカーマインはカクタスを結成してしまった。メンバー探しには難航したが、コージー・パウエルという強力なドラマーを見つけることが出来た。モータウンでもレコーディングしたことが、この時期に音楽的指向性にかなりの変化があったようだ。イギリス在住のトリニダート・トバゴ出身の黒人メンバーを含んだ編成は明らかにジェフのブラック・ミュージックへの憧れとこだわりによるものだろう、ファンク、ソウルの要素を大胆に取り入れ、バンド全体のバランスを重視したサウンドとなった。またピアノのマックス・ミドルトンとの出会いは、その後のジェフに多大な影響を与えたことは言うまでもないし、難航したヴォーカリストのボビー・テンチは大きな存在であったロッドの後任の重責を見事に消化している。またジェフのギターは格段に進化しており、ファンキーなリズム・ワークや、メイン・ギターのアーム付のストラトキャスターを見事に弾きこなし、現在のスタイルの足がかりとなったソリッドでよりスリリングなプレイを聴かせてくれている。タイトルは『粗製乱造』という意味で、確かに荒い作りではあるが、やっと新しいバンドのメンバーが決まり自身の音楽的方向性がハッキリし、とりあえずでもいち早くこのサウンドを聴かせたいという意思の表れであり、粗さゆえ聴けるジェフのワイルドなプレイも聴きどころである。尚、作家クレジットが著作権の都合でジェフ1人になっているが、本当はマックスやボビー等のメンバーが共作している。また、本作から「QUADOROPHONIC」という4チャンネル・レコードが制作されたが、長い間再生機器が消滅して聴くことが出来なかったが、5.1chSACDにトランスレートされ、リア・スピーカーにもギター等が定位されたサウンドは斬新で、当時からこれ程サラウンドというものが音楽的・技術的にも考えられていたのも驚きである。

JEFF BECK GROUP
ジェフ・ベック・グループ

1. Ice Cream Cakes / 2. Glad All Over / 3. Tonight I'll Be Staying Here With You / 4. Sugar Cane / 5. I Can't Give Back The Love I Feel For You / 6. Going Down / 7. I Got To Have A Song / 8. Highways / 9. Definitely Maybe

●Personal : Jeff Beck (g), Bob Tench (vo), Max Middleton (key), Clive Chaman (b), Cozy Powell (ds)
●Produced by Stephen L.Cropper

1972年
●LP : Epic EPC64899 (stereo) EQ31331 (quadrophonic)

グループの名前をそのままタイトルにしたセカンド・アルバムであるが、何故か「オレンジ」がレイアウトされていることから、通称『オレンジ』と呼ばれているアルバムである。前作はジェフ本人自身のプロデュースだったのに対し、本作では意外にもブッカーT.&MG'sのギタリスト、スティーヴ・クロッパーを迎えて制作されている。自由に制作された前作とはかなり異なり、本格的プロデューサーにきっちりとその方向性を求め依頼した初作品と言えるだろう、そのクロッパーのカラーの強い作品となっている。元々ジェフの希望は本格的なメンフィスやスタックスのサウンドを取り入れることであり、その考えからすれば間違いの無い選択だったと言えるだろう。しかしプロデューサーの思い通りにジェフはなかなか従わなかったとも言われている。しかしなかなかセンスの良いリラックスしたソウルフルな出来で、ジェフの作品の中では異色でもあり、また最も好きなアルバムと言うファンも少なくない。基本的には選曲のセンスの良さ、アレンジの素晴らしさが光る、ジェフのアルバムとしては当時のファンはかなりソフトな印象を受けたことも確かであるが、ジェフの抱いていた夢は果たせたのではないだろうか。この作品には2曲のインストゥルメンタルが収録されているが、すでに『BLOW BY BLOW』に通じる土台は完成している。ジェフの歴史の中で、同じメンバーで2枚のスタジオ・アルバムが制作されたのは第二期JBGのみというのも、ジェフの性格をよく表している結果であるが、もうちょっと続けて欲しかったグループであり、インストのパートも増やしたステージ構成もありであったと思う。尚、本作も「QUADORO-PHONIC」という4チャンネル・レコードが制作されたが、長い間再生機器が消滅して聴くことが出来なかったが、5.1chSACDにトランスレートされ発売された。特に「Definitely Maybe」等では4方向とセンターから多重録音されたギター・ハーモニーのサウンドは恐ろしいほど美しく、この曲だけでも聴く価値があり、通常のミックスでは聴くことの出来ないプレイもあるので要チェックである。尚、本作制作後にドイツのTV番組「BEAT CLUB」に出演、正規発売されているのは1曲であるが、6曲分現在でも時折日本でも放送されているので是非チェックして欲しい。

BECK, BOGERT & APPICE
ベック・ボガート&アピス

1. Black Cat Moan*/ 2. Lady? Oh To Love You ? Superstition / 3. Sweet Sweet Surrender*/ 4. Why Should I Care / 5. Lose Myself With You / 6. Living Alone / 7. I'm So Proud

●Personal : Jeff Beck (g/vo), Tim Bogert (b/vo), Carmine Appice (ds/vo), Danny Hutton (vo), Duan Hitchings (key), Jim Greenspoon (key)
Guitars : Fender Stratocaster, Gibson Les Paul, etc.
Produced by The Boys & Don Nix*

1973年
●LP Epic EPC65455(stereo) EQ32140(quadrophonic)

せっかく好評だった第二期JBGのツアーの終盤、早くもジェフの次への欲望が騒ぎ出した。メンバーも知らないツアー中にティムとカーマインがJBGに加入するという話題がマスコミにすっぱ抜かれツアーは窮地に立たされたが、何とリズム・セクションを本当にチェンジ、5人編成は変わらずツアーは続行されるのだが、ヴォーカリストもツアー中にキム・ミルフォードにチェンジ、さらにまたボビー・テンチに戻るというドタバタ劇もあった。スティーヴィー・ワンダーの「Superstition」はこのツアー中のリハーサル中に完成し、何とライヴでは演奏されていた。第二期JBGはツアー終了後アルバムのレコーディングに入る予定であったが、マックス・ミドルトンはグループには加わらないことを選択、ボビーも不参加となり、結局長い間夢であったティムとカーマインとのグループはリード・ヴォーカリスト不在のトリオ編成での実現となった。しかし、ロック界はクリーム、ジミ・ヘンドリックス・エクスペリエンスに続くスーパー・ロック・トリオの誕生とあって、マスメディアは大騒ぎとなった。前作までの洗練されたアンサンブルは影を潜め、グループ名通り、ジェフvsティムvsカーマインといったサウンドとなった。ティムとカーマインとジェフも1曲担当した「Black Cat Moan」等、ヴォーカルの弱さは否めないところもあるが、2人のコーラス・アンサンブルは素晴らしく、無骨なハード・ロック・サウンドの中にもソウルフルなセンスが光る作品となっている。プロデュース・クレジットのザ・ボーイズとはメンバーのことで、プロデューサー不在のレコーディングとあってか、このメンバーにしてはややこじんまりとしミックスに不満は残るが、世界最強のリズム・セクションの中で暴れまくるジェフのギターは圧巻。ジェフの歴史上、唯一のハード・ロック・アルバムとなり、僅か1枚のアルバムのリリースでグループは解散、もう3年早く実現していれば評価も少し変わっていただろう。尚セカンド・アルバムはほぼ完成間近であったが、解散によりお蔵入りとなってしまったのは残念。尚、当時4チャンネル・ミックス盤がリリースされ、5.1chSACDにトランスレートされリリースもされており、こちらの方がミックスがスッキリとして聴きやすい。

BECK, BOGERT & APPICE LIVE
ベック・ボガート&アピス・ライヴ・イン・ジャパン

[DISC 1] 1. Superstition / 2. Lose Myself With You / 3. Jeff's Boogie / 4. Going Down / 5. Boogie / 6. Morning Dew
[DISC 2] 1. Sweet Sweet Surrender / 2. Living Alone / 3. I'm So Proud / 4. Lady / 5. Black Cat Moan / 6. Why Should I Care / 7. Plynth? Shotgun

●Personal:Jeff Beck (g/vo), Tim Bogert (b/vo), Carmine Appice (ds /vo)
●Produced by The Boys & Yuji Takahashi

1973年
●LP Sony ECPJ 5~6 / EICP 30024~5 *曲順変更盤

ジェフの初来日であると共にBBA唯一のライヴ・アルバムで、日本でのみ発売になった日本のファンには最高のアルバムで、よくぞ残しておいてくれた歴史的演奏である。ライブは東京と名古屋でも行われ、73年5月18／19日の大阪厚生年金会館での録音で、当日演奏された最初の3曲、「Superstition」「Living Alone」「I'm So Proud」のみが18日、他の曲は19日の演奏が収録されている。元々カントリーのギタリストが使用していたという、当時はまだロック・ファンに知られていなかったトーキング・モジュレーターを肩から下げて登場し、いきなりその不気味なサウンドが会場中を轟きファンを驚かせた。当時初お目見えとなったレスポール・オックスブラッドで全曲演奏され、あまりエフェクトを多用していないこともあり、その生々しいサウンドが楽しめるのが嬉しい。選曲は唯一のスタジオ・アルバムの楽曲を基本に、元々第二期JBGのツアー終盤にティムとカーマインが加入したこともあって、第二期JBGのライヴ・レパートリー、そしてヴァニラ・ファッジとカクタスの楽曲も加えられ演奏された。3人の演奏はスタジオ録音がやや無難な音作りだったこともあるが、遥かにパワフルで、ティムとカーマインの凄まじい力量も十分楽しめる内容となっている。ベースやドラム・ソロを延々とプレイするのはこの時ならでは。これだけの時間を退屈することなく繰り広げていることは驚異である。尚、レコーディングは8チャンネルのマルチ・レコーダーで録音されたようで、やや3人がバラバラでドタバタな印象を受けるが、これ以上に緻密なミックスは難しかったのであろう。逆にその場の生の感じがそのまま収録されているところが魅力でもある。尚、当時少々発売日が遅れたのはジェフの唯一のヴォーカル曲「Black Cat Moan」のヴォーカルを録り直したとの噂があったが、真偽の程は明らかでない。また、片面20分前後のレコード4面ということもあってか、曲順は本来のセット・リストと異なり、ライヴを体験したファンには違和感を感じたが、40周年記念盤が2013年に発売され、演奏順通りでも収録された。そしてBBAのライヴ盤は、解散直前のロンドン・レインボー・シアターの音源があることは知られているが、発売が噂されるも未だに実現はしていない。

BLOW BY BLOW
ブロウ・バイ・ブロウ

1. You Know What I Mean / 2. She's A Woman / 3. Constipated Duck / 4. Air Blower / 5. Scatterbrain/ 6. Cause We've Ended As Lovers / 7. Thelonius / 8. Freeway Jam / 9. Diamond Dust

●Personal : Jeff Beck (g), Max Middleton (key), Phil Chen (b), Richard Baily (ds)
Produced by George Martin

1975年
●LP Epic EPC69117 (stereo) PEQ33409 (quadrophonic)

ロック・インストゥルメンタル・アルバムで最も美しく、ジェフが最も成功を収めた作品である。ビルボード誌のアルバム・チャート最高第4位はヴォーカルもの以外は売れないと言われた米国では異例のことである。文字通りジェフの最高傑作アルバムに上げるファンが最も多い。ロッド以上のヴォーカリストが見つからなかったことがギター・インストへの道へ向かった原因の一つとされているが、第2期からやってきたことの集大成がこのアルバムに見事に開花されている。BBAは特別なものと考えれば自然な流れでもある。当時はロック・ミュージシャンがこぞってフュージョンに影響を受け始め、ジェフはその先駆者的存在であった。マハヴィシュヌ・オーケストラに触発されプロデューサーにジョージ・マーティンを起用したと言われている。ジョージのプロデュースとアレンジによる優雅で壮大なストリングス等、ミュージシャンだけでは良いアルバムはなかなか作れないということを実証しているかのようだ。またBBAには参加しなかったが、第二期JBGのキーボードだったマックス・ミドルトンは、ジェフのギターを決して邪魔することもなく、かつバンドの足りない部分すべて補ってくれているような存在で、若い2人のリズム・セクションとのまとめ役にもなっている。そして最大の魅力はジェフのギター・プレイだ。それまでのハードで突き刺すようなサウンドはここにはないが、各曲毎にカラフルにトーンを変え、変幻自在のこれまでに聴かせたことのないギター・プレイが十分堪能出来る。またどの曲もリズム・アレンジが巧みであり、リチャード・ベイリーはドラムのセットをわざわざ左利き用に並べてレコーディングした曲もあるという。「Scatterbrain」のような8分の9拍子のフレーズを用いたスケールの大きい演奏は新発見であり、その後のジェフのアルバムに大きく影響を残したナンバーである。一聴すると緻密なレコーディングがされてるように聴こえるが、一発録りに近いテイクが多いというのは驚きである。尚、当時4チャンネル・ミックス盤がリリースされ、5.1chSACDにトランスレートされリリースもされており、ストリングスやピアノのサウンドの美しさを一層味わうことが出来、ギター・テイクが違うものもあるので要チェックである。

WIRED
ワイアード

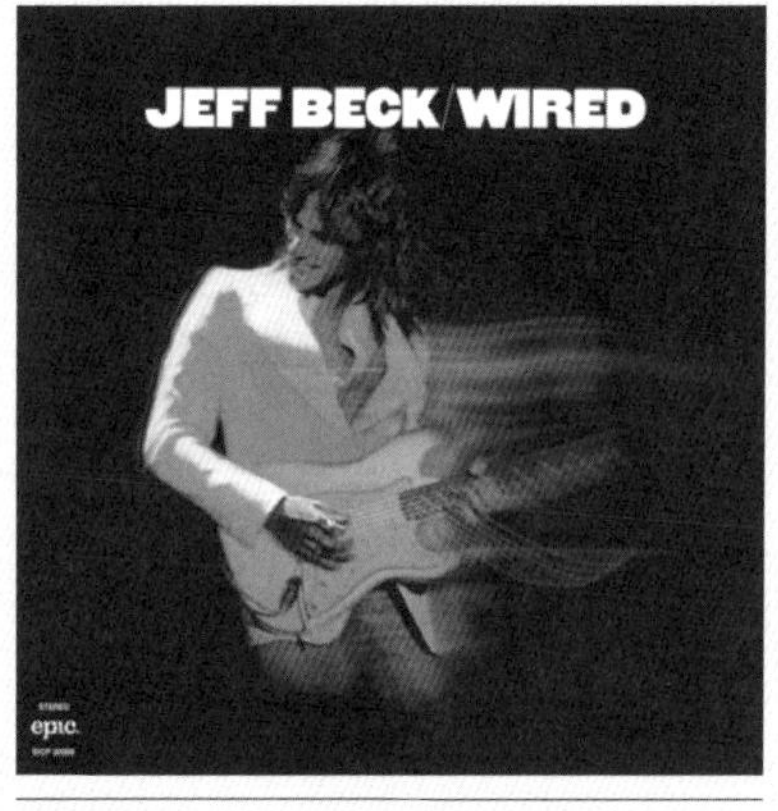

1. Led Boots / 2. Come Dancing / 3. Goodbye Pork Pie Hat / 4. Head For Backstage Pass / 5. Blue Wind / 6. Sophie / 7. Play With Me / 8. Love Is Green

●Personal : Jeff Beck (g), Jan Hammer (key/ds), Max Middleton (key), Wilber Bascomb (b), Narada Michael Walden (ds/key), Richard Baily (ds), Ed Green (ds)
●Produced by George Martin

1976年
●LP Epic EPC86012(stereo) PEQ33849(quadrophonic)

インスト・アルバムとしては異例の大ヒットとなった『BLOW BY BLOW』とそのツアーで、新しい方向性に自信を持ったジェフが、よりジャズ／フュージョンにフォーカスを絞り込んだアルバムであるが、前作のようなファンキーでクラシカルな落ち着いたテイストのアルバムからは一変し、音楽性は継続しながらもソリッドでハードなスタイルが戻ってきた作品となっている。ジャケットの写真からもその意気込みが感じられる。

プロデューサーは再びジョージ・マーティンを起用しているが、途中から参加したヤン・ハマーの影響力が大きく、ヤンのプロデューサーとしての個性の方が目立つナンバーも多い。フュージョン系ミュージシャンに囲まれながらもロック的アプローチが詰まっているナンバーが多く、スピード感、緊張感とテンションの高さはジェフの全作品の中でも尖出している。また後にプロデューサーとして名を挙げるドラマーのナラダ・マイケル・ウォルデンのテクニカルながらダイナミックなプレイで迫っており、ヤンとのインター・プレイはライヴの最高潮の瞬間をも感じさせる凄まじさで、アルバムの印象を決定付けている。

前作で新境地を開いたジェフのギター・プレイは、本作では計算できない自由奔放なプレイも見せ圧巻である。「Led Boots」はあらゆる意味でジェフの最高傑作であり、ヤンと2人でレコーディングしたとは思えない「Blue Wind」のドライヴ感は絶品である。チャールズ・ミンガスの名曲「Goodbye Pork Pie Hat」は進化したジャズ・フレイヴァー溢れるプレイにブルース・ロック・ギタリストとしての本質を開花、「ロック・ギタリストがミンガスの曲を演奏する」のは、信じられない出来事でありその完成度の高さに驚かされた。

尚、当時4チャンネル・ミックス盤がリリースされ、5.1chSACDにトランスレートされリリースもされているが、4チャンネル時代の終焉を迎えジェフの最後の作品となり、プレス枚数は非常に少なく貴重なものであった。しかし通常のステレオ・ミックスとの違いが最も大きく、緊張感とスケール感は更に増大、ギター・テイクが大きく異なるものもあり、5.1chSACDの発売は待ち望まれたものであった。

LIVE WITH THE JAN HAMMER GROUP
ライヴ・ワイアー

1. Freeway Jam / 2. Earth (Still Our Only Home) / 3. She's A Woman / 4. Full Moon Boogie / 5. Darkness/Earth In Search Of A Sun / 6. Scatterbrain / 7. Blue Wind

●Personal : Jeff Beck (g), Jan Hammer (key/vo), Steve Kindler (vio/g), Fernando Saunders (b/g), Tony Smith (ds/vo)
Produced by Jan Hammer

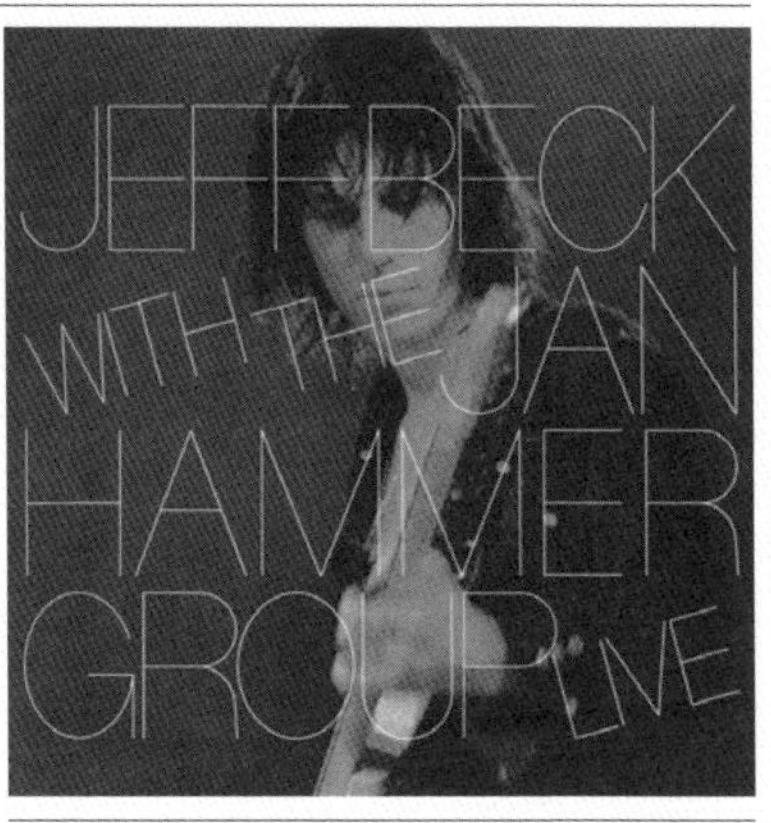

1977年 ●LP Epic EPC86025

アルバム『WIRED』のツアーのライヴ・アルバムとなるが、日本でしか発売されなかったBBAのライヴ盤と本作の後、25年以上にも及ぶ長い間、世界では唯一のライヴ・アルバムとして存在し続けた貴重な作品である。ジェフが傾倒し、ジョージ・マーティンがプロデュースしたギタリスト、ジョン・マクラフリンが率いるマハヴィシュヌ・オーケストラのキーボード・プレイヤーとして活躍したヤン・ハマーのグループにゲスト参加という形での全米ツアーで録音されたライヴ・アルバムで、本来はジェフのソロ作品とはいい難いのかもしれない。ヤンのアルバムからの楽曲も含まれているがその曲の出来がいまひとつ、ヴォーカル／コーラスも片手間感が強い。そんな中ジェフは完全にヤン・ハマー・グループを圧倒しているようである。最も攻撃的なプレイをしていた時期であり、ジャズ／フュージョン・ミュージシャンへの尊敬はあったであろうが、ここで一発、ロック・ギタリストの凄まじさを見せてやろうという意気込みがもの凄い。ソリッドでハードで、尚かつダイナミックなギター・プレイは、音楽理論やジャンルを超えて縦横無尽に飛び回っている。8分の9拍子の「Scatterbrain」は本作の中で最高の出来、ヴァイオリンとギターのユニゾンがスタジオ・ヴァージョンより遥かに早いテンポが疾走感と緊張感を生み、聴くものを圧倒、頭に血が上ってくるようである。またジェフのエフェクターの使用が最も大胆な時期であり、プロもアマチュアもジェフのエフェクター研究に最も過熱した時期。フランジャー、オクターヴァー、トーキング・ボックス等々、ロック・ギタリストなら誰もが通った道である。尚、ツアーの後半やアルバム発売に際し、ジェフとヤンが一時期あまりいい関係ではなくなったらしいが、主導権争いがあったのだろうと予測できる。

尚、本作もQUADOROPHONICという4チャンネル・ミックスが企画され、一部でレコード番号は掲載されたことがあったが、QUADOROPHONICの売り上げが急下降した時期であり、実物に出会ったこともネット関係でも見ることはないので、中止になったのであろう。コンサートのフル・ヴァージョンは残っていると思われるので、せめてデラックス・エディションの発売を望みたい。

THERE AND BACK
ゼア・アンド・バック

1. Star Cycle / 2. Too Much To Lose / 3. You Never Know / 4. The Pump / 5. El Becko / 6. The Golden Road / 7. Space Boogie / 8. The Final Peace

●Personal : Jeff Beck (g), Jan Hammer (key/ds), Tony Hymas (key), Mo Foster (b), Simon Phillips (ds)
●Co-Produced by Jeff Beck & Ken Scott

1980年●LP Epic EPC283288

3作続いたフュージョン色は影を潜め、ハードなジェフが戻ってきたアルバムである。78年のスタンリー・クラークとの日本とヨーロッパでのツアー、終了後にはライヴで演奏されていた未発表曲が多く、近々に発売されるものと期待された。当初はレニー・ホワイトがツアー・メンバーとの発表もあったが変更、そしてヤン・ハマーとのレコーディングが予定されていたので、がっぷりフュージョン・ミュージシャンとのアルバムとの期待もあったが、ヤンとは収録曲の最初の3曲だけで途中で終了、かみ合わなかったポイントはわからないが、最後まで行われなかったことは残念である。78年に来日公演も行われたヤンの曲も他にあったが、未発表に終わった曲はコージー・パウエルにプレゼント（？）され『TILT』というアルバムにジェフも参加したヴァージョンで収録、当然本作に収録されていても違和感のない曲である。他の曲は80年から長年のパートナーとなる英国人キーボード・プレイヤーのトニー・ハイマスを中心としてレコーディングされた。ヤンの3曲と同じアルバムに収録されていても違和感のない作風で、ジェフの求めていたロック・ギター・インストの姿だったのだろう。ドラムのサイモン・フィリップスとベースのモ・フォスターは、丁度売り出し中といった時期のロック系スタジオ・ミュージシャンである。何と言ってもサイモンの存在は本作を決定付けている。来日公演も行われた80年のツアーは、ジェフ史上最もハードでワイルドなツアーであり、コンサートのPAも爆音で、横浜公演ではギターの弦を全部引きちぎるというハプニングもあった程だ。ハード・ロックやプログレッシヴ・ロック好きのミュージシャンやファンの中ではフェイヴァリット・アルバムとする人が多く、名盤のひとつである。尚、表と内ジャケットはレスポールのケースが使用されているが、ほとんどストラトキャスターでプレイされている。この時期はシェクター・アセンブリーの付いたものや、スティーヴ・マリオットから貰ったメイプル・サンバーストをライヴで使用しているので、この2本の可能性は強い。そして何故かプロデュース・クレジットがコ・プロデュースとなっているが、ヤンとトニーがプロデュース、あとは総合的にジェフとエンジニアのケン・スコットがまとめ上げたと見るのが妥当だろう。

FLASH
フラッシュ

1. Ambitious / 2. Gets Us All In The End / 3. Escape / 4. People Get Ready / 5. Stop, Look And Listen / 6. Get Workin' / 7. Ecstasy / 8. Night After Night / 9. You Know,We Know
[CD Bonus Track] 10. Night Hawk / 11. Back On The Street

●Personal : Jeff Beck (g/vo), Rod Stewart (vo), Jimmy Hall(vo), Karen Lawrence (vo), Jan Hammer (key), Tony Hymas (key), Doug Wimbish (b), Duane Hitchings (key), Tina B. (vo), Curtis King (vo), David Simms (vo), Frank Simms (vo), George Simms (vo), David Spinner (vo), Carmine Appice, Jimmy Bralower, Jay Burnett, Barry DeSouza, Rob Sabio, Richard Scher, Curly Smith, Jeff Smith

●Produced by Nile Rodgers, Arthur Baker, Nile Rod

1985年●LP Epic EPC26112

元々カーマイン・アピスのアイディアから生まれたカーティス・メイフィールドのカヴァー曲の「People Get Ready」は、ヴァニラ・ファッジやBBA時代から演奏されていた曲である。ロッド・スチュワートと再共演のきっかけも、彼のバンドに在籍していたカーマインがジェフとの再会をセッティングしなければ実現はしなかった。出来上がったヴァージョンはあまりにも美しいジェフのギターはもちろん、ロッドのソウルフルなヴォーカルも素晴らしく、ジェフとしては異例のシングル・カットとなり、最も大ヒットとした代表曲ともなったのではないだろうか。プロモーション・ヴィデオもロッドとの再会を演出した感動的な構成で、その後のロッドのレパートリーにも加わったナンバーである。この曲の出来があまりにも素晴らしく色めき立ったレコード会社がヴォーカル・アルバム制作を要望。売れっ子プロデューサー、ナイル・ロジャースやアーサー・ベイカー等を起用し、ヒット・アルバムのような布陣を起用。また、プロモーション・ヴィデオに加え今までやったことの無いようなスタイリストやヘア・メイクを起用したプロモーション用のフォト・セッションが行なわれた。ジャケットも見ての通りで、ある意味ジェフらしからぬ出で立ちである。しかし、ジェフ主導でレコーディングされたインストゥルメンタルの2曲の出来は素晴らしかったものの、ヴォーカル曲の出来は残念ながらマスメディアもファンの評価もいまひとつ、どの曲も完成度が高くないといわざるを得ない。ジェフ本人もあまり気に入ったようではなく、軽井沢のイヴェント出演を含めた86年の来日公演はあったものの、ワールド・ツアーは行われなかったのはそんな理由からだったのだろう。せっかくのシングル・ヒットや素晴らしいギター・ソロはいくつもあるが、大プロデューサーの作品としてはレヴェルが高いとは言えない。ジェフは後のインタビューで度々「レコード会社の作ったアルバム」という表現をしている。ちなみにツアーでヴォーカル曲を担当する元ウエット・ウイリーのジミー・ホールとは本作が出会い。大きくフィーチャーされることはなく、何故ジェフがお気に入りなのか、現在もツアーに同行する程のジェフとの友好関係は深いのは、ファンの中でも疑問のひとつ（笑）。

JEFF BECK'S GUITAR SHOP WITH TERRY BOZIO AND TONY HYMAS
ギター・ショップ

1. Guitar Shop / 2. Savoy / 3. Behind The Vail / 4. Big Block / 5. Where Were You / 6. Stand On It 7. Day In The House / 8. Two Rivers / 9. Sling Shot

●Personel : Jeff Beck (g), Tony Hymas (key), Terry Bozzio (ds)
●Produced by Leif Mases, Jeff Beck, Tony Hymas & Terry Bozzio

1989年●LP Epic EPC463472-2

ファンが待ち望んだ9年振りのインストゥルメンタル・アルバムで、ベースレスの3人のみで制作されているが、これまでのライヴ・バンド・スタイルから大きく方向性を変え、トニー・ハイマスの打ち込みとキーボードが大きく貢献した、スタジオ作業的な音作りとなっている。インタープレイではなくテクノやインダストリアルに近い発想で、常に時代の先取りをするジェフらしいと言える。中でもジェフが好みそうな手数の多いスーパー・テクニックの持ち主のドラマー、テリー・ボジオを起用したことがこのトリオがファンに支持された最大の理由。彼とのコラボレーションは、見事にジェフの新しい方向性に合致している。トニーは打ち込みとキーボードで操縦をしながらも、そんなことはお構いなしにテリーとジェフは自由にプレイする。2人のインタープレイにトニーが後付けでキーボードを弾いているかのような錯覚に陥るが、そんなはずはない。またトニーの打ち込みが作り上げる淡々としたリズム・パターンにもジェフは果敢に切り込み、打ち込みミュージックというのを忘れさせてくれるような自由奔放さをも感じるのは脅威だ。ジェフとテリーがどこかへ行ってしまわないように監視しているトニーとのギター・ショップ・トリオは圧巻だ。

尚、95年にベースのピノ・パラディーノを加えたツアーを行ったことがあるが、ピノの実力は素晴らしいのに、トリオの緊張感と面白さが半減しているのはこのサウンドの魅力とは相反するサポートだったのかもしれない。

本アルバムは本格的なプロデューサーの不在によるまとまりの悪さは多少あるものの、最少ユニットでギター・バンドの究極とも言えるサウンドを完成していることに驚かされる名盤である。

また、ジェフのギターはトレモロ・アームとフィンガー・ピッキングによる最終型とも言えるスーパー・テクニックを完成させており、そのニュアンスの多彩さも含め多くのギタリストを驚かせている。

尚、日本の初回CDは別のジャケットで発売されたが、日本のツアーが早い時期決まりこのデザインが間に合わなかったからである。

BECKOLOGY
ベッコロジー

[DISC 1] 1. Trouble In Mind - The Tridents / 2. Nursery Rhyme (Live) - The Tridents ほか
[DISC 2] 1. Shapes Of Things - Jeff Beck Group / 2. I Ain't Superstitious - Jeff Beck Group ほか
[DISC 3] 1. Cause We've Ended As Lovers - Jeff Beck / 2. Goodbye Pork Pie Hat - Jeff Beck ほか
［未発表曲］Trouble In Mind / Nursery Rhyme (Live) / Wandering Blues / Blues De Luxe ~ BBA Boogie (Live) / Jizz Whizz

1992年●CD Epic EPC469262 2~4

ジェフは自身の過去の作品にはあまり興味のないことをインタビューで語っている。少なくとも90年代まではライヴ盤にもあまり関心がないようである。また2017年の今日でも、ローリング・ストーンズやエリック・クラプトンとちょっと比べただけでも、過去のライヴ音源、デラックス・エディション、ベスト・アルバム、またリマスターもほとんどなく、本人が関わった形跡がない。しかし唯一、本人の許諾無しにはリリースの実現はなかったのが本作である。未発表の発掘に本人は「プロデューサーのグレッグ・ジェラー」等の発言を何度かしているし、デビュー前の音源が正規にリリースされたのは本ボックスしかない。91年に突然リリースされたヒストリー・ボックスに、代表曲や傑作セッションに加え、なんとジェフの最初のプロフェッショナルのバンドと言える「トライデンツ」の未発表音源が収録された。ライヴやリマスター等、自分の初期の未熟な時代の音源、それも一曲はヴォーカルも担当、このような音源がリリースされたのは奇跡に近い。音質は時代を考えれば悪くないし、もう既にジェフらしさがピッキング・ニュアンスに感じられる……若かりし頃のヴォーカルも嬉しいプレゼントだ。また、完成間近ながら未発表に終わった幻の『BBAⅡ』の楽曲「Jizz Whizz」が唯一収録されているのは驚きである。ライヴ・アレンジの「Morning Dew」のリフを取り入れたインストゥルメンタルであるが、『BBA』と『BLOW BY BLOW』の丁度中間的なサウンドなのが興味深い。ティムとの不仲でBBAは解散となったが、『ベック&アピス』でのアルバム制作の構想もあり、『BLOW～』の楽曲もデモ録音されていたのである。きっとこの曲のようなロック・フュージョンのアルバムであったであろうと思うと、ちょっと惜しかったものである。また解散直前のロンドン・レインボー・シアターの未発表ライヴも収録。日本公演より完成度も高く、カーマイン・アピスいわく、「フル・ヴァージョンか日本公演と合わせてセレクションしての発売の企画もあったが、実現しなかったのは極めて残念である」。

尚、自身のシグネチャー・モデルのストラトキャスターのギター・ケース型のボックスは秀作！　ジャケットだけでも買いである！

CRAZY LEGS
クレイジー・レッグス

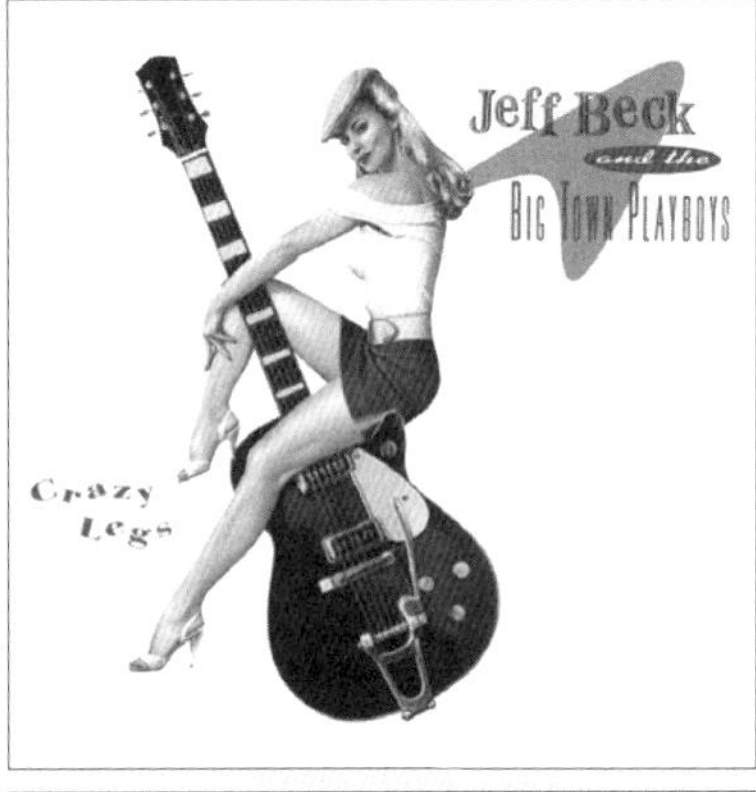

1. Race With The Devil / 2. Cruisin' / 3. Crazy Legs / 4. Double Talkin' Baby / 5. Woman Love / 6. Lotta Lovin' / 7. Catman / 8. Pink Thunderbird 9. Baby Blue / 10. You Better Believe / 11. Who Slapped John / 12. Say Mamam / 13. Red Blue Jeans And A Pony Tail / 14. Five Feet Of Lovin' / 15. B-I-Bickey-Bi-Bo-Bo-Go / 16. Blues Stay Away From Me / 17. Pretty Pretty Baby / 18. Hold Me, Hug Me, Rock Me

●Personal : Jeff Beck (g), Mike Sanchez (vo/key), Adrian Utley (g), Alan Jennings(b), Clive Deamer (ds), Leo Green (sax), Nick Lunt(sax)
●Produced by Stewart Coleman

1993年 ●CD Epic EPC473957-2

89~90年の『GUITAR SHOP』のツアー以降、突然の95年のサンタナとの全米ツアーを挟んで、『WHO ELSE!』の足がかりとなった98年のヨーロッパ・ツアーまでの間、約10年、何回か新作の準備はしたものの、結局ニュー・アルバムと呼べるのは本作だけしか作らなかった。本作はジェフが少年時代に憧れたロカビリーのアルバムである。

ジェフ少年が音楽を聴き始め、そしてギターを弾き始めた50年代後半は、エルヴィス・プレスリーを頂点とする空前のロカビリー・ブーム。英国でも大変なブームとなっており、ジェフは、ロカビリー界のスーパースター「Be-Bop-A-Lula」の大ヒットで知られるジーン・ヴィンセント&ザ・ブルー・キャップスが一番のお気に入りだった。ジェフは特に56年頃に在籍していたギタリスト、クリフ・ギャラップの大ファンであった。クリフは短い期間しか在籍せず、このバンド以外での活躍もあまり知られてはいないので、かなりマニアックなファンであったといって良いだろう、インタビュー等もほとんど受けたことのない知る人ぞ知る伝説のギタリストである。

本作はそのジーン・ヴィンセントとクリフ・ギャラップへ捧げたアルバムである。デビュー時はエリック・クラプトンやジミー・ペイジと比較されブルース・ギタリストのイメージが強いが、ロック・ギタリストながらもあのフィンガー・ピッキングを用いたのはクリフを初めとするロカビリー・ギタリストがルーツと言えるからである。本作はジェフのプレイ・スタイルでカヴァーした作品ではなく、完全なコピー作品。聴いてジェフと判る人は極めて少ないだろう。正直、ファンにはちょっとキツいアルバムではあるが、ルーツを知る作品として、オリジナル・ヴァージョンと聴き比べて欲しい。バンドはヨーロッパを中心に活動する人気ロカビリー・グループである。ジェフは本作のために憧れのギター、ブラックのグレッチ・デュオ・ジェットを2本入手、磨きに磨きをかけオリジナルに極めて近いサウンドを作り上げており、アンプにも拘ったのであろう昔の録音のようなリヴァーブ感を再現している。

ジェフの少年時代からの夢が叶ったアルバムである。

WHO ELSE!
フー・エルス

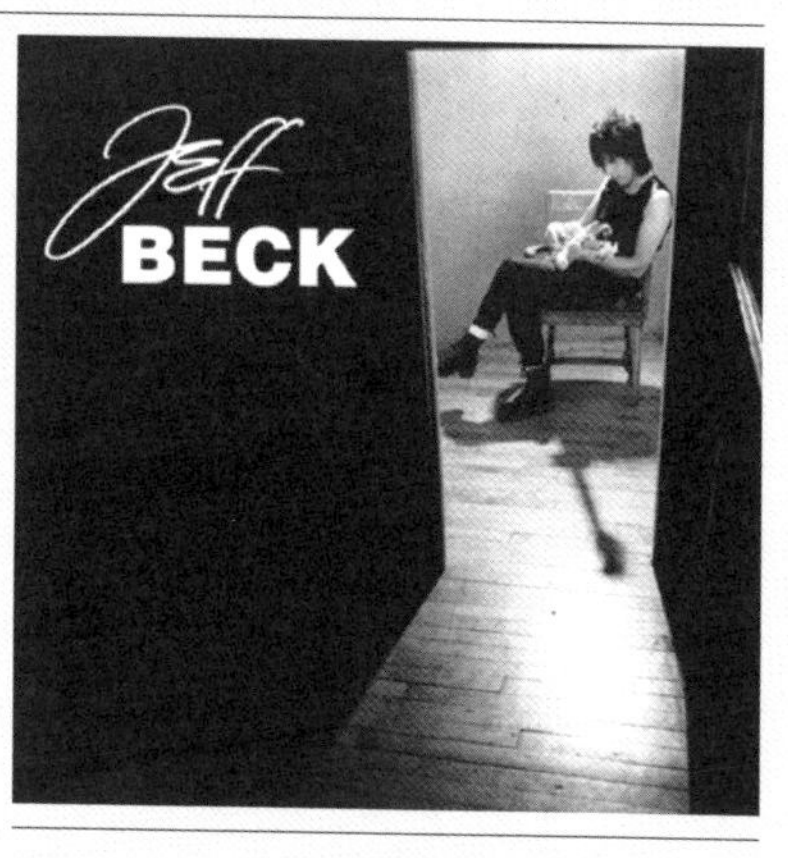

1999年 ● EPIC CD 493041-2

1. What Mama Said / 2. Psycho Sam / 3. Brush With The Blues / 4. Blast From The East / 5. Space From The Papa / 6. Angel (Foot-steps) / 7. THX 138 / 8. Hip-Notica / 9. Even Odds / 10. Declan / 11. Another Place

● Personal : Jeff Beck(g), Tony Hymas(key), Jennifer Battenn (g/midi g), Randy Hope Taylor(b), Steve Alexander (ds), Jan Hammer (key/ds)
● Produced by Tony Hymas & Jeff Beck

何と本格的ソロ・アルバムのリリースは『GUITAR SHOP』以来10年振り、スティーヴ・ルカサー等、何人かのプロデューサーを迎えレコーディングを始めたが途中で挫折、ロカビリー・アルバムやサントラの制作等はあったものの沈黙の90年代でもあった。本作はバンドのメンバーを完全に一新、何か始める度にメンバーを集めるという、ある意味スタジオ・ミュージシャン的な起用法でのスタイルがスタートした時期といって良いだろう。実はこの前の98年、本作のネタになった曲が多数含まれる新曲だらけのヨーロッパ・ツアーを突然行っている。そしてそれをレコーディングしてライヴ・アルバムのリリースを企画、録音を終えミックスと編集段階でその企画はキャンセルとなってしまった。ライヴ・アルバムを元々好まないジェフだけに、ちょっと無理な企画だったと言わざるを得ない。

しかしその中からヒントを得たジェフは80年以来のパートナーのトニー・ハイマスに協力を依頼、完成させた。トニーは最新のレコーディング事情（コンピューター、プロトゥールス、打ち込み）に熟知しており、ジェフのこれまでのようなメンバー探しやリハーサルは最小限で出来る技で新作を切り込んだのだ。これまでジェフを悩ませたアルバム毎のメンバー探しや曲作りのリハーサルもあまり必要がなくなったのである。そしてアルバムの「Brush With The Blues」と「Space From The Papa」にはライヴの音源が使用され、細かくレコーディングして少しずつ作り上げていく手法を学んだ。

本作の目玉はアルバムには珍しくギタリストが参加しているところである。ジェニファー・バトゥンは超速弾きでタッピングの名手である。彼女は前年のツアーに同行し、もちろんギタリストとしての実力を充分発揮し、かつMIDIギターでキーボード・プレイヤーのパートも見事にカヴァーしており、これまでのジェフの作品とはがらっと変わった作風となっている。ジェフは本アルバムでエフェクターの使用を最小限に止めて、フィンガー・ピッキングでハーモニクスやアーミングで究極とも言えるギター・プレイを披露、『GUITAR SHOP』で驚かせたその表現力豊かなプレイは更に磨きをかけ、世のギタリストを完全に唸らせた。

YOU HAD IT COMING
ユー・ハッド・イット・カミング

1. Earthquake / 2. Roy's Toy / 3. Dirty Mind / 4. Rollin' & Tumblin' / 5. Nadia / 6. Loose Cannon / 7. Rosebud / 8. Left Hook / 9. Black-bird / 10. Suspension

●Personal : Jeff Beck (g), Aiden Love (programing, Andy Wright (programing), Jennifer Battenn (g/midi g), Randy Hope Taylor (b), Steve Alexander (ds), Imogen Heap (v)
●Produced by Chris Jarrett, James Brown, Matt Tait

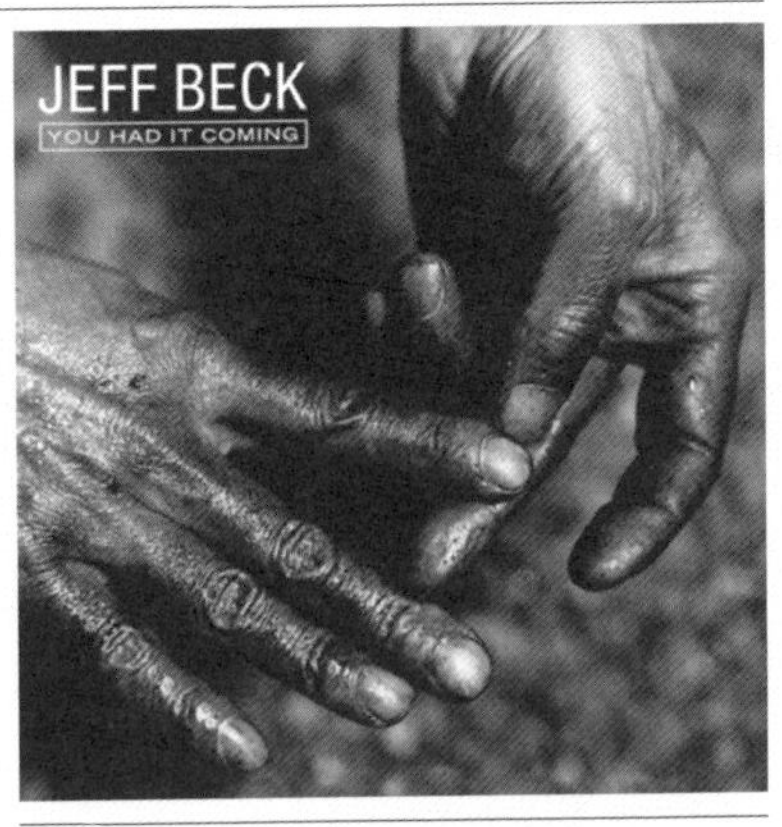

2000年（日本）、2001年（海外）●EPIC CD 501018-2

『WHO ELSE!』が10年振りかと思ったら、本作を115ヵ所のツアーを行なったにもかかわらず前作から1年半でリリースしたのは驚きである。この要因はやはりレコーディング方法の進歩によるものだろう。毎回メンバー集めやリハーサルで時間と経費を費やしてしまったが、打ち込みの音作りで自分のやりたいサウンド容易に作り出せるようになり、前作の完成度に満足してのことだ。デモやベーシックはほぼ打ち込みだけで行なわれたようで、常に斬新なサウンドを求め続けるジェフには打ってつけのレコーディング・システムである。ちょっとした思い付きも打ち込みやシンセサイザーで思い通りに完成、人間が演奏したほうが良い部分は後で補うというやり方はジェフにピッタリはまったのだった。そして自分でやっていたメンバー探しも、優れた若いミュージシャンが次々登場し、スケジュールや予算等をあまり気にせず出来るのは夢のようなことで、楽曲もメンバーとレコーディングしながら作り上げ、自身はギターのレコーディングに集中出来る状態になったのだ。そんな中、インダストリアル・バンドも驚くような「Earthquake」や、ドラムン・ベース風「Left Hook」等、若いミュージシャンがたじたじになるような新感覚の音楽もなんなく消化、本作の方向性からは異色のカヴァーのマディー・ウォーターズ作「Rollin' & Tumblin'」まで何の躊躇も無くデジタル化してしまっているのには痛快である。その中でギター・テクニックもさることながら、フィンガー・ピッキングによるニュアンスが特に素晴らしく、ナイティン・ソーニー作の「Nadia」での表現力は感動ものだ。スライドにトレモロとチョーキング、このすべてを合体させオリジナルのヴォーカル・パートのインド風の何とも言えないよれた感じをギターで再現している。オリジナルも是非聴いていただきたいが、ギターで再現出来る様なシロモノではない。しかしこのヴァージョンを見事に再現。フィンガー・ピッキングを極めたジェフの表現力が遂に人類最高の楽器ヴォーカリストの領域に達したと感じた次第である。全体的に暗く地味な印象を受けるが、最新の音作りやジャンルを超えた選曲をがんがん取り入れて自分の音楽にしてしまうジェフの感性には脱帽だ。

JEFF
ジェフ

1. So What / 2. Plan B / 3. Pork-U-Pine / 4. Seasons / 5. Trouble Man / 6. Grease Monkey / 7. Hot Rod Honeymoon / 8. Line Dancing With Monkeys / 9. JB's Blues / 10. Pay Me No Mind (Jeff Beck Remix) / 11. My Thing / 12. Bulgaria 13. Why Lord Oh Why?
[Japanese CD Bonus Track] 14. Take A Ride (On My Bottleneck Slide) / 15. My Thing (David Torn Remix)

●Personal : Jeff Beck (g), Ronni Abcoa (v), Nancy Sorrell (v), Me One (v), Tony Hymas (key), Dean Garcia, Steve Barney,London Session Orchestra, Apollo 440, Kodish
●Produced by Andy Wright for SSO

2003年 ●EPIC CD 510820-2

本人がデジタル・ロック三部作と語っていることから『WHO ELSE!』からの流れの最終楽章となるアルバムであるが、セルフ・タイトルは少々イメージではないように思える。ミュージシャンにはトニー・ハイマス等の長年の友人も参加しているが、前作のプロデューサー、アンディ・ライト、アポロ440や、カーヴ、デイヴィッド・トーン等のヒップ・ホップ・シーン等で活躍する、ジェフとは接点がないと思われていたアーティストが多数参加し、前2作以上に打ち込みサウンドを極めたアルバムとなっている。オールド・ファンには参加メンバーもわからないし、かなり取っつきにくいアルバムにはなっているが、ギター・プレイと斬新なテクニックにおいては頂点を極めている。ジェフは自己のギターのスタイルをどんどん変化させているのではなく、共演ミュージシャンから多くの音楽エッセンスを吸収、新たなサウンドでギターを弾くことで自身のギター・テクニックを進化させてきた。その手法の最たるものが本作である。元々チャレンジとしてアルバム発売のことは考えずにレコーディングを進めていたらしいが、レーベルやスタッフからの勧めもあって本作が陽の目を見ることになったという。ジェフの本来の音楽性は演奏やテクニックの面ばかり強調されてきているので、毎作きっちりと聴いているファンにはひとつの流れのいきついたところと受け止められるだろう。彼の音楽が人をひきつけているのはサウンドが次々変化しながらも、スーパー・ミュージシャンと共に、ファンを引き付ける楽曲がある程度揃い、そしてそれを緊張感とテンションの高いバンドをバックに表現力豊かなスーパー・テクニックを披露してきたからである。新たな音楽への挑戦的な姿勢は素晴らしいと思うが、打ち込みばかりの楽曲陣で緊張感やダイナミズムがなく、叙情的な曲やアマチュア・ギタリストが喜んでコピーしたくなる楽曲もなく、ある意味実験的な作品に終わってしまっているのはなっているのは少々残念。ライヴ・ツアーは行われなかったし、熱狂的なファンからも一番遠い存在のアルバムになっているかもしれない。しかし最後に、59歳にしてこの前向きな姿勢、そしてギター・テクニックは前作以上に挑戦的で聴きどころが少ない訳ではないことだけは、付け加わえておこう。

JEFF BECK LIVE AT B.B.KING BLUES CLUB
ライヴ・ベック！

1. Roy's Toy / 2. Psycho Sam / 3. Big Block / 4. Freeway Jam / 5. Brush With The Blues / 6. Scatterbrain / 7. Goodbye Pork Pie Hat 8. Nadia Savoy / 9. Angel (Footsteps) / 10. Seasons / 11. Where Were You / 12. You Never Know / 13. A Day In The Life / 14. People Get Ready / 15. My Thing

●Personal : Jeff Beck (g), Tony Hymas (key), Terry Bozzio (ds)

2003年●EPIC CD 090893

ジェフの3枚目のライヴ盤ということになるが、当初はダウンロードでの販売で後に通販でCD発売、告知も情報もほとんどなく発売されていた。気軽にさらっと出したかったのだろうが、ライヴ・アルバム好きの日本のファンが黙っている訳がなく、日本では特別に一般流通のCDとして発売された。本作は03年のB.B.キングとのツアーの一環のライヴのハイライトとなるニューヨークのBBのクラブでの録音、差し替えなしの荒削りな演奏がらも超ハイ・テンションな仕上がりとなっている。手数の多いドラマー好きのジェフであるから、テリー・ボジオとは時々一緒に演奏したくなるのだろう。一応アルバム『JEFF』の後のツアーということになるが、さすがにライヴでは再現しにくい曲が多いせいか2曲しか演奏しておらず、結果的にはベスト選曲にテリー・ボジオとのアルバム『GUITAR SHOP』中心の選曲となっているのは逆に嬉しい。特に「Freeway Jam」や「Scatterbrain」等のフュージョン期の楽曲も素晴らしく、スピード感に加えパワー・アップされた別の曲として蘇っている。

OFFICIAL BOOTLEG USA '06
ライヴ・ベック '06

1. Beck's Bolero / 2. Stratus / 3. You Never Know / 4. Cause We've Ended As Lovers / 5. Behind The Veil ? Two Rivers / 6. Star Cycle / 7. Big Block / 8. Nadia(The River) / 9. Angels(Footsteps) / 10. Scatterbrain/ 11. Led Boots / 12. Goodbye Pork Pie Hat/Brush With The Blues / 13. Blue Wind / 14. Over The Rainbow

●Personal : Jeff Beck (g), Vinnie Colaiuta (ds), Pino Palladino (b), Jason Rebello (key)
●Produced by Jeff Beck

2006年●CD DMBOOT002

元々ツアー・グッズのひとつとして制作されたもので、入手出来ないファンから問い合わせが多くネット販売もされるようになったアルバムである。ロー・ジェネレーション・サウンドボード・ミックスとクレジットされていることから、PAからダイレクトにレコーディングされただけであろう。ここから長年在籍したEpicのクレジットはないが、日本だけはソニーから一般発売になり誰でも購入出来るようになった。何故かBBA時代のロゴだけの素っ気無いジャケットであるが、どのアルバムのプロモーション・ツアーでもなく、代表曲ばかりで選曲され、「Stratus」と「Over The Rainbow」という有名カヴァー曲の未発表曲が収録されたこともあり、ファンには嬉しいプレゼントとなった。本作はPAミックスから録音されたもので演奏もミックスも粗いが、その分ライヴの醍醐味を楽しめる。「Beck's Bolero」の選曲には驚かされたが、イントロのアコースティック・ギターはギター・テクニシャンが弾いている。尚、当日演奏されたヴォーカル曲はすべて未収録である。

Performing This Week... / LIVE AT RONNIE SCOTT'S
ライヴ・アット・ロニー・スコッツ・クラブ

1. Beck's Bolero / 2. Eternity's Breath / 3. Stratus / 4. Cause We've Ended As Lovers / 5. Behind The Veil / 6. You Never Know / 7. Nadia / 8. Blast From The East / 9. Led Boots / 10. Angel (Footsteps) / 11. Scatterbrain / 12. Goodbye Pork Pie Hat / Brush With The Blues / 13. Space Boogie Big Block / 14. A Day In The Life / 15. Where Were You / 16. People Get Ready / 17. Blanket / 18. Little Brown Bird / 19. You Need Love / 20. Rollin' And Tumblin' / 21. Race With The Devil / 22. Crazy Legs / 23. Train Kept A Rollin' / 24. My Baby Left Me / 25. Matchbox 26. Baby Blue / 27. Honky Tonk

●Personal : Jeff Beck (g), Tal Wilkenfeld (b), Vinnie Colaiuta (ds), Jason Rebello (key)
●Recorded by and mixed by Alan Branch

●Bru-ray : EVBRD 33326-9（*DVD CD 2CD 2LP 3LPも発売されているが収録曲が少ないアイテムもある）

映像収録を前提に、ロンドンにある老舗のジャズ・クラブ、ロニー・スコッツで5日間行なわれたライヴからベスト・テイクを収録したもので、ゲスト以外は全日同じ曲目で演奏されている。インタビューでライヴ・ハウスの方が観客の反応も直接感じられ、演奏しやすいと答えており、この場所を選んだのではと思われる。98年以降は精力的にライヴ・ツアーを行うようになり演奏も安定し、メンバーも多少流動的ではあるが、丁度安定したと感じ収録したのだろう。3作のライヴ作品が続いたが、突出した出来で過去のライヴ盤の中で最高傑作であることに間違いない。07年11月27日〜12月1日の5日間、ロンドンのソーホーにある老舗ジャズ・クラブ「ロニー・スコッツ・クラブ」でライヴDVD、CD収録のためにスペシャル・ライヴが行なわれた。どの曲がどの日かクレジットはないが、ゲスト3人はそれぞれ1日だけしか出演していないので、27、28、29日からはピック・アップされている。エリック・クラプトンとの共演も嬉しいが、待ちに待ったジェフの初のリーダー・ヴィデオで、ギターを弾くファンにとってはこれでもかと言わんばかりのスーパー・テクニックを、これだけ手元がアップで収録されているのは凄い。教則ヴィデオ以上の収穫もあると言って良いだろう。演奏はもう絶好調の一言、ファンにとってはバイブル的映像である。ギタリスト必見！ そして最後の7曲は4日目、07年11月30日のみ第一部に行われたスペシャル・ライヴ。発売当時はにビッグ・タウン・プレイボーイズをバックBlu-rayだけの収録であったが、後の再発ですべてのアイテムにも収録。『CRAZY LEGS』収録曲を中心とした選曲にはロカビリー・ジェフが見れたファンはたまらない。プレイボーイズはメンバー・チェンジをしているが、リーダー格のベーシスト、イアン・ジェニングスを中心に相変わらずご機嫌なグルーヴでジェフをサポートしている。ジェフの本当に楽しそうな表情が窺えるのが嬉しい。このパートではストラトキャスター以外にもテレキャスターやグレッチ、ギブソン・フルアコ等も使用している。

尚、最初はブルーレイのみ全曲収録であったが、後にCDとDVDも全曲収録のものが発売された。

EMOTION & COMMOTION
エモーション・アンド・コモーション

1. Corpus Christi Carol / 2. Hammerhead / 3. Never Alone / 4. Somewhere Over The Rainbow / 5. I Put A Spell On You (feat. Joss Stone) / 6. Serene / 7. Lilac Wine (feat. Imelda May) / 8. Nessun Dorma / 9. There's No Other Me (feat. Joss Stone) / 10. Elegy For Dunkirk (feat. Olivia Safe)
[Japanese CD Bonus Track] 11. Poor Boy (feat. Imelda May) / 12. Cry Me A River

●Personal : Jeff Beck(g), Joss Stone(vo), Imelda May(vo), Olivia Safe (vo), Tal Wilkenfeld(b), Vinnie Colaiuta(ds), Jason Rebello(key)
●Produced by Trevor Horn, Steve Ripson

2010年 ●CD Atco R2 523695

長い沈黙の後、99年から順調に3作のスタジオ・アルバムをリリースしたジェフであったが、長い間在籍していたエピック・レーベルからマネージメントの移籍等があったり、立て続けに初の映像作品も含む3作のライヴ作品を制作したりしたこともあり、次のスタジオ・アルバムの完成まで7年の時間を要した。いろいろなミュージシャンとスタジオ入りした情報はあったが、ライヴ活動でのバンド・メンバーが安定しているのでデジタル・ロックではないだろうと予測されていた。しかしいつも予想を良い意味で裏切るジェフだけに何をやってくれるかと思っていたが、やはり意外な内容であった。まずカヴァーの多い意外な収録曲に驚かされる、クラシック、スタンダード等を含む、ジャンルに拘らない選曲、オーケストラや女性ヴォーカリストも参加。これだけでは内容は掴みにくいが、00年代に入り進化したフィンガー・ピッキングによる表情豊かなギター・ワークは、確かにライヴでも我々をしばしば驚かせてくれ、クラシックやスタンダードをカヴァーしたこともあった。テクニックを超えるニュアンスに、分かってはいるがなかなかここにスポットを当てることはないだろう。本作は徹底的にギターの表現力にスポットを当てた作品となっている。故・ジェフ・バックリー作のカヴァー曲や有名スタンダード・ナンバーでも驚かされるが、パヴァロッティでも知られる『トゥーランドット』からの曲「Nessun Dorma」は特に驚きである。日本ではフィギア・スケートの曲として有名であるが、まさかジェフが演奏するとは。どんな曲でもジェフがギターを奏でれば、ヴォーカリストのように歌うことが出来ることが証明されている。スーパー・テクニックは既に70年代に極め、80年代後半からはフィンガー・ピッキングを極め、更に年々表現力を増し、ヴォーカリストと同等にギターでどれだけ感情を表現出来るかに挑戦したのがテーマ。テクニックを極めたギタリストは数多い。しかしロック・ギタリストとしてここまでエレクトリック・ギターで、「声」という世界最高の楽器に肩を並べたことに敬意をも表したい。尚、本作は米国でも大ヒット、トレヴァー・ホーン等のプロデューサーの役目がどれだけ大切な存在なのか感じさせるアルバムである。

Rock & Roll Party: Honoring Les Paul
ライヴ・アット・イリディウム～レス・ポール・トリビュート

1. Baby Let's Play House / 2. Double Talkin Baby / 3. Cruisin' / 4. Train Kept a Rollin' / 5. Poor Boy / 6. Cry Me a River / 7. My Baby Left Me / 8. How High The Moon / 9. Sitting On Top Of The World / 10. Bye Bye Blues / 11. The World Is Waiting For The Sunrise / 12. Voya Con Dios / 13. Mockin' Bird Hill / 14. I'm a Fool To Care / 15. Tiger Rag / 16. Peter Gunn / 17. Rocking Is Our Business / 18. Apache / 19. Sleep Walk / 20. New Orleans / 21. Remember (Walking in the Sand) / 22. Please Mr. Jailer / 23. Casting My Spell On You / 24. Twenty Flight Rock / 25. The Girl Can't Help It / 26. Rock Around The Clock / Shake, Rattle & Roll

●Personal : Jeff Beck (g), Imelda May (vo), Darrel Higham (g), Al Gare (b), Steven Rusutan (ds), Jason Rebello (key), Brian Setser (vo/g), GaryUS Bond (vo)

●Bru-ray : Eagle Vision 33374（DVD CD 2LPも発売されているが収録曲が少ないアイテムもある）

敬愛するレス・ポールの95歳の誕生日、毎週出演していたニューヨークのイリジウム・クラブにはもうレス・ポールは出演しない。そんな誕生日に代わって出演したのがジェフ・ベックであった。

本公演の約4ヶ月前、前年に亡くなったレス・ポールがグラミー賞を受賞し、その代わりに演奏したのがジェフ、何と「How High The Moon」をオリジナル通りのアレンジとギター・プレイでやってのけたのだ。ファンの間ではロカビリー好きは知られているが、一般の音楽ファンにはあまり浸透してはいない。

この出演で、ロック・ギタリスト・ジェフの評価は格段に上昇した。そんなジェフが本格的にレス・ポールのトリビュート・ライヴを行い収録されたのが本作である。

会場はたった150人程度のライヴ・ハウス、観客にはデイヴィッド・ボウイ、ナラダ・ミートローフ、エース・フレーリーを始めミュージシャンが大挙押し寄せた。レス・ポール・ナンバーは8曲、その他にも少年時代から大好きなジーン・ヴィンセント&ブルー・キャップスのナンバーやR&R、ソウル、ジャズ、スタンダードまでずらり。ギターはもちろんレス・ポールにストラトキャスター、テレキャスター、グレッチのデュオ・ジェットやギブソンES－175まで登場。あまりステージでギターを持ち変えることのないジェフであるが、この日は特別。オリジナル・ヴァージョンに拘ったギターを次から次へと持ち替え、少年時代からの思い出に浸り、そして驚く程のコピー振りで、いつも演奏しない曲ばかりをここまでオリジナル通りに演奏するのは相当練習を重ねたに違いない。レス・ポールのコピーも感動するが、バーニー・ケッセルのギターで知られるジュリー・ロンドンの「Cry Me A River」には感動の嵐、ジェフの成長振りには驚かされるばかりである。

近年、自身のルーツ音楽をプレイする機会が多くなっているが、ただ自身が演奏したいだけでなく、当時の素晴らしい音楽をファンや若いギタリストに聴かせたいのかもしれない。

LIVE AND EXCLUSIVE FROM THE GRAMMY MUSEUM

1. Corpus Christi Carol / 2. Hammerhead / 3. Over The Rainbow / 4. Brush With The Blues / 5. A Day In The Life / 6. Nessun Dorma/ 7. How High The Moon / 8. People Get Ready

●Personal : Jeff Beck (g), Tal Wilkenfeld (b), Vinnie Colaiuta (ds), Jason Rebello (key)
●Produced by David May

●CD-R : ATCO R2 526419

2010年「ア・デイ・イン・ザ・ライフ」で「最優秀インストゥルメンタル・パフォーマンス」を受賞し、通算5回目のグラミー賞に輝いたジェフ・ベック。同年4月の日本ツアーの直後に、L.A.にあるグラミー・ミュージアムでわずか200人の観客を前に行った貴重なライヴ音源を収めた作品。インターネットで生中継された映像が、まず通信販売のみでCD-Rで発売。そして、音楽配信で音源と映像が発売、そして国内盤が通信販売のみでプレスCDで発売と、大きな宣伝もなくさらっと発売になったライヴ・アルバムである。アルバム『EMOTION & COMMOTION』の曲を中心としたテレビ放送の特別番組でのライヴ・ショーであるが、気軽にライヴ作品をリリースしてくれるようになり、新曲のライヴがいち早く聴けとことは嬉しい限りだ。レスポールのカヴァー「How High The Moon」は本作が初発売、グラミー賞でのゲスト演奏は感動であったが、この曲のジェフ・ベックの楽しそうなプレイは最高！　本当に好きなんだなと実感させてくれる。DVDの発売も望みたいところである。

LIVE IN TOKYO
ライヴ・イン・トーキョー

1. Loaded / 2. Little Wing / 3. You Know You Know / 4. Hammerhead / 5. Angel (Footsteps) / 6. Stratus / 7. Yemin / 8. Where Were You / 9. The Pump / 10. Medley: Goodbye Pork Pie Hat / Brush With The Blues / 11. You Never Know / 12. Danny Boy / 13. Blue Wind / 14. Led Boots / 15. Corpus Christi / 16. Big Block / 17. A Day In The Life / 18. Rollin And Tumblin / 19. Cause We Ended As Lovers / 20. Why Give It Away

●Personal : Jeff Beck (g), Randa Smith (b), Narade Micheel Walden (vo), Jason Rebello (key)
●Produced by Atsushi Suzuki

2014年●DVD : Eagle Vision ERBRD1095

ジェフは本当に日本で特別に人気が高く彼にとってスペシャルな国である。ジェフがこれだけコンスタントに全国ツアーを行っている国は少ない。そして今まで何度かのTV放送の収録はあったが、販売用のライヴ映像の収録は初めて、それも世界で発売されている。『RONNIE SCOTT'S』と『LES PAUL TRIBUTE』に次いで3本目のオフィシャル映像となる。発売直前にシングル『YOSOGAI』が日本でだけ発売されたのでアルバム発売がそろそろと思われた時期であるが、結果的には新曲も含むベスト選曲となった。前2作とはバンドのメンバーも一新し、より音楽的に幅の広い音楽性を見せている選曲である。

前2作が狭いライヴ・ハウスの収録だっただけで、サウンドの迫力が全然違う。キーボードがいないだけに大きなホール独特のプログレッシヴ感が凄く壮大で、これまでのライヴ音源とは随分印象が違う作品となっている。本作はCDやLPの発売はなく、Bru-rayとDVDのみの発売である。

LIVE+
ライヴ+

1. Loaded / 2. PLAN 9 (Japanese CD Bonus Track) / 3. Morning Dew / 4. You Know You Know / 5. Why Give It Away / 6. A Change Is Gonna Come / 7. A Day In The Life / 8. Superstition / 9. Hammerhead / 10. Little Wing / 11. Big Block / 12. Where Were You / 13. Danny Boy / 14. Rollin' And Tumblin' / 15. Going Down / 16. Tribal (Studio) / 17. My Tiled White Floor (Studio) / Yemin (EU LP Bonus Track)

●Personal : Jeff Beck (g), Jimmy Hall (vo), Randa Smith (b), Nicols Meiyer (g), Veronica Bellino (d, per, vo, key), Ruth Lorenzi (vo)

●CD : Rhino R2 549269

ジェフのニュー・アルバムがいよいよ出るぞという噂が幾度と無く流れた、日本でのみ本作のオープニング曲「Loaded」や「Why Give It Away」のスタジオ録音のシングルが『YO-SOGAI』なんていう、妙なタイトルで発売されていたり、そのサウンドからまたデジタル・ロック・アルバムかとも噂された。また米国ではビーチ・ボーイズの重鎮ブライアン・ウィルソンとレコーディングを行い、発売間近とも言われたこともあった。しかしその噂は打ち消された。どの方向性もジェフに満足のいかないものだったに違いない。しかし以前と違い沈黙を置くことはなくなり、またライヴ・アルバム制作に寛容になったこともあってか、この期間に挑戦した自分の姿をまとめて発表したであろう作品が本ライヴ・アルバムである。

シングル曲の2曲とは別の曲が最後に2曲スタジオ収録された計4曲は明らかにデジタル・ロックの延長線上のもので、かなりハードに挑戦的なサウンドに仕上がっている。行き過ぎるとアルバム『JEFF』のような方向性になってしまうのを避けたのかもしれないし、ここから次作へのヒントを見出したのかもしれない、今考えれば後の『LOUD HAILER』につながったと思える。

このCDには収録されずLPのみに収録された「Yermin」はバンドのギタリストにニコラス・メイヤーの曲で彼のリーダー・アルバムに収録されてる曲であるが、アルバム『EMOTION & COMMOTION』の続編のようなアルバムならしっくり来ると思うが、おそらくレコーディングしているだろう。また英国人の大好きな「Danny Boy」なんていう曲をさらってやってしまうところや、ロカビリー好きのジェフであるからブライアンとの共演も聴いてみたかった気もする。

そんな過渡期に制作されたライヴ・アルバムであるが、とりあえずやっていたことを形にしたファンへのプレゼントなのか、次の方向性へ何か試していたのか、代表曲オンパレードのライヴ・アルバムとは何かが違う、変則的な作品であまり注目されなかったのが残念であるが、熱狂的なファンほどその幅広い音楽性を披露したジェフの魅力を堪能できるアルバムではないだろうか。

LOUD HAILER

1. The Revolution Will Be Televised / 2. Live In The Dark / 3. Pull It / 4. Thugs Club / 5. Scared For The Children / 6. Right Now / 7. Shame / 8. Edna / 9. The Ballad Of The Jersey Wives / 10. O.I.L./ 11. Shrine
●Japanese Special Edition - CD Bonus Track
12. Scared For The Children (Live) / 13. Right Now (Live) / 14. The Revolution Will Be Televised (Live)

●Personal : Jeff Beck (g), Garaman Vandenverg (g), Rosie Bones (vo), David Solazzi (ds), Giovanni Palloti (b)

2016年●CD : Atco R2 555546

昨年6年振りに発売された最新スタジオ・アルバムは、またも意表を突くようなジェフの方向転換である。名盤はたくさんあるが、この年齢になっても最高傑作と呼んでも過言ではないほど素晴らしいギター・プレイを聴かせてくれていることにまず喜ぶ。50年間、本当に進化し続けたんだなと思う作品である。前作とは打って変わってハッキリとハード・ロックに戻ってきたと思えるアルバムで「BONES」というグループとのジョイントである。近年女性ミュージシャンとの共演が多いが、今回も女性ヴォーカルのロージー・ボーンズとギターのカーメン・ヴァンデンバーグは、ツアーにも同行しているので、来日公演に行かれた方は良くご存知だろう。前作がギターの表現力をヴォーカリストと同じようなニュアンスまで聴かせたデリケートな作品だったのに対し、今回はタイトル通り言いたいことを「大声で叫ぶ」アルバムである。もちろん新たなサウンドではあるが、まさに70年代を40年以上経った現代に再現したサウンドで、50歳以上のハード・ロック・ファンにも久しぶりに乗れる作品であると思う。もちろんブルースやファンクのテイストも十分堪能できるが、今回のアルバムにはジミ・ヘンドリックスへの敬愛振りが如実に現れている。60年代、ヤードバーズでデビューした同時期に英国でデビューしたジミ、エリック・クラプトンしかり多くのスーパー・ギタリストがその存在の偉大さに驚いたことだ。亡くなって46年経ってもまだ追い続けているギタリストが後を絶たないほどの存在感であった。4年の活動期間、ジェフも同じ時期に英国と米国で活動、46年経ってやっと真正面からジミを捉えることが出来るようになったのかもしれない。

「Scared For The Children」はアルバム中の最高傑作、「Little Wing」に影響されているのは誰もが感じていることで、コピーするギタリストは何万人もいるが、これを発展させ更に自身のオリジナルとして同等になることで、初めて27歳のジミと肩を並べることが出来たと実感しているに違いない。誰も追いつけなかったジミにジェフは追いついたのかもしれない……。

尚、日本のみ来日直前に未発表ライヴ3曲を追加収録したスペシャル・エディションが発売となっている。

Lve At The Hollywood Bowl

1. The Revolution Will Be Televised / 2. Over Under Sideways Down / 3. Heart Full of Soul / 4. For Your Love/ 5. Beck's Bolero / 6. Medley: Rice Pudding / Morning Dew/ 7. Freeway Jam / 8. You Never Know / 9. 'Cause We've Ended As Lovers / 10. Star Cycle / 11. Blue Wind / 12. Big Block / 13. I'd Rather Go Blind / 14. Let Me Love You / 15. Live in the Dark / 16. Scared for the Children / 17. Rough Boy / 18. Train Kept A'rollin' 19. Shapes of Things / 20. A Day in the Life / 21. Purple Rain

●Personal : Jeff Beck (g), Garaman Vandenverg (g), Rosie Bones (vo), Randa Smith (b), Jonathan Joseph (d)

2017年 ●Bru-ray & CD : Eagle Vision EVB335679
（DVD、LPの発売もあり）

60年代にデビューしたアーティストが次々に50周年を迎え、だんだんとロックの歴史もブルースやジャズの歴史のようになっていくが、ジェフもその中で非常に重要な役割を果たし、常に第一線で活動を続けてきたことには、まず敬意を評したい。ロック・ミュージックも商業化がもの凄いスピードで進んでいった。ジェフはその中で常に自分の目指す音楽のことだけ考え、この素晴らしい活躍以上に人気を得るチャンスは幾度と無くあったのだが、地位と名誉より自身の音楽の進歩と構築のために、そんなチャンスに見向きもしない姿勢、そしてその姿勢を変えずに50年も続けてきたことには驚きを覚える。シングル・ヒットと言えばヤードバーズ時代と無理やり歌わされ英国のみでヒットした「Hi Ho Silver Lining」とロッドとの「People Get Ready」くらい。インストは特にアメリカでは売れない音楽なだけに、ジェフの活躍は全世界のロック・ギタリストに夢と希望を与えた。そのジェフの50周年記念ライヴが、映像とCD、レコードで発売になった。最新アルバム『LOUD HAILER』のツアー中であるので、基本的なメンバーは同じであるが、そのゲスト陣が凄い。あまりスペシャルなライヴやイヴェントに参加してこなかった人だけに、驚きである。またゲスト陣の豪華さより凄いのはその選曲とジェフのプレイである。ヤードバーズのサイケ、ロカビリー調、そしてブルース、ハード・ロック、フュージョンにスタンダードまで、これだけ音楽の幅の広いレパートリーを1本のストラトキャスター（正確には数本）だけで淡々のこなしてしまうのは驚きである。楽曲間のセット・チェンジの時間もなくスムーズな進行は素晴らしい。そして何より素晴らしいのはジェフのギター・プレイである。正直ここ10年ぐらい、デビュー40・50周年、再結成等のアーティストの記念ライヴも、聴くに耐えなくなってきたものが少なくない。そんな中ジェフのプレイは凄い。何しろ何度もライヴを観て聴いているが、ステージ・アクションこそほとんどしなくなったとはいえ、テクニックが落ちたと思ったことがない。それどころかフィンガー・ピッキングのニュアンスの素晴らしさから、その表現力は他のギタリストの比ではない。まだまだ進歩し続けているようだ。

JEFF BECK/ BEST 50 SESSION WORKS
セッション・ワークス50選

文＝佐藤晃彦 Jeff Sato

ジェフの自身のアルバムは練りに練って、自身が満足いくまでやり直し完成させたものである。ましてやアルバム毎にメンバーを変え、音楽的方向性も変え、常に進化し続けているのがジェフ・ベックである。しかし時には気楽にセッションを行い、リラックスした得意のフレーズを連発したり、昔の仲間とのジャム・セッションを楽しんだり、思いがけないミュージシャンと共演したり、次のアルバムやライヴのきっかけとなったセッションまで、興味深いものは数多い。ここでは200は超えるであろう、商品化されたセッションの中から、ジェフのファンにとって聴き逃すことの出来ないアイテムを50枚選んでみた。リーダー作では聴くことの出来ないジェフのプレイを是非、楽しんで欲しい。尚、基本的にオリジナルLP・CD番号を掲載しているが、CD化、リマスター再発売等、番号が変更になっているものが多いのでご購入の際はご注意下さい。

1 V.A./ BLUES ANYTIME VOL.3

1964年◉LP : Immediate IMLP 019
Song: Steelin'/Chukles

ヤードバーズ加入直前の録音。シリル・デイヴィスのバンド、オール・スターズとのセッション。「Steelin'」はヤードバーズで再演する「Steeled Blues」のほぼ同じ曲であるが、こちらの方がシャープなプレイが聴ける、ボトル・ネックを使用したスロー・ブルース・ナンバー。「Chukles」はチャック・ベリー・スタイルのR&R・ナンバーで、この時期にテクニックの基本は既に完成しているのがわかる。尚、この2曲は膨大な数の編集盤でリリースされている。

2 JOHN'S CHILDEN/ A STRANGE AFFAIR (The Sixties Recordings)

1967年◉CD : Grape Fruit CRSEG027D
Song: But She's Mine / But She's Mine (Alternative Mix、CD再発分にのみ収録)

マーク・ボランが在籍していたことでも知られるグループである。ヤードバーズ脱退直後のセッションだけあって、それまでのセッションとは存在感がまるで違う。レスポールと思われるサウンドで短いが1人で掛け合いのダビングしているユニークなソロは楽しい。

3 PAUL JONES/ And The Sun Will Shine

1968年◉7inch Single : Columbia DB 8379
Song: The Dog Presides

元々はシングルのB面曲。ベースがヤードバーズのポール・サムウェル・スミス、ドラムがポール・マッカートニーという豪華なメンバーでレコーディングされたナンバ

1

2

3

4

5

ー。粘っこいジェフのソロがカッコイイ。編集盤でCD化もされている。Collection Vol.3。

4 LORD SUTCH & HEAVY FRIENDS/LORD SUTCH & HEAVY FRIENDS

1969年●LP : Cotillion SD 9015

Song: Gutty Guitar

リリースは70年だが、録音自体はメンバーから察すると60年代中期だと思われるが、サウンド的にはギターだけを68年頃にダビングしたのだろうか？ プレイ的にはヤードバーズ時代のような鋭いギター・リフとソロを聴くことが出来る。もし68年以降のレコーディングだとしたら、プレイ、ミックスが悪いのは残念であるが、ダブルのギターの微妙なズレは他の曲に参加しているジミー・ペイジも参加しているのでは？

5 DONOVAN/ BARABAJAGAL

1969年●LP : Epic BN 26481

Song: Barabajagal / Trudi / Stormberg Twins (CD Bonus Track)

プロデューサーが同じミッキー・モストであることから実現した共演シングル。第1期JBGが全員参加しているはずだが、ロッド・スチュワートの参加はコーラスにおいても確認出来ない。「Barabajagal」でのイントロと時折聴かせるオブリガードでの絶妙なピッキングはジェフならでは。但し、シングルのカップリンングの「Trudi」とリマスターCD盤にボーナス収録された「Stormberg Twins」とはジェフの存在感は薄い。また同セッションで別アルバムの『H.M.S. DONOVAN』の「Homesickness」にも参加している。

6 THE GTO'S/ PERMANENT DAMAGE

1969年●LP : Straight STS 1059

Songs: The Eureka Springs Garbage Lady / The Captain's Fat Theresa Shoes / The Ghost Chained To The Past, Present, And Future (Shock Treatment)

フランク・ザッパがプロデュースしたグルーピー集団の不思議なアルバム。「The Ghost Chained To The Past」が始まって約30秒後に突然、ロッド・スチュワート、ニッキー・ホプキンス、ジェフの3人がハードな演奏でフェイド・イン。クライマックスのようなフィードバック多用のプレイに驚かされる。他はジェフのみの参加。

7 V.A./ COCA COLA COMMERCIALS

1969年●CD : Coca Cola CC1

Song: Things Go Better With Coke (Version 1) / Things Go Better With Coke (Version 2)

ヴァニラ・ファッジのギタリスト、ヴィンス・マーテルが急病で倒れたため急遽参加した貴重なレコーディング・セッション。CMソングだけのレコーディングであるがBBA最初の歴史的共演である。たった60秒にこれだけのパワーを聴かせるのはもの凄い。尚、未収録だがCM用に30秒の別ヴァージョンもレコーディングされている。

8 STEVIE WONDER/ TALKING BOOK

1972年●LP : Tamia T319 L

Song: Lookin' For Another Pure Love

本来はジェフのために書いた曲であった「Superstition」がスティーヴィーに先にリリースされてしまい、ジェフには複雑な因縁のあるスティーヴィーの大ヒット・アル

6

7

8

9

10

バムへの参加である。美しいミディアム・バラードで、BBA時代ということを考えるとかなり渋いクリーンなトーンでソロとオブリガートを聴かせてくれている。デリケートなジェフのギター・プレイを満喫出来る好ヴァージョンである。

9 V.A./ MUSIC FROM FREE CREEK

1973年●LP : Charisma CADS 101
Song: Cissy Strut / Cherrypicker / Working In A Coalmine / Big City Woman
キース・エマーソンやトッド・ラングレン等が参加した謎のスーパー・セッション・アルバム。ジェフは契約の問題（?）で"A.N.Other"の名で参加しているが、ジェフに間違いないだろう。レコードになるとは知らずに行なったセッションのようだ。どうも酔ってプレイしているらしく、そのせいかレコーディング時期を考えるとやや古臭いフレーズが多く、フィンガリングがいつものように滑らかではない。

10 EDDIE HARRIS/ EH IN THE UK

1973年●LP : Atlantic SD 1647
Song: He's Island Man / I've Tried Everything
ジャズ・サックス・プレイヤーのアルバムにスティーヴ・ウィンウッドやイアン・ペイス等、イギリスのロック・ミュージシャンだけで制作されたアルバムで、「I've Tried Everything」ではストラトキャスターらしい美しいトーンで、感情のこもったソロを聴かせてくれている。

11 BADGER/ WHITE LADY

1974年●LP : Epic KE 32831
Song: White Lady
元イエスのトニー・ケイやビートルズのアップル・ファミリーで知られるジャッキー・ロマックス等で結成されたグループのセカンド。イギリスのミュージシャンばかりではあるが、ニューオーリンズ・サウンドを聴くことが出来る名盤。ジェフは『BLOW BY BLOW』にも通じる滑らかでソフトなソロを聴かせてくれているが、短過ぎなので、もっともっと聴きたかった。

12 UPP/ UPP

1975年●LP : Epic KE 33439
Song: Bad Stuff / Friendly Street / It's A Mystery / Give It To You / Jeff's One
ジェフの弟分的存在のバンド。あまり他のアーティストのプロデュースはやらないが、UPPは全面的にバック・アップしている。時期的にBBAと『BLOW BY BLOW』の間に行なわれたセッションで、ジェフのバック・バンド的要素も強い。バンドにギタリストがいないせいもあるが、メンバーのように5曲でギターを弾きまくっている。「Give It To You」でのギターとトーキング・モジュレーターの掛け合いが楽しい、リーダー作に次ぐ重要なアルバム、セカンド・アルバムにも参加している。

13 STANLEY CLARKE/ JOURNEY TO LOVE

1975年●LP : Nemperer NE 433
Song: Journey To Love / Hello Jeff
75年のツアーでレパートリーとしていた「Power」の作者スタンリーと初共演したアルバム。「Hello Jeff」はスタンリーがジェフもために書き下ろしたナンバー、凄まじいテクニックで迫る白熱のヴァージョン。ジェフ、スタンリー、レニー・ホワイトの最強トリオによるコンビネーションは圧巻。

11

12

13

14

15

緊張感張る3人の熱いバトルは圧巻だ。

14 NARADA MICHAEL WALDEN /GARDEN OF THE LIGHT

1976年●LP : Atlantic SD 18199
Song: Saint And The Rascal

元マハヴィシュヌ・オーケストラのドラマーで、後にプロデューサーとして名を挙げたナラダのセカンド・アルバム。同時期に『WIRED』にも参加しているだけあって、そのままジェフのアルバムに収録しても違和感のない程のサウンドである。フュージョン期のジェフが好きな人はたまらないヴァージョンだ。トリッキーなプレイはないが、傑作セッションのひとつ。

15 STANLEY CLARKE/ MODERN MAN

1978年●LP : Nemperor JZ35303
Song: Rock'n Roll Jelly

スタンリーと再共演、さらにBBA以来の共演のカーマイン・アピス参加で話題となった超強力トリオによる演奏である。よりハードに迫る演奏は圧巻、スタンリーも凄まじいプレイでロックしている。

16 STANLEY CLARKE/ I WANNA PLAY FOR YOU

1979年●LP : Nemperer KZ2 35680
Song: Jamaican Boy

再度の今回はセッション界のナンバー・ワン・ドラマー、スティーヴ・ガッドを迎えてのセッションで、もうこれ以上のメンバーはいないだろうと思われる人選だ。レゲエ・ナンバーということには意表を突かれるが、スティーヴの豪快でパワフルなドラムが凄まじく、ジェフはスーパー・メンバーをバックに伸び伸びプレイしている。人気、実力も頂点の3人による息のあったプレイは豪快過ぎる。

17 V.A./THE SECRET POLICE-MAN'S CONCERT

1982年●LP : Island 6313 297
Song: Cause We've Ended As Lovers / Further On Up The Road / Crossroads / I Shall Be Released

チャリティ・コンサートのライヴ盤で、エリック・クラプトンとの共演が話題となった。当時は「Cause We've Ended As Lovers」の初ライヴ・ヴァージョンが話題となった。エリック・クラプトンのレパートリー「Further On Up The Road」でのジェフのソロは実にメロディアスだ。

18 COZY POWELL/ TILT

1982年●LP : Polydor 2391 527
Song: Cat Moves / Hot Rock

旧友コージー・パウエルのソロに参加。2曲共、スタンリーとの78年の日本ツアーで演奏されたヤン・ハマーの作曲によるナンバー。おそらく『THERE AND BACK』のヤンのプロデュースした3曲と共にレコーディング候補になっていた曲で、それを収録しないことになりプレゼントしたものだろう。両曲共、ヘヴィでファンキーなリズムにカッコ良いリフが乗った典型的なヤンの楽曲である。尚、ベースはジャック・ブルース。

19 ROD STEWART/ CAMOUFLAGE

1984年●LP : Warner 925095-1
Song: Infatuation / Can We Still Be Friends / Bad For You

カーマイン・アピスがセッティングしてのロッドと再会、そして実現した久々のヒッ

16

17

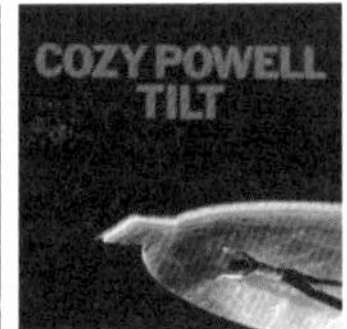

18

19

20

ト曲「People Get Ready」での共演。その後にロッドのアルバムへ3曲参加している。シングルの「Infatuation」は短いソロだが、トレモロ・アームの大胆なアプローチがジェフらしいトリッキーなプレイを演出している。尚、プロモーション・ヴィデオにも登場し、ロッドのツアーに同行したが、途中ですぐ抜けてしまった。

20 TINA TURNER/ PRIVATE DANCER

1984年◉LP : Capitol 1C 064 2401521
Song: Steel Craw / Private Dancer
ティナ・ターナーの大ヒット・アルバムである。2曲共最高のプレイをジェフは聴かせてくれている。「Steel Crew」では、「ジェフ・ベック!」のティナの掛け声でソロが始まり、ジェフのプレイはもうブっ飛ぶ寸前、ワイルドなソロを聴くことが出来る。ジェフは『FLASH』の頃。ティナのサイン入りのピンク色のジャクソン・ギターを持っている写真があるが、これで弾いたのだろうか。

21 BOX OF FROGS/ BOX OF FROGS

1984年◉LP : Epic BFE 39327
Song: Back Where I Started / Another Wasted Day / Two Steps Ahead / Poor Boy
元ヤードバーズのポール・サムウェル・スミス、ジム・マッカーティー、クリス・ドレヤの3人が中心となって結成したヤードバーズ再結成とも言えるグループ。歴代3人のギタリストの中でジェフは唯一、4曲に参加している。全体的にヤードバーズ的な演奏はなく、新たなサウンドへの挑戦を感じる作品である。

22 VANILLA FUDGE/ MYSTERY

1984年◉LP: Atco 790 149-1
Song: Jealousy / My World Is Empty
旧友ボガート&アピスのバンドの再結成盤にJ.Toadという変名で2曲に参加。BBA以来の2人との共演が話題となった。しかしながらギターはダビングのようで、BBAを彷彿してはいないが、トレモロ・アームを多用したジェフらしいソロを聴くことが出来る。

23 HONEY DRIPPERS/ VOLUME ONE

1984年◉LP : Atlantic 90220-1
Song: Sea Of Love / I Got A Woman / Rock'n At The Midnight
誰もが知るロバート・プラントの覆面プロジェクトである。一般的には「Rockin' At Midnight」にしか参加していないことになっているが、他の2曲にも、よく聴いてみるとジミー・ペイジのギターやサックスのソロに隠れて、ジェフのギターが少し確認できる。フィンガー・ピッキングはロカビリーをルーツにしたものだが、この時期にこれ程楽しそうにギターを弾いているジェフは珍しい。

24 MICK JAGGER/ PRIMITIVE COOL

1987年◉LP : CBS 460123 1
Song: Throwaway / Let's Work / Radio Control / Say You Will / Primitive Cool / Kow Tow / Shoot Off Your Mouth / Peace For The Wicked / Party Doll / War Baby
前作に続く参加、ジェフのセッション史上、全曲に参加したのは珍しい。ドラムがサイモン・フィリップス、ベースがダグ・ウィムビッシュと当時のジェフのバンドのメン

21

22

23

24

25

バーも参加しているが、ギター・ソロだけに関して言うとどれも、あのミックのソロなので仕方がないが、ジェフらしいプレイは少ししか聴けない。

25 V.A./ MUSIC FROM "TWINS"

1989年●LP : WTG SP 45036
Song: The Train Kept A-Rollin' / The Stumble / I'd Die For This Dance
アルバム『GUITAR SHOP』のレコーディング前に、トニー・ハイマスとテリー・ボジオの初顔合わせとなったセッション。珍しくヤードバーズ時代のレパートリーを真正面からセルフ・カヴァー。オリジナルよりスピード・アップされたギター・プレイはジェフらしさ全開！ ピーター・グリーンで知られる「The Stumble」のカヴァーはちょっとレアもの。

26 STEVIE RAY VAUGHAN/ SRV

1989年●CD : Epic Legacy 65714
Song: Going Down (Live)
『GUITAR SHOP』の時のツアーは、スティーヴィー・レイ・ヴォーンとジョイント・ツアーを行なわれた。その際のアンコール音源が陽の目を見ている。ジェフとスティーヴィーのバンドの全員合同の演奏テープが残されていたのは嬉しい限りだ。2人の永遠の友情が凝縮されたような熱い共演である。どちらもお互いに敬意を払い、かつ一歩も引かぬジャム・セッション。2度とないジョイントだけに寂しさも残る。

27 JON BON JOVI/ "BLAZE OF GLORY" ORIGINAL SOUNDTRACK

1990年●CD : Universal 846 473-4
Song: Billy Get Your Guns / Miracle / Blaze Of Glory / Just In The Barrel / Never Say Die / Bang A Drum / Dryin' / Ain't Much Of A Livin'
サウンドトラックであると共に、ジョン・ボン・ジョヴィのファースト・ソロ・アルバムで、ジェフは何と11曲中8曲に参加。どの曲でもジェフらしいギター・ソロを弾きまくっており、ジェフのギター・ソロだけ目当てに入手しても充分楽しめるアルバム。特に「Just In The Barrel」のソロはトレモロ・アームを多用した緊張感溢れるプレイは絶品である。プロモーション・ヴィデオにも出演している。

28 BUDDY GUY AND JEFF BECK/Mustang Sally

1991年●CD Single : Silvertone ORECD 30
Song: Mustang Sally (Single Version)
アルバムに収録されている曲であるが、何とシングル・ヴァージョンにはアルバムには収録されていないジェフが参加。しかもバディはヴォーカルとリズム・ギターだけで2人の共演シングル扱い、ヴィデオ・クリップにも出演している。痛快なディストーション・ギター・ソロが気持ちいい。

29 ROGER WATERS/ AMUSED TO DEATH

1992年●CD : Columbia 47127
Song: The Ballad Of Bill Hubbard / What Got Wants, Part 1 / What God Wants, Part 3 / Watching TV / There Wishes / It's A Miracle / Amused Of Death
元ピンク・フロイドの重鎮のアルバムにジェフは14曲中7曲に参加、ジェフの参加を前提に作り上げられたアレンジであると思われるヘヴィーなアルバム。ジェフは慎重にプレイしているが、ダイナミックさが損なわれず豪快で、巨匠同士の共演だけあ

26

27

28

29

30

る。ジェフのスリリングなギターなしに本作の魅力は語れない。

30 PAUL RODGERS/ MUDDY WATERS BLUES

1993年●CD : Victory 383 480 013-2
Song: Rollin' Stone / Good Morning Little School Girl (Part One) / I Just Wanna Make Love To You
多数のギタリストが参加したマディ・ウォーターズへのトリビュート・アルバム。ジェフのみ3曲参加という別格の扱い。ジェフのブルース・ギターがこれだけ聴けるのは貴重だ。スーパー・テクニックだけでは語れない表現力やタイミングは絶妙で、オリジナリティー溢れたブルース・ギターは圧巻。ポールとの相性も抜群である。

31 V.A./ "STONE FREE" TRIBUTE TO JIMI HENDRIX

1993年●CD : Reprise 9 45483 2
Song: Manic Depression
敬愛するジミ・ヘンドリックスへの挑戦、他のセッションとは力の入れ方が違う。感情をむき出しにしたソロは息もつかせない程の緊迫感、後半には"バンド・オブ・ジプシーズ"のテイストを持ち込みマニアックな一面も披露してくれている。ヴォーカルはシール、ソウルフルなフィーリングに溢れている。また、次作『POWER OF LOVE』でもジェフはレコーディングしていたようであるが、発売されていない。

32 V.A./ "THE COWBOY WAY" ORIGINAL SOUNDTRACK

1994年●CD : Epic BK 64379
Song: On Broadway
ポール・ロジャースと『GUITAR SHOP』のプロデューサー、リーフ・マセスとのコラボレーション。カントリー&ウエスタンの映画のサントラである。米国の黒人グループ、ドリフターズのヒット曲として知られるがジェフにしては珍しい選曲である。ポールと22人の個性のぶつかり合いが全く別のナンバーのように蘇っている。

33 JAN HAMMER/ DRIVE

1994年●CD : Miramar MPCD 2501
Song: Underground / Drive
76年の『WIRED』からの付き合いだが、意外にも初となるヤン・ハマーのリーダー・アルバムへの参加である。『FLASH』以来の久々の共演で、これまでジェフのソロ作品に書き下ろした楽曲群よりは全体的にジャズっぽく透明感のあるサウンドである。しかしあのギター風シンセサイザー・サウンドは健在で、ジェフのギターか戸惑う人もいるのかもと思うようなシンセサイザーが楽しい。「Drive」ではストラトキャスターのナイーヴなソロが気持ちいい。

34 JOHN McLAUGHLIN/ THE PROMISE

1996年●CD : Verve 529828-2
Song: Django
ジェフがフュージョンに足を踏み入れたのもマハヴィシュヌ・オーケストラの影響が強かったはず。そのギタリスト、ジョン・マクラフリンは70年代のフュージョン・ブームを支えた巨匠、ジェフとは75年のジョイント・ツアー以来の共演となる。この曲はジャズ・ブルースともいうべき美しい楽曲で、繊細なジャム・セッションが延々と続く、2人の実力が伯仲の名演。演奏レベルの高さは最上級である。

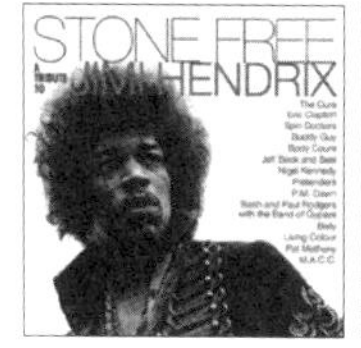

31

32

33

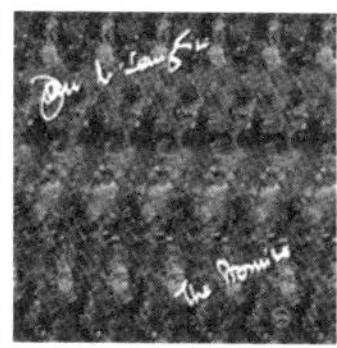

34

35

35 SCOTTY MOORE & DJ FONTANA/ ALL THE KING'S MEN

1997年◉CD : Sweetfish 0002-2

Song: Unsung Heroes

エルヴィス・プレスリーの黄金時代のバッキングを支えたことで知られるギタリストとドラマー2人のアルバム。ジェフもロン・ウッドとの久し振りの共演となる。ロンは渋いしゃがれ声のヴォーカルとギターを担当、ファンキーなリズム・セクションが実に良い味を出しており、ジェフも得意のロカビリー調のピッキングで、楽しそうな演奏風景が目に浮かんでくるセッション。

36 V.A./ MERRY AXEMAS

1997年◉CD : Epic 67775

Song: Amazing Grace

スティーヴ・ヴァイのプロデュースによるギタリストによるクリスマス・アルバム。珍しくジェフはコーラス隊だけをバックに、ゴスペルの有名曲を演奏している。ジェフのアイディアとは思えないが、驚く程デリケートで温かい表現力豊かなギター・プレイは、思わぬジェフの進歩と新境地を聴かせてくれている。チョーキングとトレモロ・アームを絶妙にコントロールし、これ程ニュアンスが見事に表現されたヴァージョンは他にない。

37 V.A./GEORGE MARTIN: IN MY LIFE

1998年◉CD : MCA 11841

Song: A Day In The Life

『BLOW BY BLOW』と『WIRED』で素晴らしいプロデュース・ワークを果たしたジョージ・マーティンが、自ら手掛けたビートルズ・トリビュート・アルバム。フィンガー・ピッキングによる表現力豊かなプレイが絶品で、ジェフのセッション史上最高のナンバーと言える。その美しくデリケートなトーンは感動もの。その後の自身のツアーではラストに演奏されることが多く、欠かすことの出来ない重要なライヴ・レパートリーとなっている。

38 BRIAN MAY/ ANOTHER WORLD

1998年◉CD : Parlophone 7243 4 94973 2 0

Song: The Guv'nor

クイーンのギタリスト、ブライアン・メイのサード・アルバム。旧友コージー・パウエルと共に参加しているのが目玉。超ヘヴィなサウンドでジェフはトレモロ・アーム、ハーモニクス等得意技を連発してごきげんなプレイを聴かせてくれ、ブライアンを圧倒気味。夢のような共演であったが、コージーはこの直後にバイク事故で亡くなり、久し振りの再演は涙なしには聴けない最後の共演となった。

39 THE PRETENDERS/ VIVA EL AMOR !

1999年◉CD : Wea 3984-27152-2

Song: Regalise Me

アルバム『WHO ELSE!』の「Space From The Papa」にノー・クレジットで参加してくれたクリッシー・ハインドへのお返しに参加した曲。プリテンダーズらしいシンプルなポップ・ロックンロール・ナンバーに、気ままにジャム・セッションしたようなプレイで、二人の楽しそうな光景が目に浮かぶようである。

40 V.A./GOOD ROCKIN' TONIGHT: THE LEGACY OF SUN RECORDS

36

37

38

39

40

2001年●CD : Sire 31165-2
Song: Mystery Train
エルヴィス・プレスリーが在籍していたことでも知られるレーベル「サン・レコード」のトリビュート・アルバムに、クリッシー・ハインドとの共演で参加。ジェフはこれまで何曲もエルヴィスのナンバーをプレイしているが、今回はその時代のテイストを保った典型的ロカビリー奏法に終始している。しかしながら時折聴かせる絶妙なフィンガリングはジェフ以外の何ものでもなく楽しい。

41 V.A./FROM CLARKSDALE TO HEAVEN : REMEMBERING JOHN LEE HOOKER

2002年●CD : Eagle WK 23629
Song: Will The Circle Be Unbroken / Hobo Blues
ジョン・リー・フッカーのトリビュート・アルバムにミック・テイラーやピーター・グリーンといった英国を代表するブルース・ギタリスト等と共にジェフは2曲に参加。ジェフの参加曲はクリームの作詞家としても知られるピート・ブラウンのプロデュースで、ワウワウを使用したリズム中心のプレイに終始しているが、ジェフらしいユニークなプレイが聴きどころ。

42 YARDBIRDS/ BIRDLAND

2003年●CD : Favored Nations FN2280-2
Song: My Blind Life
オリジナル・メンバーのジム・マッカーティーとクリス・ドレヤを中心として再結成したヤードバーズの、36年振りのアルバムに1曲、友情参加している。セルフ・カヴァー曲にはゲスト・ギタリスト、ジェフは新曲にスライド・ギターで参加している。ヘヴィなブルース・ロック・ナンバーで、ブルース・ハープとの掛け合いはオリジナル・ヤードバーズを彷彿させてくれるプレイに徹している。尚、ジミー・ペイジも参加している。

43 V.A./ RED, WHITE & BLUES

2003年●CD : Hip-O / Universal B0000728-02
Song: Goin' Down Slow / Cry Me A River / Love Letters / Hard Times / Rollin' And Tumblin' / Drown In My Own Tears
マーティン・スコセッシのブルース・シリーズの1枚。ジェフは何とトム・ジョーンズやルル等と異色な共演を含め6曲に参加。気合いの入った緊張感溢れるブルース・ギターを充分楽しめる。ワウワウを多用し、音圧のあるブッとい表情豊かなギター・トーンを披露。トムとの掛け合いも聴きごたえ充分である。

44 THE BIG TOWN PLAYBOYS/ ROLL THE DICE

2004年●CD : MI5 MUK007
Song: Look Out Mabel
『CRAZY LEGS』でバッキングを務めた彼等の最新作に、やはりロカビリー好きのロバート・プラントと共に参加している。『CRAZY LEGS』とは違い、本来のジェフのスタイルに近いプレイをしている。ロカビリー好きの二人だけに、ロバートとはビックリするほど息もフィーリングもピッタリ！

45 LES PAUL & FRIENDS/ AMERICAN MADE WORLD PLAYED

2005年●CD : Capitol 09463-34064-2-1
Song: (Ain't That) Good News

41

42

43

44

45

90歳を迎えた現役レス・ポールの本人参加のトリビュート・アルバムにジェフは参加。まるで少年時代に戻ったかのよう楽しそうなプレイを聴かせてくれている。トレモロ・アームは使わず、当時のサウンドを彷彿させてくれるような軽快なフィンガリングが楽しい。こんなプレイももっと聴かせて欲しいものである。

46 JIM COPLEY & FRIENDS/ SLAP MY HAND

2008年●CD : Edoya DDCB 14005
Song: Everyday I Have The Blues / J Blues / All Shook Up

ジェフがかつてプロデュースしたグループ、元UPPのメンバーで、Charのバンド、サイケデリックス等でも知られるドラマーの初ソロ・アルバム。ジムは手数の多さやスーパー・テクニックを売りとするのではなく、バックビートを大切にするドラマー。ジェフはピノ・パラディーノやビッグ・タウン・プレイボーイズのイアン・ジェニングス等と、楽しそうにブルースとロカビリー・セッションを繰り広げている。

47 CARLO LITTLE ALLSTARS/ NEVER STOP ROCKIN'

2009年●CD : Angel Air SJPCD 283
Song: It's All Over Now / Mystery Train

60年代、シリル・デイヴィスやロード・サッチのグループでジェフとも共演経験のある英国人ドラマーの同窓会的初ソロ・アルバムに参加。ロニー&アート・ウッド兄弟は参加クレジットされているがジェフは何故か写真のみ。しかし聴けばジェフだけに一瞬で分かる。アップ・テンポのオープニング・ナンバー2曲に楽しそうなギターが縦横無尽に走り回っている。

48 SHARON CORR/ DREAM OF YOU

2010年●CD : Rhino 825646788392
Song: Mna Na Heireann

アイルランド出身の姉妹3人とその兄の4人によるグループで活動したヴァイオリニストのリーダー・アルバム。ジェフのライヴにゲスト参加している。この曲は「アイルランドの女」という邦題でも知られる曲で、シャロンとジェフの美しい音色が素晴らしく、ジェフは自身のコンサートでも取り上げている。

49 V.A./CHIMES OF FREEDOM - THE SONGS OF BOB DYLAN

2012年●CD：Fontana 817974 010016
Song: Like A Rolling Stone

ボブ・ディランのトリビュート・アルバムで、ジミ・ヘンドリックスのトリビュート等でも何度も共演しているシールとの参加。オリジナルよりスロー・テンポで、シールのヴォーカル・パートのバッキング・パートまでも得意のトリッキーなフレーズを連発、自由奔放に弾きまくっていて楽しい。

50 JOSS STONE featuring JEFF BECK/No Man's Land

2014年●CDS : Legion RBL 14

アルバム『EMOTION & COMMTION』で共演したジョス・ストーンのチャリティ・シングルに参加、アーティスト名にはフィーチャリング・クレジットされている。ロック・ギタリストながらも、表現力を身につけてから歌えるギタリストとなったジェフ。こういった曲への参加は80年代までは想像できなかった。

46

47

48

49

50

JAPAN TOUR 1973–2017
ジェフが残した日本の足跡

文＝佐藤晃彦 Jeff Sato

1973年に初来日を果たしそれから44年、ジェフは何度も来日公演を果たしてくれ、常に前向きに自身の音楽性への挑戦を実行してくれた。日本での人気が世界でもトップクラスであるから実現したことである。数多いベテラン・ミュージシャンの何十周年記念ライヴや再結成等多い今日この頃であるが、テクニックや音楽に対する姿勢、そして常に成長し続けているのはジェフ・ベックだけではないだろうか。
尚、セット・リストはその ツアーの代表的な曲目を記載したので、公演日によって違う場合が多いのでご了承頂きたい。

1973年 ★1

"BECK BOGERT APPICE" TOUR

■来日メンバー
Jeff Beck (g/v), Tim Bogart (b/v), Carmine Appice (ds/v)
■会場
5/14　東京日本武道館
5/16　名古屋市民会館
5/18　大阪厚生年金会館
5/19　大阪厚生年金会館
■セット・リスト
1. Superstition / 2. Livin' Alone / 3. I'm So Proud / 4. Lady / 5. Tonight I'll Be Staying Here With You / 6. People Get Ready / 7. Morning Dew / 8. Sweet Sweet Surrender / 9. Lose Myself With You / 10. Black Cat Moan / 11. Jeff's Boogie / 12. Why Should I Care
-Encore- 13. Plynth / Shotgun / 14. Going Down / 15. Oleo / Boogie
■ジェフの初めての来日はBBAのアルバムがまだリリースされておらず、"ジェフ・ベック・グループ来日"と発表された。当時日本では情報が遅く、いくつかの音楽専門誌やラジオの深夜放送のみを情報源としていた私は、第2期ジェフ・ベック・グループがメンバー・チェンジして来日するのではないかと思っていた。公演の前月くらいにやっとアルバムが発売。プログラムも写真が間に合わず、カクタスの写真が最初のページで使用されるという混乱振り、他のコンサートで配られたチラシはジェフ・ベック・グループ（ベック・ボガート＆アピス）来日というものであった。コンサートは暗転になったとたんに不気味なギターの音が会場中に轟いた。当時はまだ知るファンがほとんどいなかったであろうパイプを加えたジェフのトーキング・モジュレーターのサウンドであった。初めて目にしたレスポール・オックスブラッドのサウンドは凄まじく、最強のリズム・セクションとのコラボレーションはロック史に残るものである。あとノリのカーマインの重いドラムに、当時としては革命的なテクニックの唸るティムのベース、ジェフと対等もしくはそれ以上のリズム・セクションをバックに好き放題ギターを弾きまくっているジェフの姿には感動と興奮を覚えた。日本公演のライヴ・アルバムというお土産まで残し、ジェフの日本公演のスタートとしては十分歴史を残した偉大なコンサートであった。

1975年 ★2

WORLD ROCK FESTIVAL

★1

★2

★3

★4

■来日メンバー
Jeff Beck (g), Max Middleton (p), Bernard Purdie (d), Wilbur Bascomb b)
■会場
8/3 札幌真駒内屋内競技場
8/5 愛知県体育館
8/6 京都円山野外音楽堂（※体調不良により出演キャンセル）
8/7 後楽園球場
8/9 仙台菅生トレールランド（※体調不良により出演キャンセル）
■セット・リスト
1. Constipated Duck / 2. She's A Woman / 3. Freeway Jam / 4. Definitly Maybe / 5. Thelonius / 6. Diamond Dust / 7. Air Blower / 8. Superstition / 9. Cause We've Ended As Lovers / 10. Power / 11. Unreleased / 12. You Know What I Mean
■内田裕也氏が開催した日本では画期的なロック・フェスティヴァルであった。日本のバンドにニューヨーク・ドールズやフェリックス・パパラルディと共に、ジェフはトリで出演という予定であった。しかし直前の野外公演で体調を崩し、京都と仙台はキャンセル、札幌と東京は50分程度の演奏という残念な来日となった。しかし名古屋公演だけは70分くらいのフル・ショーを行ったのだが、これが大変素晴らしい内容であった。アルバムとはリズム・セクションが変わり、ドラムはソウル界の売れっ子ドラマー、バーナード・パーディー。アルバム『BLOW BY BLOW』は比較的ソフトな仕上がりだっただけに、どの曲もよりアグレッシヴなインプロヴィゼーションが炸裂したサウンドを展開、62年製であろうストラトキャスターとBBAで披露されたオックスブラッドのレスポールを使用、アンプはマーシャルのヘッドにフェンダー・デュアルショーマンという大きなスピーカーでプレイ、当時聴いたことのないエモーショナルでファットなサウンドには多くのギタリストがノック・アウトされた。ロックでギター・インストというジャンルを確立、このツアーで確実にロックとジャズ／フュージョンという枠を取っ払い、自身の目指していたサウンドを見つけ自信を付けたに違いない。ヴォーカルのないロック・コンサート、日本であれだけ観客が総立ちになり興奮したコンサートは初であっただろう。それにしてもジェフの不調は惜しかった。

1978年 ★3

TOUR With STANLEY CLARKE

■来日メンバー
Jeff Beck (g), Stanley Clarke (b), Simon Phillips (ds), Tony Hymas (k)
■会場
11/20 茨城県民文化センター
11/22 石川厚生年金会館
11/23 岡山県倉敷市民会館
11/24 大阪府立体育館
11/26 名古屋市公会堂
11/28 新日鉄八幡大谷体育館
11/29 大阪厚生年金会館（追加）
11/30 日本武道館
12/1 日本武道館
12/2 日本武道館（追加）
■セット・リスト
1. Darkness / Earth in Search of a Sun / Star Sycle / Freeway Jam / 2. Hot Rock / 3. Cat Moves / 4. Goodbye Pork Pie Hat / 5. School Days / 6. Too Much To Lose / 7. Journey To Love / 8. Lopsy Lu / 9. Diamond Dust / 10. Scatterbrain / 11. Rock'n Roll Jelly
-Encore- 12. Cause We've Ended As Lovers / 13. Blue Wind / 14. Superstition
■ヤン・ハマーとのライヴを行い、最もフュージョンに傾倒していた時期の来日である。そして何とスーパー・テクニック・フュージョン・ベーシスト、スタンリー・クラークとのスペシャルなツアーである。当初はレニー・ホワイトとのトリオでの来日と噂されたが、それは叶わなかった。スタンリーと同じくチック・コリアのリターン・トゥ・フォーエヴァーに在籍していたドラマーだけに、実現していれば更に極めたフュージョン期の演奏が聴けたのかもしれない。来日前にヤン・ハマーと当時まだ未発表であったアルバム『THERE AND BACK』の最初の3曲を終えた頃、ヤンとのコラボレーションは何故かここで一旦終了、このツアーとなった。ここで出会ったのが当時新進ドラマーとして売り出し中のサイモン、そして長年のパートナーとなるトニーである。選曲はジェフとスタンリーの曲に、未発表のニュー・アルバムからの曲、そしてヤンの作品でジェフも参加したコージー・パウエルの『TILT』収録曲2曲となった。コージーの曲はヤンがジェフのために書き下ろした楽曲であるかもしれない。コンサー

トは全体的にギター・シンセサイザーの使用も含めややリハーサル不足の感もあったが、その分2人の自由で白熱したインプロヴィゼーション・パートが凄まじく、ジェフのギターと真っ向から戦ったベーシストは後にも先にも彼だけであろう。

1980年 ★4

“THERE AND BACK” TOUR

■来日メンバー

Jeff Beck (g), Simon Phillips (ds), Tony Hymas (k), Mo Foster (b)

■会場

12/4　日本武道館
12/5　大坂府立体育館
12/8　九電記念体育館
12/9　倉敷市民会館
12/10　大阪フェスティバルホール
12/11　名古屋市民公会堂
12/12　宮城県民会館
12/14　北海道立産業共進会館
12/16　横浜文化体育館
12/17　日本武道館
12/18　日本武道館（追加）

■セット・リスト

1. Star Sycle／2. El Becko／3. Too Much To Lose／4. The Pump／5. Cause We've Ended As Lovers／6. Space Boogie／7. Final Peace／8. Led Boots／9. Freeway Jam／10. Diamond Dust／11. Scatterbrain／12. Blue Wind
-Encore- 13. Goodbye Pork Pie Hut／14. You Never Know／15. Going Down

■前回のツアー後、ツアー・メンバーからベーシストがロック・ベーシストのモ・フォスターに変わって、アルバムの残りの5曲を完成して行った。かなりフュージョン色が強くなっていたが、再びロックに返り咲いたと思わせたのが本ツアーである。基本的には前ツアーの延長線上にあるが、全来日中、最も爆音がハードで、サイモンのハードで手数の多いドラミングがそのダイナミックさに拍車をかけたようだ。前半がアルバム中心、後半が主に前作までの代表曲で行われたが、「Scatterbrain」は別曲のようにハードでパワフルな演奏を聴かせ、スタジオ録音とは別曲と思わせるような凄まじい演奏であった。使用ギターは珍しくメイプル・ネックのサンバースト。スティーヴ・マリオットから貰ったギターでこの時期しか使用されなかったが、ヴィンテージ・ギターとは思えぬ安定感で、チューニングやトレモロ・アーム使用でもびくともしないタフなギターであった。また「Cause We've Ended As Lovers」等ではあのテレギブが使用され美しいサウンドを轟かせた。またアンコールではミニ・ギターのテレキャスターを弾き、ひょうきんな一面も見せたり、横浜公演では弦を6本全部引きちぎるという信じられないくらいワイルドな一面も見せるという、ジェフの来日史上、最も人間的な面を見せ、そして最もロックでハードなコンサートであった。尚、本公演はTV収録があったが、放送されないままお蔵入りとなってしまったのが残念。

1986年 ★5

“FLASH” TOUR

■来日メンバー

Jeff Beck (g), Doug Wimbish (b), Simon Phillips (d), Jan Hammer (k), Jimmy Hall (v)

■会場

6/1　軽井沢プリンスホテル
6/3　大阪厚生年金会館
6/5　福岡サンパレス
6/6　大阪フェスティバルホール
6/8　名古屋市公会堂
6/10　日本武道館
6/11　日本武道館

■セット・リスト

1. Star Sycle／2. Love Will／3. Ambitious／4. Goodbye Pork Pie Hat／5. Stop, Look

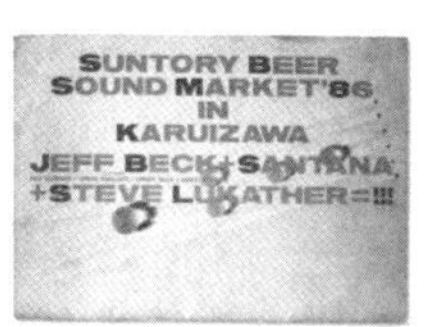

★5

★6

★7

And Listen / 6. Cause We've Ended As Lovers / 7. Escape / 8. Blue Wind / 9. Wild Thing / 10. Freeway Jam / 11. Going Down 12. People Get Ready / 13. Johnny B Good

■サンタナ、スティーヴ・ルカサーとの三大ギタリストの共演となった軽井沢のフェスティヴァルがメインとなったヴォーカル・アルバム『FLASH』のツアーである。「People Get Ready」のヒット後の来日、ヤン・ハマーも加わり、フュージョン、ロック、ヴォーカルの3種類のジェフが観れたヴァリエーションの幅の広いライヴとなった。シングルはヒットしたがアルバムの評判はいまひとつ。実はこのツアーは日本でしか行われていなく、ジェフとレコード会社がギクシャクしていたことが予測できる。ライヴで初めてプレイするヴォーカル曲とこれまでのインスト曲が入り交じり、野外とあって楽しさは格別なものであったが、2人のギタリストのゲストと、リハーサル不足がかなり目に付いたライヴでもあった。軽井沢後のライヴは曲目を変えてきて、ややジェフらしさも戻したライヴとなったが、やや消化不良だったことは否めなく、やはりヴォーカルとのコラボレーションの難しさを実感してしまうことになる。またこのコンサートはTV放送され、全国のファンも魅了。その中で鮮やかなセイモア・ダンカンが組み立てたイエローのギターが印象に残り、このギターからジェフ自身のモデルのストラトキャスター・シグネチャー制作に移行することとなる。

1989年 ★6

"GUITAR SHOP" TOUR

■来日メンバー

Jeff Beck, Tony Hymas, Terry Bozzio

■会場

8/5　有明コロシアム
8/6　有明コロシアム（※天候のため中止）
8/7　愛知県体育館
8/9　大阪城ホール
8/10　大阪城ホール
8/11　横浜アリーナ
8/12　横浜アリーナ

■セット・リスト

1. Savoy / 2. Sling Shot / 3. Day In The House / 4. Big Block / 5. Behind The Veil / 6. Freeway Jam / 7. Jeff's Boogie / 8. Guitar Shop / 9. Where Were You / 10. Stand On It 11. Goodbye Pork Pie Hat / 12. Blue Wind -Encore- 13. People Get Ready / 14. Going Down

■アルバム『GUITAR SHOP』は来日寸前に日本盤だけ別ジャケットで発売されるという慌しさであったが、ベースレスのトリオでのライヴはどうなんだろうという、不安と期待が入り混じった気持ちで会場に向かった。ステージはジェフを中心に両脇にドラムとキーボートのみ。キーボードのトニーはステージ上ではあまり目立たないが、キーボード・プレイヤーとしてはもちろん、作曲からアレンジ、ベース・パート、打ち込みまでカヴァーしている訳だから、キーマンと言ってもいいだろう。またテリーのドラミングはいかにもジェフが好きそうな手数の多い超スーパー・プレイで、ジェフがテリーの方を見ながら楽しそうにプレイをする姿が印象的であった。またジェフはあのフィンガー・ピッキングとアーミングでニュアンス／表現力を格段にアップさせ、神がかりとも言えるギター・プレイを披露。ベースがいないなんていうことを微塵も感じさせない圧倒的なライヴで、ジェフの大きな挑戦は大成功であった。スティーヴ・ルカサー・バンド、バッド・イングリッシュ等とのイヴェントで、6日は台風で中止、5日も大雨の中で敢行された。アンコールの「Going Down」ではニール・ショーン等が飛び入りして最後を盛り上げたが、元々チャック・ベリーの出演する日は最後にロックンロール・ジャム・セッションを企画していたが、チャックのわがまま全開（!?）で、ひとりでトリで演奏するという妙なイヴェントとなった。

1999年 ★7

"WHO ELSE!" TOUR

■来日メンバー

Jeff Beck (g), Jennifer Batten (g/Midi-g), Randy Hope-Taylor (b), Steve Alexander (ds)

■セット・リスト

1. What Mama Said / 2. Psycho Sam / 3. Brush With The Blues / 4. Star Cycle / 5. Savoy / 6. Blast From The East / 7. A Day In The Life / 8. Declan / 9. THX138 / 10. The Pump / 11. Led Boots / Drums Solo / 12. Cause We've Ended As Lovers / 13. Space For The Papa / 14. Angel (Footsteps) / Beck's Bolero (except 5/30) 15. Even Odds / 16. You Never Know / Bass Solo / 17. Blue Wind

-Encore- 18. Where Were You / 19. Big Block /
■会場
5/23 浦安/東京ベイN.K.ホール(追加)
5/25 横浜/神奈川県民ホール
5/26 名古屋/愛知厚生年金会館
5/28 福岡/福岡市民会館
5/29 大阪/ZEPP OSAKA(追加)
5/30 大阪/フェスティヴァル・ホール
5/31 東京/東京国際フォーラム
6/2 東京/東京国際フォーラム (TV Shooting)
6/3 東京/東京国際フォーラム

■何とアルバムも来日も10年振り、ジェフがどのように変化しているか期待と不安でコンサート会場に出かけた。ブラック・ジーンズにTシャツ、ホワイトのストラトキャスターという実にシンプルな出で立ちで登場、ルックスもほとんど変わっていない、55歳だったが信じられない若々しさである。コンサートはアルバム『フー・エルス!』を中心に過去の代表曲を交えながらトークも全く無くテンポよくどんどん進行していく。キーボードレスというジェフのナンバーを演奏するには難しい編成だと思っていたが、ジェニファー・バトゥンのMIDIギターが期待を上回る好サポートで、昔の曲も違和感も無くプレイされた。今回のツアーではハードでテクニカルなプレイはもちろん素晴らしいが、スローなナンバーでの表現力が何十倍にも高まっていた。テクニック的に言うとフィンガー・ピッキングのニュアンスの付け方、トレモロ・アーム奏法にヴィブラート、超人的なフィンガー・ピッキングとハーモニクス、ボトルネックとどれをとっても桁外れに素晴らしいギターを聴かせてくれた。特に「Angel」では多くの日にテレキャスターが使用されたが、スライド・バーを用いた繊細なプレイは新境地。今回は神の域に達したと言っても大げさでは無いだろう。特に「Declan」、「Beck's Bolero」、「A Day In The Life」、「Where Were You」等は衝撃を上回る感動を憶えさせてくれた。

2000年 ……………………★8

"YOU HAD IT COMING" TOUR

■来日メンバー
Jeff Beck (g), Jennifer Batten (g, Midi-g), Andy Gangadeen (ds), Randy Hope-Taylor (b)
■セット・リスト
1. Blackbird (BGM) / 2. Earthquake / 3. Roy's Toy / 4. The Pump / 5. Brush With The Blues / 6. Blast From The East / 7. Dirty Mind / 8. Nadia / 9. Psycho Sam / 10. Rice Pudding / Right Off / Savoy / 11. Loose Cannon / 12. Angel (Footsteps) / 13. Star Cycle / 14. You Never Know / 15. Rollin' And Tumblin' / 16. Blue Wind
-Encore- 17. A Day In The Life
■会場
12/1 東京/国際フォーラム
12/2 東京/国際フォーラム
12/4 東京/国際フォーラム
12/5 東京/国際フォーラム
12/7 仙台/Zepp 仙台
12/9 横浜/パシフィコ横浜
12/10 大阪/厚生年金会館
12/11 大阪/厚生年金会館
12/13 福岡/福岡サンパレス・ホール
12/14 広島/郵便貯金ホール
12/15 名古屋/名古屋市公会堂

■10年も待たされたことが考えられない2年連続のアルバム・リリースと来日、奇跡的である。ドラマーだけ急病で変更にはなったが、基本的には前回の延長線上のライヴと言って良いだろう。『YOU HAD IT COMING』は前作より打ち込みで作られた楽曲が多かっただけにライヴでは多少違和感のある楽曲もあったが、新たなレコーディングの進行の方法が性に合ったのだろう、レコーディングをしている情報もなく

★8

★9

★10

いきなりレコード会社からテープが届いたと聞いた時はライヴだと思っていた。前回のツアーでよりそのテクニックと表現力を鍛え、凡人ギタリストには何をどう弾いているかも分からないようなスーパー・プレイを連発してくれた。本ツアーのハイライトは何と言ってもアルバム収録曲の「Nadia」である。オリジナル・ヴァージョンを聴いたことがある人は特に驚くと思うが、あのヴォーカル・スタイルをギターで再現しようとは常人なら思わない。しかしトレモロ・アームとスライド・バーとチョーキングを絶妙に合わせたプレイで、人間の声の表現力に勝るとも劣らない驚異のプレイを披露してくれている。来日直後のTV朝日『ニュース・ステーション』ではスライドを多用していたが（あてぶり）、ライヴではスライドは最初のところしか使わずにプレイしていた。また「Roy's Toy」のワウワウもエモーショナルにギターが唸っていたし、低音部でのピッキング・ハーモニクスのすごいのなんの、あの音程をライヴで成功させるのは至難の業である。

2005年 ★9

"JEFF / LIVE AT BB KING CLUB" TOUR

■来日メンバー
Jeff Beck (g), Pino Palladino (b), Jason Rebello (key), Vinnie Colaiuta (ds), Jimmy Hall (vo)

■セット・リスト
1. Beck's Bolero / 2. Stratus / 3. You Never Know / 4. Cause We've Ended As Lovers / 5. Rollin' And Tumblin' / 6. Morning Dew / 7. Behind The Veil / 8. Two Rivers / 9. Star Cycle / 10. Big Block / 11. Scatterbrain / 12. Nadia / 13. Angel (Footsteps) / 14. Led Boots / 15. Diamond Dust / 16. Hey Joe / 17. Manic Depression / 18. Goodbye Pork Pie Hat / Brush With The Blues / 19. Blue Wind
-Encore- 20. Earthquake / 21. Blast From The East / 22. Going Down / 23. People Get Ready / 24. Somewhere Over The Rainbow

■会場
7/1 横浜／神奈川県民ホール
7/2 東京／国際フォーラム
7/3 東京／国際フォーラム
7/5 東京／国際フォーラム
7/7 広島／郵便貯金ホール
7/8 大阪／厚生年金会館
7/9 大阪／厚生年金会館
7/11 名古屋／名古屋センチュリーホール
7/13 札幌／厚生年金会館
7/15 東京／国際フォーラム

■アルバム『JEFF』はツアーに適さないアルバムだったのでギター・ショップ・トリオの変則的なライヴを行い、そのライヴがネットのみでライヴ盤『LIVE AT BB KING BLUES CLUB』として発売、日本では通常リリースされての来日。比較的これまで共演のなかったメンバーでの来日には今回は何やるの？ という疑問がツアーの前には囁かれていた。しかし02年のロイヤル・フェスティヴァル・ホールや、04年のUKツアーではジェフ史上初めてのベスト選曲ツアーを行なっていただけに、日本でも同じようなツアーをと期待していた。そして期待通りのツアーが行われた。02年のようにヤードバーズ時代やBBAの曲こそやらなかったが、ほぼ全時代のレパートリーからベスト選曲。直前に発売されたライヴ盤が日本では予想を上回る売れ行きだったこともあり、チケットはほぼソールド・アウトで、追加公演も決まるほど。選曲で驚かされたのは『TRUTH』からの「Beck's Bolero」と「Morning Dew」は、ライヴでは二度と聴くことが出来ないと思っていただけに感動ものだ。オープニングにプレイされた瞬間観客にどよめきが起こった程であった。アレンジは大きく変わっていないものの、37年のキャリアに別ものの魅力が加わり、近年のレパートリーのように繊細かつダイナミックで、ファンを圧倒した。また「Over The Rainbow」でのピッキング・ニュアンスには驚愕、ソフィスティケイトされた繊細なプレイの成長が十二分に発揮されていた。

2006年 ★10

UDO MUSIC FESTIVAL

■来日メンバー
Jeff Beck (guitar), Vinnie Colaiuta (drums), Jason Rebello (keyboards), Randy Hope-Taylor (bass)

■セット・リスト
1. Beck's Bolero / 2. Stratus / 3. You Never Know / 4. Cause We've Ended As Lovers / 5. Behind The Veil / 6. Led Boots / 7. Nadia / 8. Angel (Footsteps) / 9. Scatterbrain / 10. Big Block / 11. Star Cycle / 12. People Get Ready / 13. Good Bye Pork Pie Hat /

Brush With The Blues／14. Blue Wind
-Encore- 15. Scottish One／16. Somewhere Over The Rainbow
-Santana featuring Jeff Beck- 17. Boogie Jam
■会場
7/22 静岡／富士スピードウェイ
7/23 大阪／泉大津フェニックス
■前年も来日しており、信じられないハイ・ペースな来日だ。アルバムはリリースしていないにもかかわらず、精力的にライヴ活動を行なっている真っ最中の来日となる。ヨーロッパのフェスティヴァル中心のツアー9公演の後ゆえ、やや短めのコンパクトなショーな公演が続くことになる。このフェスティヴァルには、サンタナ、キッス、ポール・ロジャース、プリテンダーズ等、大物アーティストがこぞって出演している。ジェフにとっては良いプロモーションである。ジェフは特にステージ・セットやアクションが派手なミュージシャンではないので、特に野外向きということはないと思うが、観客にはとても受けていたようだ。基本的に新曲はないので、前年の来日を踏襲することになるが、丁度前年がベスト選曲的ライヴだったので、このようなフェスティヴァル出演には適した選曲であったと言えるだろう。98年以降はコンスタントにライヴを行なってるだけあってまとまりは抜群。ジェフがどんなプレイをしようともバンドのコンビネーションは鉄壁である。「スコティッシュ・ワン」は日本初披露曲で、ヨーロッパを感じさせるクラシック音楽に通じる曲だが、結局未発表に終わってしまうのだろうか。是非、オーケストラが参加したスタジオ・ヴァージョンも聴いてみたいものである。尚、富士スピードウェイの公演ではトリを務めるサンタナのバンドにジェフが飛び入り、熱いギター・バトルが繰り広げられた。

2009年 ★11

"LIVE AT RONNIE SCOTT'S" TOUR ERIC CLAPTON & JEFF BECK

■来日メンバー
Jeff Beck (guitar), Tal Wilkenfeld (bass), Vinnie Colaiuta (drums), David Sancious (keyboards)
■セット・リスト
1. Beck's Bolero／2. The Pump／3. Eternity's Breath／4. You Never Know／5. Cause We've Ended As Lovers／6. Behind The Veil／7. Blast From The East／8. Stratus／9. Angel (Footsteps)／10. Led Boots／11. Nadia／12. Tal Wilkenfeld Solo／Snake Oil／13. Goodbye Pork Pie Hat／Brush With The Blues／14. Blue Wind／15. A Day In The Life
-Encore- 16. Where Were You／17. Big Block／18. Scottish One
-ERIC CLAPTON & JEFF BECK- (2/21,22)
第3部に共演セクション
1. You Need Love／2. Listen Here／Compared To What／3. Here But I'm Gone／4. Outside Woman Blues／5. Brown Bird／6. Wee Wee Baby／7. I Want To Take You Higher
■会場
2/6 東京／国際フォーラム ホールA
2/7 東京／国際フォーラム ホールA
2/9 東京／NHKホール
2/11 横浜／パシフィコ横浜
2/12 名古屋／愛知県芸術劇場 大ホール
2/13 金沢／石川厚生年金会館（ウェルシティ金沢）
2/16 福岡／Zepp Fukuoka
2/18 大阪／大阪厚生年金会館 大ホール
2/19 大阪／大阪厚生年金会館 大ホール
2/21 埼玉／さいたまスーパーアリーナ（エリック・クラプトンとのジョイント）
2/22 埼玉／さいたまスーパーアリーナ（エリック・クラプトンとのジョイント）

★11

★12

■ライヴ・アルバムが3枚続けて一般発売されたことは、ライヴの安定度と自信が増したことの表われなのだろう。本ツアーはヴィニーの紹介で女性ベーシストのタルを加入させ、一気に華やかになった印象である。また『ロニー・スコッツ』のDVDが大好評とあって、新作ツアーより注目度が集まったのは確か、演奏テクニックの素晴らしさがダイレクトに伝わりファンも増えたであろう。特にヴィニーとタルのコンビネーションは最高！　ジェフを喜ばせるテクニックを十分持っているが、タルのキュートなルックスだけあって会場の盛り上がりもひとしお、強力になったコンビネーションは圧巻である。そして正に夢のような共演である。

また、エリック・クラプトンとの共演が2回実現。第1部がジェフ、第2部がエリック、第3部がエリックとジェフとなる。注目の共演はエリックのバンドにジェフが加わる形。まず『ロニー・スコッツ』の2人の共演曲でスタート、エリックに気を配ったブルース中心の選曲と言えるだろう。エリックはヴォーカルをとっての自分のバンド、ジェフとの立場は実は大違い。ジェフは大変にプレイを楽しんでいるようで、時々エリックがジェフを見て、「そこでそんなトリッキーなギター弾くなよ」とでも言いたいような顔をしていたように感じたの、ちょっとやりにくそうな場面もあった。ギター・バトルになるとジェフのプレイで本領発揮。これほど素晴らしい共演が日本で実現したことは嬉しいことである。

2010年 ……★12

"EMOTION & COMMOTION" TOUR

■メンバー

Jeff Beck (g), Narada Michael Walden (d), Rhonda Smith (b), Jason Rebello (k)

■セット・リスト

1. Eternity's Breath / 2. Stratus / 3. Led Boots / 4. Corpus Christi Carol / 5. Jam/Hammerhead / 6. Mna Na Eireann / 7. Bass Solo / 8. People Get Ready / 9. Rollin' & Tumblin' / 10. Never Alone / 11. Big Block / 12. Over The Rainbow / 13. Blast From The East / 14. Angel(Footsteps) / 15. Dirty Mind ～Drum Solo / 16. Brush With The Blues / 17. I Want To Take You Higher / 18. A Day In The Life

-Encore-　19. How High The Moon / 20. Nessun Dorma

■会場

4/5　名古屋市民会館
4/7　グランキューブ大阪
4/8　アルカイックホール
4/10　JCB HALL
4/12　東京国際フォーラムホールA
4/13　東京国際フォーラムホールA

■驚きの選曲が話題となったニュー・アルバム『EMOTION & COMMOTION』。海外公演の一部ではオーケストラとゲスト・ヴォーカルが参加してライヴを行ったが、4人での来日となった。更に表現力を深めたフィンガー・ピッキングには誰もが感動。ドラマーに何と『WIRED』に参加したナラダが同行、久しぶりの共演でライヴ・ツアーの参加は初となる。「Led Boots」はジェフの最も代表的なナンバーでライヴでは欠かすことの出来ない曲であるが、いつも何かが違うなと思っていたファンは多いはず。そうドラムがナラダであるとスタジオ・ヴァージョンのイントロから聴くことが出来るあのダイナミックな「Led Boots」になるのだ。これに大感動したファンも多かったはず。今回はアンコールの2曲が何といっても異色、直前のグラミー賞で演奏した「How High The Moon」はレスポール・オックスブラッド（リイシュー）を使用し、器用な一面を披露。またトゥーランドットの「Nessun Dorma」をこの4人でどのように演奏するのか楽しみであったが、見事なオーケストレーションを再現。こんな曲をジェフがライヴで演奏するだけでも驚きであるが、ロック・ファンの我々がこの曲で感動したことも驚きであった。

2014年 ……★13

"YOSOGAI" TOUR

■来日メンバー

Jeff Beck (g), Jonathan Joseph (ds), Nicolas Meier (g) , Rhonda Smith (b)

■セット・リスト

1. Loaded / 2. Nine / 3. Little Wing / 4. You Know You Know / 5. Hammerhead / 6. Angel(Footsteps) / 7. Stratus / 8. Yemin / 9. Where Were You / 10. The Pump / 11. Goodbye Pork Pie Hat / 12. Brush With The Blues / 13. You Never Know / 14. Danny Boy / 15. Blue Wind / 16. Led Boots / 17. Corpus Christi Carol / 18. Big Block / 19. A Day In The Life

-Encore- 20. Rollin' And Tumblin' / 21. Cause We've Ended As Lovers / 22. Why Give It Away

■会場

4/4 NHKホール
4/5 尼崎市総合文化センター あましんアルカイックホール
4/7 TOKYO DOME CITY HALL
4/8 TOKYO DOME CITY HALL
4/9 TOKYO DOME CITY HALL
4/11 さっぽろ芸術文化の館 ニトリ文化ホール
4/13 岩手県民会館
4/14 パシフィコ横浜
4/15 名古屋市公会堂
4/16 大阪フェスティバルホール

■来日前にはニュー・アルバムが発売になると噂があり、またビーチ・ボーイズのブライアン・ウィルソンとレコーディングしたとの噂もあり、結局来日前にシングル『YOSOGAI』の一枚のみ、それも2曲はデジタル・ロック期のイメージを彷彿させる曲と、英国人の大好きな「Danny Boy」のライヴ・ヴァージョン、前作も方向性やロカビリー、フュージョン、ロックといろいろやってくれるがため本当に予測がつかない「予想外」のジェフの4年ぶりの来日公演は、そんなこれまでのジェフを集大成したような選曲で行われた。スタンダード、ブルース、ファンク、フュージョン、デジタル・ロックといろいろであるが、それを全部淡々とこなしてしまうのが彼らしいところである。オープニングのシングル曲ではチューニングを変えてテレキャスターで登場するのは意表をついたが、あとは全部愛器のストラトキャスターでプレイされた。楽曲の方向性は変われど、トラブルの無い限りほとんど1本のギターで通すのは彼の美学であるという。その一本のギターが恐ろしいほど美しい音色を奏でたり、また危機迫るほどソリッドにハードに迫ったり、エフェクターは使っていてもフィンガー・ピッキングであれだけサウンドを変え、そして何よりニュアンスの素晴らしさはもの凄い。尚、東京公演は映像収録され、DVDが全世界発売されたのは大変嬉しい限り、BBAのライヴ盤以来の日本公演の正式リリースとなった。

2015年

BLUE NOTE JAZZ FESTIVAL

■来日メンバー

Jeff Beck (g), Jonathan Joseph (ds), Nicolas Meier (g) , Rhonda Smith (b), Jimmy Hall (vo)

■セット・リスト

1. Even Odds / 2. Hammerhead / 3. You Know You Know / 4. Stratus / 5. Morning Dew / 6. A Change Is Gonna Come / 7. Yemin / 8. Lonnie On The Move / 9. Nine / 10. Nadia / 11. Little Wing / 12. 'Cause We Ended as Lovers / 13. Superstition / 14. Big Block / 15. A Day In The Life / 16. Corpus Christi Carol / 17. Rollin' and Tumblin' / 18. Going Down

-Encore- 19. Danny Boy / 20. The Thrill Is Gone

■会場

9/25 ZEPP TOKYO
9/27 横浜赤レンガ野外特設ステージ
9/28 ZEPP NAMBA OSAKA

■何とジェフが「ブルー・ノート・ジャズ・フェスティヴァル」に参加とは意外だった。だからと言ってジャズ系のメンバーを入れるわけでもなく、「Goodbye Pork Pie Hat」をやるわけでもなく、淡々と現在の自分のスタイルのライヴを行った。事前の情報ではパット・メセニーとの共演を企んでいたらしいが、何かあったのかそれもなし。東京と大阪のZEPPは異常な盛り上がりで素晴らしいショーだったのに、この日はイマイチだったのが残念。初めて観たジャズ系のファンにはあまり良い印象がなか

★13

★14

ったかもしれない。いっそのことZEPPのようにロックな感じでやってしまえば良かったのでは。

2016年

THE CLASSIC ROCK AWARDS

■来日メンバー
Jeff Beck (g), Tommy Henricksen (g), Robert DeLeo (b), Ray Luzier (ds), Phil Collen (g), Dean DeLeo (g), Jimmy Page (Introduction)
■会場
11/11　両国国技館
■セット・リスト
1. Beck's Bolero / 2. Superstition / 3. Goin' Down
■いろいろ問題が起こって有名になってしまった「クラシック・ロック・アワード」、ジェフは受賞したので出演バンドからピックアップされたメンバーで、比較的無難な曲で無事演奏。しかしジミー・ペイジも来ていて、共演するような情報が流れていたのでファンはがっかり。「Beck's Bolero」と「Train Kept A Rollin'」くらいやるのかと思っていたファンは多いと思う。異常なチケットの価格や、おとなのロックを商売にしようという企みが見え隠れし、後味の悪いショーになってしまった。歌舞伎役者に国技館、日本らしさを出そうとしたのだろうが、企画倒れ。でもジェフはちゃんとお仕事していました。

2017年 ★14

"LOUD HAILER" TOUR

■来日メンバー
Jeff Beck (g), Rhonda Smith (b), Jonathan Joseph (ds), Jimmy Hall (vo), Rosie Bones (vo), Carmen Vandenberg (g)
■セット・リスト
1. Revolution / 2. Freeway Jam / 3. Lonnie On The Move / 4. You Never Know / 5. Live In The Dark / 6. The Ballad Of The Jersey Wives / 7. Stratus / 8. Morning Dew / 9. A Change Is Gonna Come / 10. Big Block / 11, Cause We've Ended As Lovers / 12. O.I.L / 13. Thugs Club / 14. Scared For The Children / 15. Beck's Bolero / 16. Blue Wind / 17. Little Brown Burd / 18. Little Wing / 19. Superstition / 20. Right Now / 21. Goodbye Pork Pie Hat / Brush With The Blues / 22. Going Down / 23. A Day In The Life
-Encore- 24. Over Under Sideways Down / 25. Going Down
■会場
1/25　パシフィコ横浜
1/26　仙台サンプラザホール
1/28　岩手県民会館大ホール
1/30　東京国際フォーラム
1/31　東京国際フォーラム
2/2　グランキューブ大阪
2/3　福岡サンパレスホテル
2/4　広島上野学園ホール
2/6　名古屋市公会堂
2/7　あましんアルカイックホール
■驚きの内容の新作『LOUD HAILER』を引っさげて、若い女性メンバーを連れての来日であるが、これが大人の日本のファンにどれだけ受け入れられるか不安な一面もあった。かなりハードなサウンド、そして名も知らぬ女性シンガー＆ギタリスト、大人のファンにはなかなかきついものがあるのではないかと思っていた。しかしコンサートが始まると、ジェフのペースに観客が巻き込まれるようになっていった。新曲が多いながらも「Live In The Dark」等には70年代ロックのテイストがあり、往年の代表曲ばかりを期待するファンが多いのは当然であるが、新曲をあまり聴いていなかったと思われるファンも次第に聴き入ってしまう。そしてコンサートの中盤のハイライトは間違いなく新曲の「Scared For The Children」であった。ジミ・ヘンドリックスを彷彿させるギターは、遂に50年かけて到達したと思えるようなジミの魂。間奏では「Little Wing」をさらに発展させた構成で、フィンガー・ピッキングの境地とも言えるソロを披露。会場全体が感動に包まれた。キャリアの長いミュージシャンが新曲でファンを感動させるのは並大抵のことではない。ちなみに、ストラトキャスターのヘッドが左利き用に変わったのはジミヘンの魂と響きを求めてのことだろうか。デビュー50周年、ジェフはいったいいつまで進化してくれるんだろうと思ってしまうライヴであった。尚、東京では演奏されなかったが、ヤードバーズの「Over Under Sideways Down」を披露。ロカビリーもマスターしたジェフの最新ヤードバーズもなかなか凄いものであった。

編集協力　阿部晴政、丹野未雪、松村正人
写真提供　ソニー・ミュージックレーベルズ、
GETTY IMAGES
資料協力　EUSOL MUSIC

※本書は2017年11月に刊行した『文藝別冊 ジェフ・ベック』を増補・改訂して単行本化したものです。

ジェフ・ベック　奇跡的ギタリストのすべて

2023年4月20日　初版印刷
2023年4月30日　初版発行

編　者　河出書房新社編集部
発行者　小野寺優
発行所　株式会社河出書房新社
〒151-0051　東京都渋谷区千駄ヶ谷2-32-2
電話03-3404-1201（営業）
03-3404-8611（編集）
https://www.kawade.co.jp/
装丁・組版　倉茂 透
印刷・製本　大日本印刷株式会社

Printed in Japan
ISBN978-4-309-25699-3
落丁本・乱丁本はお取り替えいたします。